U0527773

老子传

余世存 著

中国友谊出版公司

目 录

《老子传》新版感言

《老子传》再版小记

09　01

源 起

二

第一章

秀才遇见兵，有道理说不清

老子过关做什么，需要跟这些军士说吗？说得清楚吗？他们听得明白吗？

七

第二章

见到尹喜，被留下来给军人们讲课

尹喜明白了，老子是对关内周王室和各诸侯国失望，或者说没有什么兴趣，要西去隐迹了。但愿人们理解，得让老子留下点东西再走。

一三

第三章

给军人讲黄帝为什么也自卑

但愿人们理解，我们的归类命名，我们的姓氏，都跟女人有关。

一八

第四章

军士们被老子绕晕了

人来世上一遭，是来观看并呼应这个世界的。人不是来征服世界的，人是来世界上适得其所的。

第十一章　十岁的时候，赢得了乡贤的尊重

天之道，利而不害；圣人之道，为而不争。

五八

第十二章　年轻时也争强好胜过

大雅的事物推广开来，每个人、每个地方都装高雅，结果就是俗不可耐、不堪入目，雅得是那么俗。

六五

第十三章　和账房先生说困境和命运

意识到自己的困境，再活下去，要善信而不是迷信。

七〇

第十四章　跟老师研讨，跟同学造字

如果说世间需要为美好而不可言说的意思造一个字的话，非少女莫属，女少为『妙』，就是那个美好的意思。

七五

第十五章　常枞先生没有教弟子六艺，他要给孩子们讲形而上的东西

天下的难事，必须从容易处做起；天下的大事，必须从细小处做起。

八〇

第十六章　在三月三上巳节时找到了中意的爱人

不出家门，可以知道天下事；不看窗外，可以知道季候的轮转。人们出走得越远，懂得的真知大道越少。

八七

第十七章　在独处和二人世界里，发现了身体的某种可能

只有把握了身体，对身体的享用、展开，才能如女人、如月光、如人生世界。

九四

第十八章　向婴儿和老人学习

人的大部分时间是卑微的、平常的，人必须明了这个道理，才能朝乾夕惕。

九八

少 时

第五章 关于出生的谣言 ...... 二四

唯有具体而微的生活，才有跟道相亲相爱的可能性。

第六章 从母亲那里汲取营养最重要 ...... 二九

看一个人的外表强健是容易的，看一个人的内在精神力量却不容易。

第七章 幸运地遇到了良师和益友 ...... 三五

我儿时就熟悉了乡亲们的表情、话语。他们认命，我不能。他们日复一日，年复一年甚至生生世世地过下去，我不能。

第八章 立志为人们找到安身立命的大道 ...... 四〇

常枞老师说：知道吗？不要怨天尤人。人世的一切不过是天道的大舞台，如果人自作孽，那当然不可活了。

第九章 老师将周代的历史演变全部讲给老子听 ...... 四六

真相并不神秘，以己心度之即可得到。同样，真相也并不可怕，那都是人的现实选择。

第十章 常枞老师说，天地之间人最贵 ...... 五二

和平的生活，成功人士的标榜，如果没有天地之道作为背景，就会是脆弱而不堪一击的。

一五四 第二十七章 周王室决定不传播老子的思想
有了慈悲所以能够勇敢；有了谦卑俭朴所以能够扩张力量。

一六一 第二十八章 洛阳的上层，人人谈起礼的话题
当天下都装模作样地克己复礼时，都煞有介事地弘扬传统时，礼乐、传统就是丑恶的。

一六六 第二十九章 从王子争宠看家国天下
理解自己的身体欲念，就可以明白别人的身体欲念。

一七二 第三十章 在上层社会周旋得越久，越觉得时世的浮华、躁动
恒常之道，是无名的、朴素的。虽然微小，天下却没有人能够使它屈服为臣。

一七九 第三十一章 尹喜来到守藏室
上善若水，水善于滋润万物而不争。

一八四 第三十二章 孔子来到洛阳拜见老子
只要人们带着问题来学，就是有收获的啊；如果不是别人的问题，而强行灌输，那效果必然适得其反。

一九三 第三十三章 周王驾崩，王子斗争白热化中的苌弘和老子
世事如棋，形格势禁，有些人注定不会去想解脱，而是要去当过河卒子了。

中年之进

一〇六 第十九章 爱人死了,终生不再娶妻
生活是残酷的,或者说命运的奇特文本永远不对人全部展开。

一一一 第二十章 陪护常枞老师走完最后的岁月
常枞老师说,对水讲心里话吧,水听得懂你的喜怒哀乐。

一一七 第二十一章 作为大贤被推荐给周王
有智慧的人,不会夸夸其谈。话多的人,心智不够健全。

一二五 第二十二章 成为背靠龙柱而坐的史官
圣人的治理之道,是要让自己清心寡欲,不轻举妄动。

一三〇 第二十三章 在大周的典藏室里观想天下
天地所以能长且久者,以其不自生,故能长生。

一三七 第二十四章 清楚地感受到道的力量,它存在着
圣人能成为伟大的人,因为他自始至终都不自大,也不去折腾所谓的大事,所以能成就大业。

一四二 第二十五章 给周天子和大臣们讲课
民众就是暗网,就是水,就是道。

一四九 第二十六章 写下《德经》和《道经》,文稿铸于无射钟
抟土做成器皿,只有其中有空虚处,才会发挥器皿的作用。

二三七　第四十章　万物蓬勃生长，我用此虚静之道观察它们的循环往复

人尤其不应该以对未来、外界的预期来生活。

二四五　第四十一章　来到南之沛，奇怪历史的变迁如此怪异

眼前的利益获得使得人心荒凉，长远的利益争夺使得人心狭隘。

二五一　第四十二章　想啃老的杨子，从躺平到阔少之间

求道者会跟道一样，有品德者跟德一样，而丧失道德感的也就失去了道德。

二五五　第四十三章　建议孔子整理春秋史书

燥热可以克服寒冷，冷静可以克服热情，知清知静可以用来匡正天下。

二六一　第四十四章　游心于万物之初

人最难处理的不是别人、外物，而是自己的身体、心灵。

二六六　第四十五章　孔丘走了，不知道他最终领悟了多少东西

我的国不在你们的世界！

中年之退

202 第三十四章 与世子交流，对天下和王者有了更成熟的思想
以身为度，可以度量一切政治、礼仪

206 第三十五章 周王室内乱，有了机会考察用兵之道
富贵而又骄傲，那更是自寻灾殃。功遂身退，这是天道。

211 第三十六章 战争中没守住典藏，被免职回乡
想要保持满盈的状态，不如适可而止。

219 第三十七章 孔子千里迢迢赶来求教
他就像方正之物一样不会割伤人，他有棱角但不刺伤人，他直率而不放肆，他明亮而不炫目。

225 第三十八章 温国不可久居，苦邑是我的家乡
知道满足就不会遭到侮辱，知道适可而止就不会有什么危险，这样就可以长久地生存。

233 第三十九章 以一人克天下，出风头可，未必有效
要让人们接受拔一毛利天下而不为，就得让人们认可说，只有最大限度地利己了，才是最大限度地利了天下。

隐 匿

第五十三章 告别家乡，想大道蒙尘时的世运民生

三一四

我愿意只是道，由你们踩踏，只是黑暗，会消失于你们的白天；只是虚空，决不占你们的心地。

第五十四章 来到函谷关

三一八

人世多不是在壮烈中结束，多非在惊天动地中结束，而是一种悄然回归，是『嘘』的一声而非『嘭』的一声。

回 乡

二七二
第四十六章
离开南之沛，回到家乡
人们出走得越远，越热衷于走马观花，懂得的真知大道越少。

二七九
第四十七章
儿子到外面闯世界去了
难道流水、日月的轮转不曾教导人们生活的道理吗？人们一定要人为地构造出一种作伪的生活吗？

二八四
第四十八章
不愿意世人清楚自己的一切
如果张开我们的嘴巴和眼睛，去做饕餮之徒，去成就什么众人眼里的事业，我们一辈子也摆脱不了危困境地。

二九一
第四十九章
把自己的思想都告诉了文子
心安了，身体的四肢百节即安。身体健康的人，关节们像相互遗忘了对方一样。

二九七
第五十章
老子的出现是道的旅程，将把一切惊动
最好的礼仪就是不分彼此、视人如己，最好的道义就是不分物我、各得其宜，最高的智慧就是无须谋虑。

三〇〇
第五十一章
老朋友们聚在一起议论时事、世道
本能和欲念里面有刺激、有快乐，更有危险、痛苦、死亡。

三〇七
第五十二章
天下没有不散的宴席
人如果不觉悟，就会死于非命。

《老子传》新版感言

一

得知《老子传》又将再版的消息，心里一时百感来袭，难以言喻。2009年、2010年写作《老子传》的情景似乎是昨天的事，而《老子传》的效用在世道人心面前越来越显示其不可替代的意义。在一些人眼里，在有关演绎、讲解《道德经》的文字中，本书是极少数能跟《道德经》相得益彰的著作。

本书不如我另外的一些著作，如《非常道》《时间之书》轰动一时。问世十多年来，它发挥的似乎是"润物细无声"的功用。这两天，我也是偶然间才得知，《老子传》是我诸多著作中收获书评最多的一部，仅豆瓣上就有几十篇书评，加上其他的书评，有上百篇之多。

十年来，我在四川、福建、山东都遇到了本书的超级读者——那些读过五遍以上的读者，有的每一遍都留下了文字感悟。本书所涉及的历史、思想和情绪密度非同一般，一般人容易迷失其中，或只见树木不见森林，而有的人遇到自己熟悉的或反感的即穿林而出，有的人则通过一遍一遍地阅读，终于把握住这部词语密林或心思海洋，穿林越海，欣见蓝天白云。

因此，本书算得上是一部"成长系"的人生教科书。加上本书对作者本人的加持，它又是一部"治愈系"的心理教科书。但从对老子人生场景和人生大事的还原来看，它本质上仍是对世道人心的救赎和教化，是对凡俗生活的超拔，是一部"移位于师"的文明启蒙书。

对一般读者来说（包括尼采和卡夫卡这样的读者），《道德经》的每一个字都容易理解，但串起来不知所云；《老子传》的传主故事简单，但文字的密林或海洋让人望而生畏。我相信这其中有造化的秘意。在司马迁为老子写了四百多字的传记之后，在民间为老子写了无数儿童版传记、传奇版传记之后，终于有人从"当代"的角度为《道德经》的作者配上了一部真正的文学传记。《老子传》和《道德经》相配，才是人生和人生花实（精神、思想）的相印，才是一阴一阳之谓道。

正因为这样，张素闻女史评价说："这本传记与其说是写作，不如说是师资之间的相印。作者不断地出入于自己与老子的世界，在这种自由的出入中，作者通过写作完成了自己与老子的交心过程，完成了今人与古人的印心过程。如司马迁写《孔子世家》《仲尼弟子列传》，一行禅师写《故道白云》。司马迁对于孔子的敬仰，一行禅师对世尊的体贴，就如同余世存与老子的交往，都是这世上至为殊胜的景观。我们去诵读、去分享、去讨论这样的好文好书，就如同我们亲临现场，聆听法音，感受以儒、道、佛为代表的中国文化究竟有何等魅力。"

二

很多人关心，有关老子的记载才几百字，难以考证，你怎么能写出十几万字的传记？

这类问题我曾私下回答过多次。简单地说，虚拟的并不算多，只要回到老子生活的时代，你会发现，虽然他自己的事迹很少，但构成他成长、思考的历史和社会生活一点儿也不少。从传说到夏、商、周三代，都算得上老子生存的背景，所传闻世、所闻见世中本就有很多感动人、激励人的圣贤、英雄、豪杰。到老子出生前的几十年，华夏中国发生了很多大事，比如"春秋五霸"之一的晋文公登上称霸舞台又一闪而过，随后就是秦晋崤之战、楚太子商臣杀父成王自立、齐人弑其君懿公、赵穿杀晋灵公而立成公、楚庄王问鼎中原、晋楚大战而楚国称霸、晋灭赵氏族而有赵氏孤儿、晋杀其君厉公而立悼公……

到老子出生的时候，"传天数者"苌弘、一流的先知和外交家叔孙豹、号称小圣人的臧武仲、生有四个好儿子（叔向、叔鱼等）的羊舌职、著名执政大臣赵武、智者张老、和戎政策的倡导者魏绛、神箭手养由基、伍子胥的祖父伍举、休战弭兵运动的发起者向戌等，一大批名卿、大夫、贵族在世，正在展开其各自或辉煌或悲壮的人生。

到了老子的所见世，孔子、子产、伍子胥、叔向、季札等人也登上了历史舞台。那一两百年间，即公元前六世纪到前五世纪，周天子的政权急剧衰落，华夏大地东西北南几乎轮流坐庄式地称霸一时，富国强兵并问鼎中原。如果我们了解老子驻世的百年间的历史，我们就清楚老子对天命的理解和天命召唤的回应。最近的一二百年流行体用、中西、传统与现代、玄学与科学、地球与星际移民等问题，也曾经让我们几代一流的人物做出回应并继续回应。除了这些现实问题，还有永恒的、终极的问题同样纠缠着我们中间最认真的心灵，直到最近，马斯克等人在谈到"模拟宇宙"时，还坦承想知道这个宇宙之外是什么样子。由此不难理解，当天道、上德、尚贤、圣人、强梁与柔弱、高贵与卑下等成为时代流行的话语或重要命题时，当车轱辘、陶器、风箱、居室、百姓、婴儿、风雨、溪谷、战马、大国、小国等成为时代的"热词"或日常现象时，我们能够想象东方最有智慧的头脑和良心是如何理解自己的工作并提交答案的。

事实上，如果不算老子出生地一带的民间传说故事，仅正史文献中的老子言行，也有相当规模。本书作者做的工作，就是把老子的传说故事、文献中的老子故事、《道德经》81章，以及其他经典人物，还原到那个时代，成为一个整体。让读者知道《道德经》并非凭空而来，而是有着历史的经验和当时最现实的考虑，有老子对人类生存模式的发现和意见。

三

老子曾经热情地投入当时的政治生活，"国家图书馆兼档案馆"里的生活又让他冷静地思索历史。人生绝大部分日子是旁观者或"躺平者"，但老子没有像历代守藏史一样只尽本分即已，数千年的文明花果在他心中重新开花，他和那些花朵相看不厌，相互赋予了灵魂。因此，老子从众多守望者、因循者、躺平者的身份中超拔，带着一份极简易的答卷参赞了我们的文明。这是较之他之前的季梁、伯阳父、伯夷、叔齐、许由等人更自觉的人生。换句话说，他给自己和华夏文化赋予了新的意义。这个前所未有的事业，就是后人称道的"轴心时代"人类超越性的发现和突破。

老子是说不尽的。他的《道德经》是儒释道三教的思想源头之一，是我国人盛称的大汉、大唐王朝的立国原则之一，是魏晋玄学的基础，是在唐王朝跟《金刚经》《孝经》并列为全社会流行周知的三大文献之一。有人甚至认为，华夏文明的汉唐盛世，其原因都是两朝的前期、中期奉行黄老之术，老子是它们盛大的思想资源。但自宋以降，老子被歪曲、被狭隘化。到了现代，老子更曾一度被认为是唯心主义、愚民主义的代表。

即使如此，老子及其《道德经》并没有失去其在汉语文化中的基石功能和作用。从大唐皇帝开始，宋代、明代、清代的皇帝都有自己注解老子《道德经》、写下心得体会的习惯。皇帝以下，从儒生、道士，到佛教徒，到无数无名的个体，都在老子那里寻找立身之本和人生大道，最重要的是寻找天人之际的终极。老子和提供心灵哲学的庄子一起，在人们寻找觉悟和伦理关怀之外，给了人们心灵的和终极的价值。宋代和清代的皇帝都说，儒家治世，道家治身，佛家治心。南怀瑾认为，儒是粮店，佛是百货店，道是药店。

四

我更愿意从时间的角度介绍老子，即老子的关怀多是时间性的，是流变的。一般人会关注空间属性，会关注现实里的是非成败，关注细节和精准的理性，但老子观察和总结的多是时间。如一般人以为的直就是两点之间有且只有一条的那条线，但是老子说直就像是弯曲的，老子还说那样的线逝去了又会返回，其事好还。所以老子从不在意现实的成功，他不以为一时的金玉满堂就是永恒，他甚至一再告诫要利而不害、功成身退。

十多年前，我自京城移居云南，最受益的莫过于对时间有了发现。因此在研习写作老子的人生时，我能够想象绝大部分章节是在老子生活的何种场景里产生的。即如开篇"道可道，非常道"，我后来才发现，魏源这些"解老"的历史人物跟我想到的一致，即是老子为尹喜等强留著书时的本能反应,因而强调表述的名篇。

理解《道德经》的人生社会时间属性和天地时间属性在当下都有意义。我们都知道,《几何原本》等经典思维奠定了自然科学和社会科学,如法学、政治学、伦理学的基础,线性的、空间的思维主导了现代文明。

但时间分明在行使其审判和翻覆天地的大能,只有天真的人才无视时间的力量,而我们中国人因自家"戊戌""己亥""庚子""辛丑"等干支时间宿命般的启示多有会心。尤其是一些曾经的成功者,无论他是以什么样的名义出现,他都要在时间面前提交答卷。在当代,以老子《道德经》名家者极多,以《道德经》荣身者极多。以我有限的见闻,如徐梵澄、陈鼓应、王蒙、白岩松等人,都曾经研习《道德经》而有所得。

巧合的是,当我演绎《几何原本》的功德、东西方各自的侧重时,在场的知名出版人路金波先生不仅拿来他公司出版的《几何原本》,还拿来一部讲《道德经》的书作为对标,感慨一个是极端的精确,一个是极端的模糊。

五

十年前,我在写作《老子传》时,唯一的疑问是他的不为不争哲学是否有效,对文明而言是否太消极悲观。十年来,这仅有的疑问也烟消云散。甚至在我的经验里,他的不为不争跟孔子、释迦牟尼等人的思想一样,是最积极进取的人生社会哲学。当代兴起的极简主义和躺平文化,都可以看到老子的影响,虽然这两类表达都只得老子之用,而未得老子之体。

老子比佛陀略晚，比孔子早一代人，一代人有一代人的事业。老子跟佛陀都体会到人生最深刻的苦谛，都有了繁复、重复的表达习惯和辩证思维，但老子更多了北方以水为师的意识，作为南方人的老子甚至一再贬抑南方文化的昂扬激烈。对南方、北方水火兼容的思考贯穿了老子哲学。

老子在京城生活，孔子在诸侯国历练，性格和圈子的不同，加上一个时代的差异，使得二人的使命不同。用我们今天的话说，老子是返本，孔子是开新。"道术为天下裂"，老子有先得之利，拿到的时空维度更多；孔子有后发优势，能够适时地传道四方弟子，并立足于东方的生生之为大德。当孔门弟子来往庙堂、代代为世所用之时，老子的思想一直挑战着千秋万代那些一流的头脑，能够独立而不改、周行而不殆。

重读我对老子人生的演绎，我仍为老子在凡俗生活中把自己超拔出来的努力感动。那是一个普通人都曾经历的人生，是天下人甚易知甚易行的人生，但老子活出了自己，并配得上他所属于的时空。这是一个人生社会的旁观者逆袭而成道的非凡修行，但正因为这种修行成道，他才能神龙不见首尾地龙行天下，并以最孤独的个体、最决绝终极的力量，打量我们的文明，审判、命名红尘中的成功者和有待成功的人。老子留给我们的遗产，绝不是反动保守或小国寡民状态，而是要我们做一个大写的人。域中有四大，人居其一，道大，天大，地大，人亦大。

老子说过，吾之大患在吾有身，这对今天智能时代的我们尤其新鲜而重大。但老子也证实，通过为而不争的人生，人们都能肉身成道。《道德经》之所以为一代代的人阅读、理解，原因也在这里。

感谢何寅老师的慧眼，并立意要把本书推向大众市场，为此多次沟通普通阅读的可能性，从目录、章节都提出了很好的思路；感谢高磊老师的建议和编辑工作，使本书焕然一新。

是为新版序。

《老子传》再版小记

转眼之间,《老子传》已经问世七八年了。当时曾有若干年无人超越的说法,有人意见还很大。其实这里有脑筋急转弯式的回答:肯定能超越这个文本,比如再版修订的文本一般都能超越最初的版本。

从版权期满就有人要我修订,我拖到今年,拖到不能再拖的时候,坐下来修订。不得了,一下子增补了三万字,五分之一的篇幅。到最后几天,工作快完成的时候,我跟写初版时的六七次修改一样,在终点体验到了经历的美好。

比起多审美叙事的初版文本,这个文本加入了不少历史叙事,如老子见孔子为什么会说那样的临别赠言,加入当时的场景,我们都能理解了。还有,老子当年的内心生活中有大量历史人物和当世人物的参与,那些人物的故事他也熟悉,能及时了解,如何再现这些情景也是再版的一个特点;如同跟一个几乎不食人间烟火的学者聊天,发现他原来对当代和当下的人物事件了如指掌,他的笔下却丝毫不涉及时人时事。再版文本还试图加入对当时社会人心乃至习俗的介绍,这自然有我这些年对传统民俗和乡村生活的温故成果。

写作、修订《老子传》于我是一件既愉快又痛苦的事，估计这本书对读者也是一个挑战，否则不会有一些读者需要读六七遍才释然。在写作中，既有我展示天马行空的一面，又有我查对资料一如写论文的一面。我时而感觉自己在滑翔飞行，时而感觉自己在登山。我觉得自己在出手一套体系，又觉得自己如工匠一样认真、认死理。

七八年来，除了修订，我没有再接触过拙著，虽然不时有人把拙著的句子摘出来发给我看。事实上，我的心性大大超越了当初写作时的自己。比如仅仅过去两年，我对老子、孔子的认知就有了变化，我在评论何怀宏、王阳明的文字里开始提及，孔子属于春天（东方）之学，老子属于夏天（南方）、冬天（北方）之学。有一年，我在杭州，在一百零三岁的张至顺老道长面前（离他仙去还有一个月时间），提到道家道教的一个时空属性是冬天、北方，故称道人说其老道，张老道长几乎一言不发，倒是其随侍弟子来问我命运，我说师父在，问错了人，弟子苦着脸说，他只要我们做善人、做好人，不说别的。吃饭期间，有人来向道长问候，道长说的确是要做好人好事等简单的话。大道至简，心行于善，则真，则美。遗憾的是，很多人舍近求远，"吾言甚易知，甚易行；天下莫能知，莫能行"。

再比如，《老子传》里提到"移位于师"，可是如果要老老实实说自己，我得承认自己很长时间里仍是孩子式的、年轻人的心性。我不知道自己应该为人师、为人父，为社会不仅尽仁也该尽义。直到这两年，不断有人提醒我已经走入人生下半场了。"90后"的一代已经称"80后"为老人、中年人了。社会上"油腻的中年人"成了一个吸引人的话题。……很多意象，毕业都三十多年了，北大都一百二十年了，等等，提醒我，我和我的这一代人正在淡出历史的创造者行列。有一些年轻人未老即衰，我这一代似乎衰而又老。

从儒生的春天,走向大道的夏天,走到正义的秋天,我们自己还未觉得,人生社会的冬天即将降临了。无论如何,我们这一代经历了历史。三十年为一世,十年一代人,世代的经验教训足以给后来者启示,殷鉴不远。但事实上,很多人的冬天过得惨淡,并未从不远处得其教训并开启自己的慧命。

从春天的、东方的孔子出发,必然要走向老子,但很多人愿意活在春天的幻觉里,不解道义和真正的智慧。随着网络技术和生物技术的发展,老子对人之本体的研思也再次成为文明的一个话题。"吾所以有大患者,为吾有身;及吾无身,吾有何患?"事实上,正是因为在虚拟世界冲浪,很多人以为可以暂时放下自己的身体,只以头脑和口水在网上生存,由此造成了无数的口业和颠倒妄想。至于全球范围内的宅民现象,固然为身体所困,何尝不是自私怯懦得放下身体只求刷存在感地活着。

即使技术已经使人脱离身体存在成了一个可望可期的现实,但背负着身体的我们仍得面对自身的生老病死。身体的背叛和病变是我们日常生活中面临的最大挑战,只是我们很多人不知道问题所在。儒家治世,佛家治心,道家治身。道家尤其道教要解决的首要问题是身体问题,是身体中的心肾或坎离问题,当然,这一问题放在大地空间中看是南北问题,放在时间中看是冬夏问题,放在天地之道中看是水火问题。

我们文化里向来清楚,水火相射,水火不容。我们历史里严重的关系不是东西问题,而是南北问题。从战国时代起,我们文化中的有识之士就意识到南北的差异和生克制化关系,司马迁总结说:"夫作事者必于东南,收功实者常于西北。"其交接处即农牧业分界线,在学术界还被称为"胡焕庸线"。冯友兰曾总结说:"稽之往史,我民族若不能立足于中原、偏安江表，称曰南渡。南渡之人，未有能北返者。晋人南渡，其例一也；宋人南渡，其例二也；明人南渡，其例三也。风景不殊，晋人之深悲；还我河山，宋人之虚愿。"道家的成就在于能够让南北和衷共济，取坎水填离火，让水火的不容走向水火共济或既济，如庄子所描述的"北冥有鱼，其名为鲲。鲲之大，不知其几千里也。化而为鸟，其名为鹏。鹏之背，不知其几千里也；怒而飞，其翼若垂天之云。是鸟也，海运则将徙于南冥。南冥者，天池也"。

相比中国历史南北冲突的血腥、一个王朝中北方对南方的压制和盘剥、一个城市中对南城及边缘人口的整肃，无论是佛法东传，西学东渐，还是丝绸之路，东西方的交流是彼此增益的，风水学更讲究"东富西贵、南贫北贱"……但无论东西问题，还是南北问题，在全球化时代或网络时代，俱往矣。文化已经在全球化流动，只有政治、经济等领域还抱着本位不放，以至于政治家都把东西南北当作困扰世界的大问题——"不是东风压倒西风，就是西风压倒东风""和平问题是东西问题，发展问题是南北问题"。

钱锺书先生把东西方的大经大典读过，其结论正是对东西南北问题的终极解答："东海西海，心理攸同；南学北学，道术未裂。"费孝通先生以社会调查见长，他的结论同样是对东南西北问题的超越："各美其美，美人之美，美美与共，天下大同。"东南西北之道正是老子等先哲的大道要研思解决的，"甘其食，美其服，安其居，乐其俗"。老子也看到了，"大道甚夷，而人好径"。今天越来越多的人开始明白，道不在魔都、兽都那里，道在脚下，道在自己这里。时空不再有唯一的中心，不再只有中心边缘、主导跟从的关系，而且有着同时性、共生性的关系。

多年前，我在家乡随州的新华书店附近遇到一个年轻人，我进店买了一本《道德经》送给这个年轻人。年轻人翻翻表示谢谢，又真诚地说，他们这个层次的人，看这类书看一辈子也没有用啊。他满脑子想的都是如何推销好产品，以便让自己的中午饭吃得开心一些，自己的一天过得高兴一些，他完全跟大道、跟语言文字的能量绝缘。

"常善救人，故无弃人；常善救物，故无弃物。"其实不仅那个年轻人，就是今日全球范围内盛行的把自己跟外界区隔开来的本位主义或民粹主义，都离大道太远。很多人以为站在权力、财富和知识的山巅即成功成道，甚至以为成功成道即可一了百了，儒者也有名言，"朝闻道，夕死可矣"。实际上，闻道之后、成道之后的世界仍在展开，只不过个中人多不说明。"打破虚空消亿劫，既登彼岸舍舟楫。阅尽丹经万万篇，末后一句无人说。"

但是老子已经说了。

2018年1月5日
写于北京安外

源

起

秀才遇见兵，
有道理说不清

第一章

老子过关做什么，
需要跟这些军士说吗？说得清楚吗？
他们听得明白吗？

面对关尹和他的几个下人，老子坐在那里，心里一阵苍茫。无穷的远方，无数的人们，无尽的时光，都向老子涌来。老子想到了这句话。

在漫游的岁月里，老子经常发呆，几天、几个月都不必说一句话，但老子觉得自己是充实的，甚至有一种人生的餍足感。的确，人生最壮盛的阶段已经过去，过去的生命已经死亡，死亡见证过生命鲜活的记忆，老子有着躬逢过其盛般的欢喜，而对眼前的寂静不免感恩。老子现在从容地、细致地饱览蓝天白云、山川大地。

老子骑着青牛，在楚国、宋国、晋国的大地上闲庭信步，友人、弟子可能还在挣命,还在谋生,但老子只要合道。老子经常步入那人迹罕至处,想静静地思考自己一生的收获。那种思考总是徒劳,自然总是把老子带到比其一生更阔大以至无穷无极的时空中去。自有洪荒以来,并无尽地绵延千万年后,老子的人生之道跟宇宙之道相比有什么不同呢?那些愈演愈烈的诸侯争霸称王,那些太平或丧乱之间的民众生存,跟天地间的大道有什么不同呢?周王朝坚定不移地走向崩溃,铁与犁,剑与火,将这个尧、舜、大禹以来的中国强行开膛破肚,任意荼毒。人心之不足,在征服了高山、河流之后,在征服了荒甸之后,又作践了王侯、百姓、礼乐、人心;而在这种人欲泛滥的年代,有了新的道理、荣誉、利禄、技术和人生百年可期可夺的目标……上古的玉石时代、三代的黄金时代跟眼前的黑铁时代相比,又有什么不同呢?

三　　当老子多次踏入原始老林,看到年老的大树跟年轻稚嫩的花草相伴,成全天地间无言的大美时,总是无来由地感动,像是自己也跟天地精神相往来而且合为一体了。是的,比起人工的美,自然界自有无可计量的美妙让人流连忘返。在青苔藤蔓间,在百年的枯叶上,死去了世间的声音。那些青青杂草,那些红色小花和花丛里的嗡营……以自然之名,全得到自然的崇奉,无始无终。人却窒息在难懂的梦里,窒息在人世的纷争中。人走出自然,现在的回归不过是强行闯入。人的闯入把一切惊动了。

当无限量的词汇向我涌来时,亲爱的,正如这黑压压的人头在我心中,我只能向你呈献我的悲哀和感动。

老子的内心难以言喻。老子已经很老迈了,尽管服食导气,一种年轻时发现的身体内视之道让老子仍显得健康而精神,但老子知道,自己在世的日子并不多了。老子将怎么结束自己的一生呢?在中原一带漫游,老子很想跟人讲讲自己的收获,但希望微乎其微。庚桑楚懂了一点,阳子居懂了一点，蜎渊懂了一点，文子懂了一点，孔丘懂了一点……有力的人物是不会懂的，他们的精力都用在建功立业上了；有才的人物是不要懂的，他们的精力都用在发挥自己的聪明才智上了。质实的孔丘懂了一些，但孔丘志不在此。孔丘跟老子一样对眼前无可奈何，而且执着的孔丘跟老子分道了，他要知其不可为而为之。嗯，孔丘，这个齐鲁大汉，他会大成的。

老子最后把目光投向了秦国，当今天下，只有秦国是向上的。在新兴国家里，在追新逐异的国家里，秦国没有被中原的礼乐崩坏的腐败文化所污染，秦国的政治是有力的，也是清明的。如果在秦国也没有人分享老子的大道，老子就到更西边的西边去。日出东方，人从西来，这是天地之道的秘密。人们迎着天地之气到东方成就，可能更丰富了，可能更污染了，可能更神秘了。如同在山泉清，出山水浊。最洁净的、最纯粹的、最理性的灵性精神，可以向西找到存在的痕迹。日落西山鸟归巢，"西"古字形就像鸟巢，其中有安全，有温暖，有极乐。西部，本来就是中原的发祥地，是源头。

四

在僮仆徐甲的辛苦下，我骑着青牛慢悠悠地来到了函谷关。这里两山对峙，中间一条小路，因为路在山谷中，又深又险要，好像在函子里一样，故名函谷关。对人们取名的现象，我已经见怪不怪。即使如此形象的取名，也不过是方便的说法。最初是无名的，无名者，天地之始。人们闯入了，琢磨了，取一名字，就开始生产一切可能性；有名者，万物之母。

跟造字一样，取名，最直接、最初始的办法就是取象。取象庶几近乎实际，所谓名实相符，其实名已小于实象，棒槌山、老人山、奶子山等，都把实象蕴含的信息弱化了。命名从视觉取象，拓展到指事，山川河流、树木花草、社稷王侯，名称变幻。就像现在，国君、大夫、家宰等借用王、帝、攘夷、防卫一类的名称作乱、兼并，而人们也居然跟着一次次地相信那些名称,投入到运动、动乱、乱动的洪流中。

老子在函谷关前胡思乱想时,没想到老子主仆的奇怪形象会被巡关的军士注意。一个看着不食人间烟火的白胡子老头儿,一个有点傻愣的小伙子,骑着青牛来到关口,慢悠悠地就像在自家村寨里走路。老子和徐甲被军士们不由分说地围住、盘问,徐甲和青牛为此吃了苦头,让军士们拉来拉去。青牛驮运的行李、徐甲背上的行李都让他们搜了好几遍,除了几枚散钱,他们一无所获。没有兵器,没有走私的盐巴,没有谍报的书信。

搜了一通后,军士们才开始仔细打量老子。确实是值得注意的一个人物,须发皆白,而面容像孩子一样红润、嫩透。一个人怎么能做到让自己的脸上没有岁月的风霜之色?一个老人的面孔怎么这么纯净、光洁?他们本来想煞有介事地威福一通就放老子过关的,但现在他们有兴趣跟老子套套话了。哪里人?过关做什么?

老子愣住了,本能地说出自己的籍贯:楚人,苦县厉乡曲仁里。老子当年在周王的守藏室——那个琳琅满目的图书馆里整理图书时,也曾恭敬地写下自己的籍贯。但老子的籍贯,似乎充满了不祥,楚、苦、厉、曲仁里,一切都跟苦难、不幸、曲折、严厉相关,这是老子的人生,还是人类的本质?

说出了籍贯后的老子嗫嚅起来,老子过关做什么,需要跟这些军士说吗?说得清楚吗?他们听得明白吗?老子说出来的话,只是吞吞吐吐的"过关走走""到西边看看"之类的。

军士们其实明白,他们遇到了一个奇异的人物。想到自己的关令尹喜一向好结交奇人异士,而且关令也交代过,遇到奇特人物时要跟他通报一声,军士们对老子开始礼遇起来。他们不由分说地拉起青牛,对老子说,请先生见见他们的关令。

人名事典

关尹：人名，又称尹喜、关令尹。周王朝大夫，春秋时期的思想家。

楚、宋、晋、齐、鲁、秦：国名，周王朝的诸侯国。

周王朝：分西周、东周。西周跟夏、商一起，习惯称为三代。东周则分春秋和战国两个阶段。

尧、舜、禹：人名，华夏文明邦国部落时代的领袖。

玉石时代：中国上古时代名，即考古学中的石器时代，在青铜时代之前。

庚桑楚、阳子居（杨子）、蜎渊、文子、孔丘（孔子）：人名，受业、受教于老子的春秋时期的思想家。

徐甲：老子僮仆，虚构名，书中为老子少时朋友徐任的孙子。

函谷关：历史上建置最早的雄关要塞之一，因关在谷中，深险如函，故称函谷关。传说老子在此著《道德经》。

苦县厉乡曲仁里：古地名，位于今河南鹿邑。

见到尹喜，被留下来给军人们讲课

第二章

尹喜明白了，
老子是对关内周王室和各诸侯国失望，
或者说没有什么兴趣，要西去隐迹了。
得让老子留下点东西再走。

我就这样见到了关令——过去的熟人尹喜。尹喜年轻时也是好学之士，到各地游学，在周王的守藏室向我请教过夏、商的典籍，没想到他现在也做了官，入了仕途。一晃二十多载，他该有五十了吧。

我看了一眼尹喜，明白尹喜还没有失去年轻时的梦想。尹喜认出我来，大喜过望。寂寞啊，他说，不仅有过去的时光，还有人被固定在这个地方。缘分啊，他说，人生仅仅不惑于日常事务是不够的，命运也在敲门哪，他没想到能在最想找明哲圣王的时候遇到老聃先生。我说是啊，女七男八，九六之变，这些道理一般人不懂的。男子事业到了六八前后，是要主动、被动地接近天命、天道了。

尹喜愣了一下，数字，人身人生，天命天道。先生，这些有关系吗？我说，你该是读过《连山》《归藏》的。人的身体跟数字有关，六、七、八、九，这是人的生命周期数。九六之动，贵刚尚变，而要之以中。七八之正，致柔守静，而统之以大。你到了大变动的阶段了，自然会重新打量某些东西。以前你抛弃的某种梦想，现在会再珍惜；现在轻视的他人生活，过一阶段你也会经历。才人老去，人到中年，一些争强好胜的心思、一些争名夺利的意志会有转移，据说多有遁世者宁静平和的现象。

我看到尹喜的眼睛再次闪出一种光来。

八

尹喜说，他现在做关令已经做得很无聊了，迎来送往不说，还要提心吊胆，提防间谍、走私者、斗殴者。虽有一夫当关、万夫莫入的豪情气概，但那也是把脑袋拴在裤腰带上的职业，当不得人生之真和自然之真的。他年轻时好学深思，对天地自然也有会心。列国的争斗、兼并年复一年地加剧，虽然他守的函谷关还平和——一种冷战中的平和，但他已经感到了透骨的寒意。听说有些地方的大夫、陪臣有着莫名其妙的死法：精神紧张而死的，睡觉死去的，自杀身亡的，得病死掉的，等等。不仅大夫、陪臣，就是天子、诸侯的命运也令人叹息。有人统计过，春秋时期，亡国之君多少，被弑之君多少，诸侯奔走不得保其社稷者不可胜数。他其实多能同情理解。这种高风险的职业已经日益成为戏台上的表演，失去了它本来的意义。

这样的生活何时是尽头？这样的生活就是人生的内容吗？

每当尹喜走上城头巡视时，他观察得最多的是远山、天空、风云。军士们因此传说他在望气，这个传说流传开了，他也想象自己会望气。

有时候,看着天边各形各色的云气,他真的想过它们可能就是各种各样的答案。因此,当他看到老子时,就大声地对在场的军士们说,怪不得他这几天看到东边有紫气过来,原来是圣人到了。

军士们很高兴自己立了一功,他们更乐意去传播这个"紫气东来"的故事。看到关令对老子由衷地尊敬,他们不禁对老子更好奇了。听说老子对道很有研究,几个受关令影响也很受宠的军士提出要求,希望关令请老子讲学,对他们讲讲话,也让他们听出个道道来。

招待老子一两天后,尹喜就明白了,老子是对关内周王室和各诸侯国失望,或者说没有什么兴趣,要西去隐迹了。他很理解老子,只是他的身心还有牵挂,否则他会跟从老子的。军士的提议让他很高兴,是得让老子留下点东西再走,人之将死、将隐,其言至善啊!据说鸟之将死,其鸣也哀,那哀是善,是美。龙凤隐迹时,会有惊心动魄的风云之变;天鹅辞世时,会唱出最美丽的歌声。老子肯定有老子的龙凤之姿或天鹅之歌。

知道军士们都有求道上进之心,我不免感动。我当然乐意跟他们尤其是跟尹喜分享我对道的体悟。还未出关就有了闻道的听众,这是一个好兆头啊,好兆头得谋用好才对。因此,这场对几个人的讲学就开始了。

《道德经》第一章

道可道,非常道;名可名,非常名。

当看到关令和军士们恳切的目光时,我一下子又犹豫了:我能讲明白吗?我能讲出来吗?这种天地人生之道只有沉默地感受它,才会渐渐充满;而一旦开口言说,就会更加空虚。

我想到了大道和函谷关的名称。道是可以说的,但说出来的道就不是那个永恒的道了。在说与不说之间，在肯定和否定之间，有着我们能够接近的永恒大道。名称也是可以起用的，但起用的名称就不是那个恒常的名了。在命名和悬搁的模糊之间，有着我们可以接近的本名。

沉吟良久，我终于对尹喜和军士们说出这个简短的格言来，尽管早在为王室服务时，我就把这句话告诉这个世界了。但道的散播如此艰难，几十年之后，仍需要我来努力传播，以均衡道在这个世界的分布、自觉程度。这种不均衡的天地人生分布，使得道理在此时此刻说出，仍觉得新鲜。

是的，这句话如此有力，一下子让关令欣喜若狂。军士们也想到，是这样的，我们经常有话说不出来，说出来时已经不是心里想说的那个意思了。但老子很快又把听众说蒙了。恒常之道可以道出来吗？道可道，非常道。懂了吧？道可，道非，常道。懂了吧？我们所说的这个道，就不是这个道，因此称为这个道。世界上的一切事物，都有相反、相仇、相非的对立一面，它们是同一个事物的两面，它们的中间环节是一个有效的节点。关令和军士们都听得有些傻眼，但似乎脑子里有新东西在冒出来，这让他们觉得受用。管它呢，先记着这两种意义。道可，道非，常道。尹喜则想到了容易，变易，不易。

如果勉强地给道命名，可以说，无是万物创始者的名字，有是万物母亲的名字。老子说，要明白无中生有，我们的大千世界如此，我们自身何尝不是如此。从无开始，慢慢地演化出细微弱小的生命，再演进出顶天立地的人。我们的头脑也是有得如此之多，胡思乱想也

无，名天地之始；有，名万物之母。故常无，欲以观其妙；常有，欲以观其徼。此两者，同出而异名，同谓之玄，玄之又玄，众妙之门。

《道德经》第1章

好,有条有理的思维也好,但追踪其源,莫不是起源于无。老子还说,无、有之名还可以说具有无欲和有欲不同的进路及其功用:我们在无欲、返回内心的状态里,体会大道的美妙;我们在有欲、积极进取的状态里,触摸大道的轮廓。这两者是同一个东西,不过表达时有了不同的名字。它们同是那深远而神秘的物自体——道。这个无和有、肯定和否定的相同关系,就像在绳索的结玄处,微妙难以捕捉。道玄得超乎我们的想象、感觉和认知,玄乎其玄,但它是这个美妙的大千世界的门户、根源。

人名事典

《连山》《归藏》:跟《易经》一样是中国上古易书,一般认为是对中国上古三个历史阶段的天地生人系统的定位。

给军人讲黄帝为什么也自卑

第三章

> 但愿人们理解,
> 我们的归类命名,我们的姓氏,
> 都跟女人有关。

到了关上,关令尹喜立刻开了大厅来招待他。这大厅就是城楼中的一间,临窗一望,只见外面全是黄土平原,愈远愈低,天色苍苍,真是好空气。这雄关就高踞峻阪之上,门外左右全是土坡,中间一条车道,好像在峭壁之间。实在是只要一丸泥就可以封住的。

大家喝过开水,再吃饽饽。让老子休息一会儿之后,关令尹喜就提议要他讲学了。老子早知道这是免不掉的,就满口答应。于是,哄哄了一阵,屋里逐渐坐满了听讲的人。除同来的八人之外,还有四个巡警、两个签子手、五个探子、一个书记以及账房和厨房的人。有几个还带着笔、刀、木札,预备抄讲义。

千年后的圣人不免这样猜测我在函谷关讲道的情景。楼观台确实是一个好地方，如果没有战争，如果有"永久的和平"，在这里著书立说真是不错啊！其实我没有应付关令尹喜和他的部下，我要把在心里沉淀的道理尽可能通俗地讲给大家听，我不希望他们听得艰难。因此只有我艰难地讲，才能让他们容易领会我的意思。

而尹喜也如此重视这一次机会，他命令书记、账房要记笔记，也要签子手记笔记。至于军士、巡警、探子、厨子，大字不识一个的，就免了刀笔之苦。

有尹喜的配合，我的讲道不至于太离谱。很多话，书记记下来，需要问一下我是不是那几个字。我说两个东西是同一个东西，说出来有不同的名字。他们要记下来，好一点儿记成"此两者，同言出不同名"。经我点拨，刻写成"此两者，同出而异名"。我说谷神是不会死的。他们要记下来，没有"是""会""的"等字。书记也不会写"死"字，他刻写的是"谷神不亡"，尹喜也能纠正出来，让他重写成"谷神不死"。

大家有这样几乎手把手的讲解，很快都觉得有趣起来。

大家显出苦脸来了，有些人还似乎手足失措。一个签子手打了一个大哈欠，书记先生竟打起瞌睡来，哗啷一声，刀、笔、木札，都从手里落在席子上面了。

老子仿佛并没有觉得，但仿佛又有些觉得似的，因为他从此讲得详细了一点。然而他没有牙齿，发音不清，打着陕西腔，夹上湖南音，"哩""呢"不分，又爱说什么"嗯哼"，大家还是听不懂。可是时间加长了，来听他讲学的人，倒格外受苦。

为面子起见，人们只好熬着，但后来总不免七倒八歪斜，各人想着自己的事，待到老子讲完"圣人之道，为而不争"，住了口了，可还是谁也不动弹。老子等了一会儿，就加上一句："嗯哼，完了！"

这完全是千年后吴越人对我教学相苦的想象，他善意地把人性中的病变捅了一捅，不了解我其实也是能够教学相长的。是的，不仅后五百年，就是千年万载之后，仍会有人琢磨我的这些如玉石般的句子，仍会有人矮化我的心地，但也会有人对我的话语深具信心。哎，大道的慧眼其实完全知道并能看见他们的一切思维和行为。

五千多字的道理不是一天两天讲得完的，何况尹喜和这些军士对文化有着基本的敬畏，对我这个老人有着高度的尊重。我要让他们知道天覆地载、日月之行、春华秋实的无所不在，那就是道，就是我。

我甚至绕得很远地讲起《易》中的《天行之歌》：见龙在田／或跃在渊／飞龙在天。多么简洁地总结出人生自我完善的时位和可能性。还有那同样流传久远的《大地之歌》：履霜／直方／含章／括囊／黄裳／龙战于野／其血玄黄。多么美妙地勾画出一年或一生的状态。

一句话，我的讲学吸引了大家。我一会儿用大白话讲解，一会儿用简洁的文字，用雅言来总结。

对军士们来说，那么多意思，只用三五个字就记下来了，也只有那几个字可以用来记录，真是神奇好玩儿。他们熟悉的一首歌，"彼君子兮，不素餐兮"，就是讽刺老子和大人先生们的。以他们平时看到的，他们觉得这首歌说得真是好。还有"硕鼠硕鼠，无食我黍……逝将去汝，适彼乐土"，他们唱得多了。自有人生忧患以来，他们似乎就没有摆脱过心里的苦闷、紧张、飘忽不安。虽然他们也有快乐，虽然关令对他们似乎较别的大人要友善一些，但他们似乎生生世世、子子孙孙都只能挣这种贱命了，大周天下乃礼仪天下，他们在其中的位置早就被规定了。

但老子却把军士们带入了另外一个世界，一个跟现实似乎无关却又相关的世界，一个跟生命密切相关的世界。"鸣鹤在阴，其子和之。我有好爵，吾与尔靡之。"老子轻轻哼唱的，是周而复始的变易大道，在军士们听来高雅得很，跟寻常的俚曲小调最大的不同，就在于这些话语和音调能把人带到温暖的春日里。

听老子把人生的道理掰开揉碎地讲出来，最后用精短的格言诗概括出来，军士们开始觉得老子确实有些门道，老子没有白吃饭、吃白饭啊！他们听道，一下子从繁忙的日常杂事中解脱出来，让老子领进了一个玄妙的世界。这个世界似乎比他们的日常忙碌，比那些大呼小叫的呵斥、唯唯诺诺，更有意义。他们整天跟人打交道，看尽了人心的反复波折，如今他们闲下来，似乎接近了人生的本质。

《道德经》第6章

谷神不死，是谓玄牝。
玄牝之门，是谓天地根。
绵绵若存，用之不勤。

我说，道无所不在，无始无终。生命的诞生就含有道的秘密：关于道的作用、局限性、伟大能力等，都在生命诞生之意象上。每一个生命都来自母亲。母亲就是道。具体来说，母亲的下半身体就是道。为什么人们要寻找宝地？因为宝地会带来无穷的好运，宝地会产生无尽的财宝。什么是宝地？就是道，就是女人的下半身。看明白了女人的下半身，就看明白了风水宝地。我们大周王朝的开国者，从公刘到古公亶父，到武王，都曾相宅相地，卜算阴阳，其实就是找到那种像女人下半身一样的宝地。

河谷地带就是风水宝地。像河谷那样虚空而神奇的道，是永远不会死的，它是宇宙的老母亲。这个老母亲的生命创造力，糙一点儿说，她的生殖门户，就是天地的根源。它微细不绝，模模糊糊地存在着，它的作用永远不会穷尽。

我还说，军士可算是男儿刚强的象征，但最阳刚的男人也不要吹嘘自己的能耐。我们最伟大的历史人物黄帝可谓武功盖世，在道面前又如何呢？在女人的下半身面前又如何呢？

看见尹喜也瞪大了眼睛，我不禁有些后悔是否把道讲得太俗了，我犹豫是否该把传说中的黄帝事迹告诉这些人。这可是文明的秘密啊！

是的，文明的秘密就在于，如果不近于道，色厉只会内荏。

军士们此时笑了，我明白，他们还没度过他们的青春期，他们还在挥霍他们的肉体。探子指着巡警说，他可是村村都有丈母娘，是有名的采花大盗，照老先生的话，他一直在亲近大道，他是得到锻炼的了。

大家笑了。

我说，看来是这样的，但你们羡慕，正说明你们的自卑。何况，反者，道之动也。女人，能让这个人一次次地返回到她们那里去，说明了什么呢？究竟是他玩弄了道，还是道玩弄他于股掌之上？

大家肃然。账房先生一脸不屑，不就是个女人吗，她是大道的工具啊。

大家哄然。

我告诉大家，黄帝确实在道面前自惭形秽。他位极天地之中，人间极品，却在素女面前坦诚身体的无能、肾虚、早泄、

《道德经》第4章

道冲而用之或不盈。
渊兮，似万物之宗；
湛兮，似或存。
吾不知谁之子，象帝之先。

阳痿，导致人的精神面貌和社会交往的虚伪、猥琐。黄帝也因此在天师面前"甘拜下风"，膝行以进，稽首请教。这个重大的历史秘密正说明女人高于男人，说明男人要回向女人，要珍惜女人，从而珍惜自己。

也许千年后的人会说我对女人看得过重，我的思想里有着知其母不知其父的史前影子。但愿人们理解，我们的归类命名，我们的姓氏，都跟女人有关。女生即"姓"，我们来源于女人，女人即大道。这是道的秘密之一。

道虚空而神奇，发挥作用时又永远不会有限得用满用尽。它是渊深的，就像它是万物的祖宗。人们见不着它，但它又模模糊糊地存在着。我不知道它是谁的产物，但它好像是天帝的祖先。

人名事典

黄帝：人名，中国上古领袖之一，号称中华民族始祖，人文初祖，中国上古部落联盟首领。

千年后的圣人：指鲁迅。

楼观台：地名，传说老子在此讲道。

《天行之歌》：《易经·乾卦》中的爻辞句子。

《大地之歌》：《易经·坤卦》中的爻辞句子。

彼君子兮，不素餐兮：《诗经·伐檀》中的句子。

硕鼠硕鼠，无食我黍……逝将去汝，适彼乐土：《诗经·硕鼠》中的句子。

鸣鹤在阴，其子和之。我有好爵，吾与尔靡之：《易经·中孚卦》爻辞。

公刘、古公亶父、武王：周人的领袖。武王则是周王朝的开国领袖。

素女：人名，传说中的神女，与黄帝同时代。

军士们被老子绕晕了

第四章

> 人来世上一遭，是来观看并呼应这个世界的。
> 人不是来征服世界的，
> 人是来世界上适得其所的。

　　老子说，不要以为他讲的跟大家的生活无关。就像说谷神、河谷地带、女人的下半身只是形象的说法。乡野人收获稻谷了，会在打谷场上狂欢，他们就是在感念那个生长出粮食或赐予他们生命的原动力，那个原动力是不会死灭的，就像河谷地带的生机无限、女人的生机无限一样。大家日用而不知，老子把生活中的道抽象出来，是要让大家活个明白。其实，无论明白不明白，所有的道理既是人生的本质，又是人生的展开。

　　军士们朦朦胧胧地想到，在他们之上，有一个独立于他们而存在的道，那么有力。这个道又跟他们的生命、他们的生活密切相关。老子说，

> 道生一，一生二，二生三，三生万物。万物负阴而抱阳，冲气以为和。
>
> ——《道德经》第42章

大家经常讲一讲二讲三。什么是一？道就是一。但如果把一放在一二三的系统里理解，一就是由道产生的。

老子说：在一二三的创造学说里，是道产生了一，一就是那原始混沌之气；一则产生了二，天地阴阳之气；二产生了三，阴阳及其和气。万物就是背负着阴气，怀抱着阳气，二气相冲而成和合之气。

军士们明白，老子的道太大了，大得超出他们的想象，天下都为其囊括，天下的现象都是其显现。老子说，像刚才说过的男女之事一样，如果用一个字来概括道的特点，那就是"反"字。相反相成，所以男女组合是天伦天道；循环往返，男女之道也如此，周而复始，一次又一次；物极必反，男女之事走向极端，就会有不应期，有休止的时候。所以说，反者，就是大道运行的规律。还是以男女来比喻，男女从各自之道走到一起合成新的道，他们也会走向反动，向对方转化。如果用一个字来说明道的本质功用，就是"弱"字。最大的弱，是虚，是无，是最强大的。所以，柔弱者正是道能作用的前提。日月星辰产生也能运行，就是因为看似最大柔弱的无边无际的虚空；宇宙万物从虚、无的大弱中产生，又自如地运行于虚、无的大弱之中。一句话，天下所有的事物都是从原始物质之有产生出来的，有则是从原始物质之无即道产生出来的。或者说，天下的事生于显明之有，显明之有生于隐暗之无。

> 反者道之动，弱者道之用。天下万物生于有，有生于无。
>
> ——《道德经》第40章

军士们想，怪不得关令称老子是圣人。这样的人太不可思议了，老子怎么会对那种玄之又玄的东西有兴趣呢？老子怎么会想得那么绝呢？老子这样的人还有七情六欲吗？

军士们私下问关令，老子有父母亲吗？有妻室吗？有孩子吗？问着问着，他们自己都大笑起来。一二三的关系在每个地方都应该琢磨出其意思来，一个家庭，有父母二人，就有第三位的孩子，如此就可以传之久远。一个人，同样可以接二连三地创造出无穷的事物。而最为关键的一二三数字，又该以太极阴阳来表达，我们每个人都是一个太极：头为阳，身子就为阴；如从身子来说，身体正面为阴，背面为阳；如从四肢来说，臂内为阴，臂外为阳。如此负阴抱阳，相依存而成为一个鲜活的事物。未来的人还将用阴和阳、道和一这类简单的数码来表示无穷的数量，来创造一个大千世界。

尹喜也笑了，随即严肃地告诉军士，老子当然拥有人的一切，比起风吹日晒的军士来，老子的生活更健康充实。当然，圣人有牺牲，圣人不婚，圣人孤绝，老子不看重家长里短的日常生活。老子的国度不在这个世界，老子活在道的氛围里。比如，老子的父母死得早，老子的妻子也不幸早逝，老子的儿子叫李宗，已经出息了，所以老子无忧无虑，无牵无挂，能够代替大家思考领悟天地大道，代替大家探索人生的真知。

至于七情六欲，尹喜告诉军士们，不要把你们的食色享受当作人间极乐，不要把你们的那点儿感官刺激当宝。对圣人老子来说，这一切他都经历过了，老子放下了这些东西，做出了常人眼中的牺牲；但老子不仅追求永恒并在永恒之中，不仅渊博并在真知之中，而且他的享受、他的喜乐也是无穷无尽的。

军士们听了，唯唯否否。

听到他们的笑声，看到他们窃窃私语，看到他们跟关令尹喜谈话，我似乎能够感应到他们在猜想、议论我。如果年轻一些，我会孤独而骄傲。但现在的我，似乎只有平淡而寂寞了。

尹喜也来跟我交流感受，这是个难得的聪明人。他为部下的无知抱歉，为一些天道人道的关系来纠缠，他说，他很理解我，如果他没有家累，没有这些还忠诚甚至把他当亲人的部下，他也会跟我一样孤身远引了。尹喜说，他还有一些目标或者说梦想。

我理解。谁没有梦呢？

我在年轻的时候也曾经做过许多梦，后来大半忘却了，但自己也并不以为可惜。所谓回忆者，虽说可以使人欢欣，有时也不免使人寂寞，使精神的丝缕还牵着已逝的寂寞的时光，又有什么意味呢？

尹喜还提到了我所讲的黄帝事迹，他问：这是不是一个象征，连我们最伟大的祖先都在女人面前沮丧，是否说明我们华夏人阳气不足？是否我们征服不了女人和世界？

我说，征服可能是男人的梦，却不是人的梦，人的梦想跟万物一样，在天地之间自我展开、自我成全。人来世上一遭，是来观看并呼应这个世界的。人不是来征服世界的，人是来世界上适得其所的。

少

时

关于出生的谣言

第五章

———

唯有具体而微的生活，
才有跟道相亲相爱的可能性。

是的，我也曾做过许多梦，我的梦多半是成全道的。

在道面前，我也多是失败了。我已经快忘了那些努力、人生的事实和年轻时的梦想。

但我偏苦于不能全然忘却，这不能忘却的一部分，现在就成了我西行布道的来由。

唉，我是这样矛盾的一个人。醒着而又追逐入梦，无所求而又全求，无所知而又博知，无所争而又尽争，无所思而又广思周思。

现在的情形是，曾经称霸的东方不思，想要争强的西方过思。有时候，真想问一下中原：这大地上还有人吗？而面对西秦的崛起，也想问一下：你们做好准备了吗？

至于我，在思和不思之间，在梦和现实之间，在上代人和下代人之间。我是充实欢乐的，又是痛苦寂寞的。

老子对人生天地的矛盾有着难言的痛，那种痛彻的经验让老子总是情不能已，思索不能穿越。

老子在生活中，跟天地精神相往来。但看到大家那种人世的快乐，老子又有一种嫉羡，老子知道，唯有具体而微的生活，才有跟道相亲相爱的可能性。如果只能远观，只能在心里翻腾，又有什么意义呢？就像家乡人说面对漂亮姑娘，看了扑不倒，心头如刀绞。人是该有这种慕道之心、之行的啊！

老子有过世俗的经验，只是那太短暂，短暂得刚抓住就已经失去。老子想，如果人生可以重新开始，他要跟亲友形影不离，终生厮守。老子想，没有人能做到这一点；做到时没有想到，想到时已经做不到了。

老子没有见过父亲，但老子的父亲真实具体得不容老子去想象、虚构，不容老子依恋。据乡亲们说，老子的父亲是一个失意的士，一个醉生梦死、不怎么恋家顾家的人。老子对父亲没有什么印象，也没有什么爱憎。老子知道父亲在这世上存在过，这就够了。老子不需要在世上去找一个替补父亲，父亲的曾经在世跟老子的独立都是真实不虚的。这就够了。

我也没有见过母亲。据乡亲说，还有我的养父养母——一生善良的老氏夫妇也这样说，我的母亲是当地最贤惠、最善良的女人。我的父亲离家出走杳无音信，让我的母亲独自支撑着一个家的生活；虽然家境小康，但一个女人怀着孩子独立生活，毕竟不是什么福分。

更不幸的是，我在母腹中九个月、十个月了都没有动静，十一个月了还没有动静，我的母亲惊恐、幻梦，巴望我正常一些降生。巴望了十一个月都没有消息，她自言自语，四邻都听见了，巴望到十一个月还不生。谣言也出来了，那个曲仁里的李家孩子是个老小子，八十一还未生下地，所以打小就叫老子。更多的谣言也有模有样地编出来了：我生下来须发泛黄，黄得发白，生下来就是个老头子了，所以我的名字就叫老子。

但我确实是第十一个月里出生的，只是我太重了，母亲身子太弱了，难产让母亲做了一个舍己救子的决定。产婆用最简陋的工具剖腹，把我接生出来，母亲从此落下病根，在我少年时即离开人世。我不敢深想这一切，这一切都是因为我。

我为什么晚生？难道在母腹中我就开始了思考？难道我不知道，晚生不仅给了母亲以耻辱，也要了母亲的性命？这一问题折磨着我的青少年时代，折磨了我一生。这一问题使我一生都拥抱了一种忧患之思，以至于我有时想，我一生什么也不曾拥有，我唯一能够拥有的只是一种忧思。

这种儿时即能自制沉思的早熟状态也让乡亲们惊奇，没有父亲母亲的老子，看来命硬命大啊。看小看老，他们看小老子命硬却不鲁莽，觉得老子不像一个来讨债的混子、二流子。他们很高兴身边有了一个有慧根的人，多少年没出啥人的曲仁里看来要出一个大人物了。

传说当然也要加到老子的身上，据说，老子是从母亲的左肋下出生的。老子的父母只有少数人知根知底了，那么老子的李姓是怎么来的，是老子自己取的呗。这倒是真的，老子家是有一棵很大的李子树。人们传说,老子生下来即能言,指李为姓。还有传说,老子的母亲是吞食李子生下老子的,所以老子姓李。还有传说,老子的母亲是望着李子树梢上的日头怀上他的。传说,老子生下来即能走路,前后左右几步,说天上地下,天王老子第一……

老子没去争辩家世,人们对老子的好奇倒是给了老子以某种压力,老子一度以为要活出个样子来才对得起他们的关怀。但活出个样子,那不就是模子、模范里出来的人吗?活出个大家都以为然的模样是真实的、是尽善尽美的吗?为人们的好奇而活符合道德吗?实际上老子的先人也不平凡。母亲在老子小时候重复过无数次,老子是颛顼大帝的后代,皋陶啊,伯益啊都是有名的先人。因为先人有三代人做过掌管刑狱的大理寺官职,以官为氏称为理氏。一个叫理徵的先人得罪了商纣王被处死,其子利贞逃难隐姓埋名,后人散居各地。老子就是理利贞的后人。老子姓李,也是怀念先人、光大先人的事迹。从法理、道理、纹理之理回归到万物具体的一树之李,说不定更有生机,更为本真。从李子树中又何尝不能得见天下万物之理?

何况我已经有罪孽了,我伤害了母亲的性命。这是我的经验教训。一切晚生晚成者,一切思虑过度者,都会伤害自己的至亲,当然也会对自己有所伤害。

我想过,自庶民以至天子,都有其母,有自己的至亲。这种伤害无时不有,无时不在不为人知地发生。这种无声无言的悲剧得有人说出来,要让人们知道,涉及他人、民众百姓,涉及社稷,当事者不能想得太多,不能有什么私心私虑,否则害人害己。

因此,我虽然是一个活在思索中的人,却由衷地希望人们能够免掉这种生命的枷锁。智慧的痛苦是难言的,那种看透真相、看透造化把戏的所谓聪明是有害的。

人名事典

老氏夫妇：虚构，老子的养父母。
颛顼大帝：上古时代的五帝之一。
皋陶：上古时代的人物，是与尧、舜、大禹齐名的"上古四圣"之一，曾经被舜任命为掌管刑法的"理官"，以正直闻名天下。禹据其功德，封皋陶后裔于英、六一带（今安徽六安地区），故亦被尊为六安国始祖。
伯益：上古时代的人物，又名伯翳，也称大费。因协助禹治水有功，故受舜赐姓嬴。
理徵：传说商纣王时期的理官。

从母亲那里汲取营养最重要

第六章

> 看一个人的外表强健是容易的,
> 看一个人的内在精神力量
> 却不容易。

老子以为,世上人熙熙所求、所标榜的那些东西,利禄、礼义、巧智、才思,正是过度思虑的产物,是要小聪明者合谋的诱饵。当然,说它们是智慧的结果,不如说是人欲本能的极端形式。那些东西搅动了人心,毁灭了上古至纯之世时人们的那种幸福逍遥的人生,毁灭了亲友们的天伦之乐。

老子见过不少女子。她们看到自己的孩子、情人不再冲动了,不再自然了,开始想东想西,在本能的冲动下有所收敛,开始借东借西、假仁假义时,总有一种天伦幸福终结的忧心。女人们会说他们成熟了,实际上却担心他们不近人情了,担心他们要小聪明了。

> 绝圣弃智，民利百倍；绝仁弃义，民复孝慈；绝巧弃利，盗贼无有。此三者，以为文不足，故令有所属：见素抱朴，少私寡欲。
>
> ——《道德经》第19章

那些王侯、大夫要小聪明，卖弄自己的智力来做事，来管理国家，不是枉费心机吗？不遵从道，朝令夕改，拍脑袋，拍成脑残的智慧，国家和人民不堪其扰、其害。小奸小滑的聪明人，最终多多少少都成为国库、百姓腰包、社会财富的盗贼。这都是教训哪。弃绝所谓聪明巧智的雕虫小技，人们就会得到百倍的福利；弃绝仁义的高标，人们就会恢复自然的孝慈；弃绝技巧和财货一类的商品化、技术化，就不会有盗贼出现。这三条作为治理天下、管理自己的原则还不够，所以还要使人们有归属和认同：生存纯洁，内心质朴，不过多思虑，少私心杂念。

老子的这一主张在士和侯伯贵族中间流传的时候，人们大为惊讶。这是对文武周公以来的说法的大颠覆啊，是对傲然于蛮荒四夷的礼仪之邦——周室的反动啊，因此他们称老子的学说为"三绝"。当然，自平王东迁，周室的天下事实上已经断裂，文武之功、成康之治已经是上一朝代的事了。有人因此把老子的学说看作是拨乱反正的权宜主张，是矫枉过正之说。

只有老子清楚，他的"三绝"源于人性天道最细致之处。人世的发展也许确实需要一些智慧、技术和礼仪，但人生和社会不能依赖于它们。否则，瘟疫、争斗、疾病、杀戮……之事会全部上演。

这一切收获，最初的源头就是我的母亲。回到母亲那里去！接近她，荣耀她，从她那里汲取，并奉献于她！这是我的经验，是我的梦。

如果不是回到母亲那里，不是回到天地大道那里，那么，一切的作为，正直和谄媚有什么分别呢？礼仪和任性又有什么不同呢？这并不是我的理想，这其实是人类的真实状态，人类知母而不知父，与自然相处。当有足够的平地可以躺下时，还需要床铺做什么？当人可以用自己的手臂时，还需要欹枕做什么？当人可以用自己的手掌时，还需要五花八门的器皿做什么？……

难道为供养人类而存在的树木、田野、河泽不再布施了吗？难道河流干枯，不再为口渴的人提供水分了吗？难道大地荒芜，不宜人居了吗？……那么，人们为什么要去奉承那些有钱有势就得意忘形的人呢？人们为什么要叠床架屋把自己层层包裹呢？人们为什么热衷于聚敛、徇私呢？在这样的时尚中生活，何时是个尽头？

只有拒绝这种学问，才不会有忧虑。这种忙于分辨"美与恶""善与不善"的学问，甚至忙于关心"唯"与"阿"的发声不同。俗世中的顺从与反对，相差多少？他们觉得美好的与丑恶的区别多大？一般人所担心的、人的良心所畏惧的，他们不是也要害怕吗？

众人熙熙攘攘争名夺利，就像在享受最丰盛的君王的宴席一般，就像春天登台观看美景。我独自视之无所谓，不去分辨什么征兆。我心荒凉啊，它没有尽头。我浑浑噩噩啊，像还不会笑的婴儿。我站在众人的高端，就像无所归属。众人都表现得小康有余，我独像是丢失了一切。难道我是愚昧之人吗？我真的是混沌无知啊！大家都争着显示自己的聪明才华，只有我显得昏聩。大家都表现得清楚明白，明察秋毫，只有我昏昧。我的心静得像天池一样没有波澜，又如高风飘逝而无止息。大家都有所作为，大家都像能为也在为朝政时世出力，我却不奉迎，独自愚顽而鄙陋，格格不入，像一个未开化之人。大家都喜欢别人拥戴自己，我却独自以为从母亲那里汲取营养最重要，从大道这个母亲那里汲取的力量最贵重。

回到母亲大道那里去！上古时代以母亲、以女子为贵的传统给了老子很深的印象。那是人类知其母而不知其父的时代，那个时代多么纯朴、自然、欢乐！

《道德经》第20章

绝学无忧。唯之与阿，相去几何？美之与恶，相去若何？人之所畏，不可不畏！荒兮，其未央哉！众人熙熙，如享太牢，如春登台。我独泊兮，其未兆。沌沌兮，如婴儿之未孩；儽儽兮，若无所归。众人皆有余，而我独若遗。我愚人之心也哉，沌沌兮！俗人昭昭，我独昏昏；俗人察察，我独闷闷。澹兮其若海，飂兮若无止。众人皆有以，而我独顽且鄙。我独异于人，而贵食母。

那个时代没有什么积累。人们不担心来年，人们知道，山前有路，水穷云起。人们生产什么就享用什么，人们从自然中猎获什么就受用什么。大部分时间不是用于寻食、用于劳作，人们靠天生活，依天依道；人们多半在游荡，在静观，在吟诵，在祭天祀地，在取悦天地间的神灵、大道。

大道为公，天下为公，财宝在人出生前就存在着，没有什么是人的私有，没有什么是人永恒占据的。离开了这一切去争夺、积累，人们将无知于人性的欢乐和幸福，将无知于人身难得和人生逍遥。

老子当然知道，那样的时代一去不复返了。但老子因此总结出，只有把熙熙攘攘、放纵的心思求回来，只有收放自如、出入无间，并学会珍惜，不断地观悟天地之道，像上古时代一样，人才能坚实地栖居在大地上,才能踏实地度过一生,才能颐养天年。

老子想到,自人身以至国家社稷,要安稳静好,不都是如此吗？治理国家,从事享尽天年的养生,莫如收敛、爱惜。这就要蚤服。什么是蚤服呢？就是卑服、皂服,卑其衣服,俭朴于身,以黑白自然本色为主,这也是合乎自然的捷径,是早早地服于大道。像大禹那样,菲饮食薄衣服而致孝敬于鬼神,以挽救世人兴起的厚葬等弊俗,以示知稼穑之艰难。自神农氏以来,社稷最可贵者,莫如农功；以农立国,不仅仅是把大地的产出收获起来去养活百姓,或者说以解决温饱为满足。农耕社会,最重要的是上下同其劳苦,从而使上下人人可以善其生。就像郑国杰出的子产所说的,政如农功,日夜思之,思其始而成其终。朝夕而行之,行无越思,如农之有畔,其过鲜矣。是的,政事就像农活,白天黑夜想着它,想其开始而取得好结果。早晚都照想的去做,所做的不超过所想的,好像农田里有田埂一样,过错就会少一些。农耕社会讲天时,劳逸结合,以劳为主,人们没时间去想这想那地享受,而让劳动成了人本身,劳动就成了人的本质需要。这种劳动本质就会生出善心来,所以乡下人多淳厚朴质,犯法犯事者少。

治人事天,莫若啬。夫唯啬,是谓早服。早服谓之重积德。重积德,则无不克。无不克,则莫知其极。莫知其极,可以有国。有国之母,可以长久。是谓深根固柢,长生久视之道。

老子回想起,乡下人笑话一个穿漂亮衣服的人:穿那么好做什么？穿那么好有谁看？乡下人是不看、不欣赏的。因为一下地,一干农活,再好的衣服也要沾裹泥土,所以乡下人穿得灰不溜秋的,以灰黑衣服为主,实在暗合天道。只有做丧事了,才以白服来表达哀痛。只有做客了,才穿得干净整洁。商人尚白,跟自然作对,跟农耕社会脱节,他们最终被代表农工的周人推翻。老子记得,年轻时候,宋国服劳役的建筑工人唱响的流行歌曲:"泽门之皙,实兴我役。邑中之黔,实慰我心。"意思就是,公门里的白胖子,要我们服劳役;城里的黑面孔,才跟我们心连心。那一年冬天,宋平公筑台,妨于农功,筑者作歌刺之,就有了这样传唱一时的歌。但关于黑白两道,老子清楚,乡民并不把它们必然对立:和平时期,人们以白为美,偶尔拿白来打趣,黑者各自努力来争取洗白;紧张时期,人们才仇恨白,以黑为荣,尚黑成为标准。

所以,收敛,就是朴素一些,只有这样的原则,才称得上及早准备,顺从了道。及早服从于道,就是不断地积累德行,发展我们的精神。不断地积累德行,就能无所不胜。无所不胜,就是力量无限,道变成了他内在的精神。有了无限的力量,就可以获得大到掌握一国的福报。有掌国之道,就能够长久。这就是根深蒂固,享尽天年,避免亡国杀身之道。

人名事典

周公:人名,姓姬名旦,周文王姬昌的第四子。因封地在周,故称周公或周公旦,是历史上伟大的立言立法者,被尊为儒学奠基人。
平王:东周第一位国君,公元前770—前720年在位。西周幽王之子。
文武之功、成康之治:世道名,指周人的文王、武王、成王、康王四个时期。
子产:春秋时代郑国的执政。其"政如农功,日夜思之"语见《左传·襄公二十五年》。
宋平公:春秋时代宋国国君,在位四十四年。"泽门之皙,实兴我役"之歌见《左传·襄公十七年》。

第七章

幸运地遇到了良师和益友

我儿时就熟悉了乡亲们的表情、话语。
他们认命,我不能。
他们日复一日、年复一年
甚至生生世世地过下去,
我不能。

母亲的意象给了我无穷的灵感。母亲就是道,道就是万物之母。而雌性、柔弱则是道之用。这样的哲理没有人讲明白,我通过思索理解了。

但时世的移易让人们生存的秩序空前地紊乱起来。很多人生下来跟我一样失去父亲的照顾,只不过成长的环境不同,对生命自然的信仰不同,人生的收获也就不同。对我来说,不幸的是父母亡失,幸运的是养父养母对我的养育,健康而通达,对我关爱有加,并给予充分的自主自由。

听说不少失去父亲，由母亲养育的儒生，总是对父亲有一种想当然。他们对眼前的母亲不以为意，不从中汲取人生的智慧、力量和精神，反而去想象虚无的父亲，想象那种刚强的力量、占有。那些儒生因此习惯了依靠，习惯了去吃死人饭，习惯了给人办红喜白丧之事，习惯了在那种应酬中依靠一个强壮、果断、有力的人物去施展他们的才学。他们总处于一种男人的第二性的人生状态，他们生来愿做二把手。他们是想象的父亲的二把手。

老子却是孤绝的，是独立不倚的。老子天下第一。老子孤傲，老子也谦卑。回到母亲那里去！老子想，一切人世的荣华，一切人世的苦难，母亲都看见了，大道都听见了。回到母亲那里去，就是回到生命的源头和真理那里。

尽管我们有罪孽，不诚实，易受诱惑，但无论如何，母亲跟我们在一起，母亲在天上地下看着我们。她有真理，她知道真理，她就是真理。那么，真理在地上就还没有灭绝，将来迟早会传到我们这里来，像预期的那样在整个大地上获胜。

老子相信，人们会越来越推崇强者，会依靠强者。这会加剧人世的争斗，加速毁灭也加速创造。无数的人做了这一个大争斗场里的看客，也做了牺牲。但这一切在老子的道中，为老子的道所笼罩，并由老子的道来审判！一切都在母亲的眼里，一切由母亲承受了，也由母亲裁决并包容了。

青少年时代的我远未这么明澈，幸运的是我遇到了名师和益友。

我的家乡苦县曲仁里，听说以前是林木水草繁茂之地，鹿群极多，白鹤飞临，间杂其中，鹿鹤同春，美妙极了。这个曾称鸣鹿的美好家园却一变其名称为苦县，真的如乡亲们所说是穷山恶水之地了。

乡亲们说，这是命。从小到大，我对命这样的话都听厌了。文武周公的命极好啊，这个人傲，他有这个命，那个大夫，命衰……至于苦县人，当然命苦命贱。我听得最多的教育，莫过于父母数落自家的孩子，你这个短阳寿的，你这个短命的……即使父母可怜自己的孩子，也只会把悲苦的人生宿命传递给幼小的心灵：唉，可怜，养你就像养个性命，像小猫小狗一样的性命，长大了还得自己讨生活，做牛做马……

这些性命如此自足于猫狗一样的欢乐日子，又如此怯情地观察每一个外来的陌生过客。我们熟悉方圆十里的一草一木，而除此之外，我们就一无所知，失去了想象力。日子的分别就是：太阳晒屁股了，太阳有一人多高了，太阳到头顶时，太阳落山时……太阳底下没有新鲜事。当人们在寒冬腊月谈论最近一年的新鲜事时，事情可能是春暖花开时发生的，已经供人们咀嚼了整整一年。而烽火戏诸侯、爱美人不爱江山的故事，那个周天子的孩子做了诸侯国人质的故事，传到乡亲们耳朵里，仍是那么生动，如戏如剧。

乡亲们似乎也知道我要跟他们过不一样的生活，在欢笑、叹息的日子里，他们对我另眼相看，这个小老子恐怕不简单。他是庚辰年二月十五生人，他是一条抬头的龙啊！我还记得懵懂记事时，就有人对我的养父母说，这个小老子有出息，该让他识字啊。养父母说：那敢情好啊，我们省吃俭用也要供孩子的。那样的声音若有若无，影影绰绰地一直伴随了我的一生。我每次想起那些声音，就想起了我的乡亲，他们多么朴实、纯良，他们成人之美善的言行，无意中成全了一个人的命运。

苦县离周都洛阳很近，尽管有一些山丘，但从洛阳到苦县几百里还算是一马平川。尽管穷苦，我成长的环境并不闭塞，夏、商、西周三代的故事我都听厌了。

更重要的是，自古及今秘传、只为少数人所知的《坟》《典》《索》《丘》《诗》《书》也开始在中下层播散。东周的衰微，使不少学习过王室图典的人物失意于朝堂，而游走于民间。我的养父养母就曾请过这样的人给我开智启蒙，这其中，我最为感念的名师就是常枞了。

没有人知道常枞的来历，这个上知天文、下懂地理、中通远古和三代治乱的人以喜欢枞树知名，他起居处总依止于枞树。我甚至不知道他叫商容还是叫常枞，相似的读音，不一样的文字。

跟随常枞的青少年时光，是快乐的，又是忧患的。当常枞给我讲解《诗》的大意，跟我一起吟诵那些美丽的诗篇时，师徒二人都是快乐的，像是沉浸在商周那"五百年的歌唱"里了。"昔我往矣，杨柳依依；今我来思，雨雪霏霏。""知我者，谓我心忧；不知我者，谓我何求。""青青子衿，悠悠我心；但为君故，沉吟至今。"……当常枞给我讲炎黄以来的治乱时，师徒二人是忧患的、叹息的。"百川沸腾，山冢崒崩。高岸为谷，深谷为陵。""天生烝民，其命匪谌。靡不有初，鲜克有终。"……

没有任何中国功名利禄的常枞老师，却有着中国的一切。也许常枞老师有过给周王室和各诸侯服务的过去，但他在苦县过着平淡的生活。他散淡，论某种学问甚至没有苦县的大夫们厉害，论记忆也没有我们孩子们惊人。但在我和学友们眼里，他就是中国，是天地开辟以来的历史，是诸侯开拓疆域的大陆。一个人能够成为天覆地载的化身，成为天地、自然和历史的人格象征，跟他在一起生活，是多么幸运的事！

三九

人名事典

鸣鹿：古地名，今称鹿邑。
烽火戏诸侯：西周为了防备犬戎的侵扰，在王室周围修筑了多座烽火台，一旦天子有难，点燃烽火，诸侯必须起兵勤王。周幽王为博美人一笑，点燃烽火，戏弄诸侯，以国事为儿戏，最终身死国灭。
庚辰年：民间传说老子出生的年份，按此推理，老子大约于公元前581年出生，较庚戌年（公元前551年）出生的孔子大三十岁。
《坟》《典》《索》《丘》《诗》《书》：先秦经典，多失传不可考，《诗》则指《诗经》，《书》指《尚书》。
常枞、商容：人名，一人而异名，老子的老师。
昔我往矣，杨柳依依；今我来思，雨雪霏霏：《诗经·采薇》中的句子。
知我者，谓我心忧；不知我者，谓我何求：《诗经·黍离》中的句子。
青青子衿，悠悠我心；但为君故，沉吟至今：《诗经·子衿》中的句子。
百川沸腾，山冢崒崩。高岸为谷，深谷为陵：《诗经·十月之交》中的句子。
天生烝民，其命匪谌。靡不有初，鲜克有终：《诗经·荡》中的句子。

立志为人们找到安身立命的大道

第八章

> 常枞老师说：
> 知道吗？不要怨天尤人。
> 人世的一切不过是天道的大舞台，如果人自作孽，那当然不可活了。

是常枞老师让老子知道，中国上古的纯朴，民众结绳记事。"断竹续竹，飞土逐宍"，多么简洁有力的歌谣。"日出而作，日入而息。凿井而饮，耕田而食。帝力于我何有哉"，多么美妙的人生天地图景。

是常枞老师让老子知道炎黄蚩尤大战的重要性。黄帝一统天下，只是黄帝处理炎帝部落和蚩尤部落的方式是暴力的，和平统一是强力镇制下的稳定，所以自处、相处彼此防范而无力共和，这种均衡的脆弱从一开始就注定了。从此，人们开始强化不劳而获，人们不去生产创造，而是去争夺别人的所有。力成为人们之间的标准，虚妄的部落生死成为个人生存的意义，个人被牢牢地绑到家国天下上去了。

《卿云歌》

卿云烂兮，糺缦缦兮。
明明上天，烂然星陈。
日月有常，星辰有行。
日月光华，旦复旦兮。
日月光华，弘于一人。
四时从经，万姓允诚。
於予论乐，配天之灵。
迁于贤圣，莫不咸听。
蘷乎鼓之，轩乎舞之。
精华已竭，褰裳去之。

虽然此后仍有尧、舜等人的治绩，但个人一经绑定则往而不返。

那种德治、孝治已经无济于事了，时代不可避免地由争夺来决定。人们生活在自然中，却在自己和同胞之间建立起禽兽不如的丛林法则。是的，禽兽也许弱肉强食，但它们自己很少相互残杀。

然后是大禹治水，那最后的神，华夏人的大功臣，给人们树立了一个高标典范，却在临死前也杀人立威。他要开会算账，防风氏仅仅因为到会迟了，他就杀了防风氏，使人们之间的敬爱公道关系急转直下，成为主从利益关系。常枞老师说，大禹在实施治水这样一个大工程时，身体力行地付出了，但也体会到了号令大家的权力带来的满足感。事实上，在舜帝爷把帝位传给他后，不到八年的时间，他就起意要把帝位传给自己的儿子了。历史也确实如此，他的儿子启以天下为私。这种意识经过夏、商两代强化，到周朝，王道乐土跟一姓之私不可分地结合在一起了。"普天之下，莫非王土，率土之滨，莫非王臣。"

常枞老师的叹息让老子一生难忘。

老子当时就举意：以一生的时间来为人们找到安身立命的大道！

如果不从根源上反思，一切的修补又有什么意义呢？就像帝王们的功业一样，对人、社稷、时世有什么意义呢？

> 登彼西山兮，采其薇矣。
> 以暴易暴兮，不知其非矣。
> 神农、虞、夏忽焉没兮。
> 我安适归矣？
> 于嗟徂兮，命之衰矣。
>
> ——《史记·伯夷列传·采薇歌》

常枞老师说，上古的和谐一点点撕裂了，道术为天下分崩离析了。人们绝地天通，信神的人生为凡俗的人生取代，一种快乐取代了另一种快乐，只是忧愁、恐惧、身心的摧残也相伴而生。人世的创造确乎层出不穷，但人世的绝灭和痛苦也代代不已。

这种数百年间治乱循环的反思修补没有太大的意义啊！常枞老师说，王公贵族们不是没有反思，从大禹以来，到大禹子孙的《五子之歌》，不都是反思吗？又如何呢？

有扈氏为义而战，夏启镇压；少康复辟；夏桀无道，商汤代夏……都充满了牺牲、杀戮。小小的偏居一隅的周，推翻了天邑商，那种以小胜大的不可思议，那种血流漂杵的残酷场面，同样是史无前例的。暴力借王霸的名义似乎一统天下，以周公的大才睿智，制礼作乐，礼仪三百，威仪三千，规定了天下每个人的坐标、位置、言行方式，他同样需要以暴力做后盾，东征三年才能压服叛乱。成功也只是暂时的，成康四十年间刑错不用，可谓大治。但宣、幽蠢蠢欲动，为所欲为，导致周政衰败；厉王不思悔改，相信暴力，弱小的人们只能道路以目，结果"国人"暴动，厉王只能逃到彘，一个野猪出没的地方，并猪狗不如地死在那个地方。

常枞老师说起"国人暴动"来，总是充满了惊奇、赞叹。在那以前的历史里，人们总以为只有地域、部落间的战争，也只有这种战争才有胜负的可能性；人们很少以为部落内部、同姓同胞之间也有你死我活的战争，弱小的百姓、国人、野民也会有力量反抗；人们总以为那种上下等级秩序是永恒的，在上者强有力，在下者弱势，这个秩序是天经地义不可改变的。但弱者一旦觉悟，那些作威作福的所谓强者不过是可笑的僵尸。

常枞也给老子讲《诗》。知道吗？这些诗篇都是人们祭祀吟唱的产物，多半是女子歌哭的结果。其中有亡人的音容笑貌，有死者生前的欢爱，有生离死别的沉痛，有生者的嗔怨，有歌哭者的美好回忆。他们哭于坟头，呼天抢地，明心见性，直面生死，并评点时政。他们的歌声、他们的倾诉流传开来，为采诗官采去，上献于朝堂，删改作乐，供王公贵族们举行祭祀、大典、会盟时吟诵。"关关雎鸠，在河之洲。窈窕淑女，君子好逑。""蒹葭苍苍，白露为霜。所谓伊人，在水一方。""高山仰止，景行行止。""如切如磋，如琢如磨。"……

知道吗？这些诗篇可以兴观群怨，可以察知人心。如果说在文武周公时代，诗还是在吟诵祖先的业绩，歌唱男女的美好，咏叹人生的短暂："昔我往矣，杨柳依依；今我来思，雨雪霏霏。""相土烈烈，海外有截。""噫嘻成王！既昭假尔。率时农夫，播厥百谷。"……那么，成康之后的歌谣就已经开始问天、刺天、詈天了："人而无仪，不死何为？""悠悠苍天，此何人哉！"……

老子因此想到：天地是无所谓仁爱的，它创造万物而不主宰万天地不仁，以万物为刍狗；圣人不仁，以百姓为刍狗。天地之间，其犹橐籥乎？虚而不屈，动而愈出。

《道德经》第5章

物，它把万物当作祭祀时用草扎成的刍狗，即使是刍狗它的态度也虔敬庄严；圣人也是无所谓仁爱的，它把百姓当作刍狗，都要在祭祀中跟大道合一。天地圣人，是博爱无私的。天地万物，在道那无形而浩瀚的虚空中，道同等地包容万物。天地万物，不是由仁和礼给予的等级秩序所可以分别的，万物互动平衡的秩序，是一个平等自在的秩序。强求尊卑，是违天违道之举。天地之间，一切都像那不起眼的刍狗一样，无穷无尽，无始无终。天地之间，它不就像个大风箱吗？空虚而不会穷尽，动起来则生生不息。

人名事典

断竹续竹,飞土逐宍：出自上古歌谣《弹歌》。宍,古同肉,音 ròu。
日出而作,日入而息：出自上古歌谣《击壤歌》。
炎黄蚩尤大战：上古时期的炎帝部落、黄帝部落、蚩尤兼并战争。
卿云烂兮,糺缦缦兮：出自传说中的《卿云歌》,是舜帝传位给大禹的音乐。
防风氏：人名,大禹时代的部落领袖。"昔禹致群神于会稽之山,防风氏后至,禹杀而戮之,其骨节专车,此为大矣。"据说防风氏也是治水英雄,大禹杀他既是嫉妒又是立威。
启：人名,大禹之子。禹病死后继位,成为中国历史上"禅让制"变为"世袭制"的第一人。
登彼西山兮,采其薇矣。以暴易暴兮,不知其非矣：出自传说中的伯夷、叔齐饿死前所作的《采薇歌》。
《五子之歌》：皇祖有训。民可近。不可下。民惟邦本。
有扈氏：邦国名,夏初的邦国部落之一。启继位后有扈氏不服,启兴兵讨伐有扈氏,有扈氏身死族亡。被与时俱进论调者称为"知义而不知宜"。
少康：人名,夏王朝第六位国君,自幼历尽苦难,复国后能勤于政事,讲究信用,使夏朝重新强盛起来,史称"少康中兴"。
夏桀：人名,夏王朝的最后一王。又名癸、履癸,商汤给他的谥号为桀（凶猛的意思）。履癸文武双全,赤手可以把铁钩拉直,但荒淫无度,暴虐无道,为历史上著名的暴君。在位五十二年国亡,被放逐而饿死。
商汤：人名,商王朝的开国君主。由于商汤以武力灭夏,打破国王永定的说法,从此中国历代王朝皆如此更迭,因而史称"商汤革命"。
宣、幽、厉：周王朝的三个王。
国人暴动：周王朝的革命事件之一,又称彘之乱,是公元前841年发生在西周首都镐京的以平民为主体的暴动。这一年,被视为中国历史有确切纪年的开始。
关关雎鸠,在河之洲。窈窕淑女,君子好逑：《诗经·关雎》中的句子。
蒹葭苍苍,白露为霜。所谓伊人,在水一方：《诗经·蒹葭》中的句子。
高山仰止,景行行止：《诗经·车辖》中的句子。
如切如磋,如琢如磨：《诗经·淇奥》中的句子。
相土烈烈,海外有截：《诗经·长发》中的句子。
噫嘻成王！既昭假尔。率时农夫,播厥百谷：《诗经·噫嘻》中的句子。
人而无仪,不死何为：《诗经·相鼠》中的句子。
悠悠苍天,此何人哉：《诗经·黍离》中的句子。

老师将周代的历史演变全部讲给老子听

第九章

———

真相并不神秘,以己心度之即可得到。

同样,真相也并不可怕,

那都是人的现实选择。

在老子被推荐入周室效力之前,常枞就已经将周代的历史演变全部讲给老子听了。历史沿革的得失,是这对师徒最为关切的。眼前的这一切是怎么来的,礼崩乐坏,君不君,臣不臣,民众怨天尤人。常枞老师说,易言,履霜坚冰至。皆非一朝一夕故,其所由来者渐也。重要的是,得从根子上找出原因。

常枞老师说,由古公亶父到周公,姬周的治理方式发生了转变。周公既是开辟者也是守成者,对偌大的家业,他用礼乐来守,改变了古公治理时的方针,有一定的必然性,但效果不大。因为礼乐是外在的,光顾外在的模子,那模子日炙风吹,也就风化了,异化了。

古公所处偏僻,地处弱势,而当时的商王朝强大,地处中心,影响遍及蛮荒,商王朝流行"得风",以贵族们为主流的时尚都以获得为荣、为参照。贵族们以"得"来标榜成功,谁"得"谁才是成功人士。他们在金铜鼎器上刻上"得""得鼎""囗(wéi,古同围)得""贯得""得父乙""得亚父己""亚(得)父丁""亚(得)父癸""亚(得)父庚"等,追逐"得",赞美"得",崇拜"得"所形成的时尚。发财成为硬道理,成为一个共同体的精神,使王公大臣都不择手段地从事聚敛财货的事业,巧取豪夺,无所不用其极,一切为了"得"而奋斗,贪"得"无厌。

当时的姬周却似乎处于无处打洞藏身的生存的狼狈境地,为避开犬戎的纠缠,古公亶父及其家族丢失了原来的居住地,搬到周原,在那里重新建立根据地。他们这种"不得"的精神,也唤来了其他小国的归附。当时,西北边地的戎狄进攻古公,"欲得财物"。给了财物以后,他们还不满足,又要再来进攻,欲得地与民。百姓被激怒了,纷纷主张打仗。

但古公说:"老百姓拥立君主,是希望君主保护老百姓的福利。现在戎狄想来攻打我们的原因,是我有了土地和老百姓。老百姓在我这里,和在他那里,只要生活得好,那又有什么关系呢?现在老百姓为了我个人的原因去打仗,用杀死别人的父子的手段去达到我当君主的目的,这样的事,我不忍心去做!"(有民立君,将以利之。今戎狄所为攻战,以吾地与民。民之在我,与其在彼,何异?民欲以我故战,杀人父子而君之,予不忍为。)

古公亶父只带了少数亲信,像祖先不窋(不再打洞住窑洞的伟大祖先啊)一样,背井离乡,迁徙到岐山之下定居。这个举动被大家知道了,不仅民众扶老携幼,离开戎狄而追到岐山来,照旧跟着他,而且附近的邻国,也久仰古公的仁义贤名,都来归附于他。

武乙三年(公元前1145年),商王"命周公亶父赐以岐邑",得到了天邑商的承认。

古公还给自己的行为找到了一套说法,用他的话说:"上(王)德不德(得),是以有德;下(民)德不失德(得),是以无德。"看哪,历史、部落、人心,在上下、权力、得失之间发生了某种转化。不得的,反而为老天爷喜欢,有德了。不失得,反而不为天所喜欢了。

这种德治使得古公有足够的信心建国立业,据说古公说过这样的话:"我无为,而民自化;我好静,而民自正;我无事,而民自富;我无欲,而民自朴。"这样的建国纲领让老子一辈子也没有忘掉。

常枞老师还说,从德治到周公的礼治,是一大转变。周公其实对自己的礼治并没有多大的信心,小周吞并大邑商,这是蛇吞象的功业。但那么一个才几万人的家族部落,那么一个翻墙打洞的血统国家并没有做好接管治理天下的准备,如何用德治来消化王朝的更迭?如何在血统之外,建立政统和真正的道统?

周公虽然也标榜了德治,以德配天,但他显然没有耐心也没有精力去建立行之有效的政统了。周公封土建国,要求同姓子弟、亲戚们能够"大启尔宇",去跑马圈地,但他的心里是保守而不自信的。因为他希望这些姬姓子弟、这些亲戚故旧能够"以藩屏周",严防死守。这种用心也为大家心知肚明,他的政统只不过是血统的组合而已。比起黄帝以来的邦国制度,周公的封建制度也就是五十步跟一百步的距离。上层之间还是没有找到一个好的共处方式,除了像黄帝们一样镇制、监控、屏藩,周公只不过多求助了礼乐的手段。

周公的礼治,礼仪三百、威仪三千似乎威严了,似乎神道设教了,似乎给予了荣誉,给予了王公贵族们游戏的可能性,但那实在是一个花架子。那个花架子可以好看一时,作用一时,迟早要被抛弃。常枞说,尽管追求先知预言是不好的,周公就以先知的身份装神弄鬼地吓唬过殷商子弟,但他老常还是要预言说,周公的礼治,那个花架子的结果将让姬周的后代变成一个个的笑话。

老师的话让我震惊过。敢直刺周公，我小时候就知道的神圣、日月、天地一样的人物。但这个人物在老师眼里是一个普通人，遇到大历史问题却以个人一己的智慧提供方案的骄傲者，是少有敬畏之心的人。而周公制礼，却是要我们都有敬畏的。那是一个什么时代啊，不说中下层之士，就是乡野之人，都以上层人之礼要求自己，要求大家。我小时候听惯了人说：哎，这个孩子真懂礼貌；嗯，那个人像国中的上等人一样讲礼，讲义气，有出息啊。尽管丧乱的消息、礼乐崩坏的消息时有耳闻，但人们仍要求彼此守礼，以礼义相标榜。常枞老师却大逆不礼，这让我震惊，也让我深思后更觉得痛快淋漓。

我曾经质疑过老师，听说周公是非常谦虚谨慎的人，为了善待人才，连头都洗不干净，吃饭几次都被打断，"一沐三捉发，一饭三吐哺"。老师说，当成王年幼时，周公代为执政，那些诸侯对他又敬又怕，他可不谦虚啊。我又问，听说周公为人节俭……老师不客气地说，周王朝虽然不是独夫天下，但天下却为他们姬姓把持，只要不傻，脑子稍微正常一点儿的子孙都让周公封为诸侯，这能够说他俭朴吗？兄弟之国有十五个，姬姓之国有四十个，大家骂大禹把公天下变成家天下，但那只是邦国部落的联盟而已，天下其实是在周公手里变成了实实在在的家天下。

老师看我一脸困惑，笑着说：孩子，你一定要记住，人跟人其实是一样的。真相并不神秘，以己心度之即可得到。同样，真相也并不可怕，那都是人的现实选择。无论人如何选择，都有合理性。尤其是周公，已经不容易了。他不可能走得太远。要记住，他不可能走得太远。

我问老师：那么，周公是老师心目中的圣人吗？

常枞老师说：他是圣人，但他不是老师心目中的圣人。

老师说，周公承认天命靡常，却不承认他人身上、后人身上也肩负有天命。

有的人这么认识了，却不这么要求自己。小人们之所以无德，就是他们明知道大家都是一样的处境，却还要斤斤计较，贪得无厌。大人先生们话说得漂亮，却在背后男盗女娼。用乡亲们的话说，揣着明白装糊涂……常枞老师说，也有人不自量力，"以其昏昏，使人昭昭"……

什么礼啊？天子死了叫崩，诸侯死了叫薨，大夫死了叫卒，士死了叫不禄，百姓死了才叫死……这叫什么话？横竖不都是个死吗？

我至今记得常枞老师的幽默，以及他冷嘲中的悲凉。不禄，不领俸禄了，不吃官饭了，不吃公家粮了。只要不死，一辈子都是官，都是公家人，都要鱼肉百姓。这种重名称礼仪的结果就是让社会乱套，让人活得寡淡、冷漠，失去了尊严和幸福。

我听说，生死以礼，死者为大。但常枞老师说，礼节规定到死者那里，也很可怕可笑，就以周公规定的让死者口中含葬什么物品来说，他规定天子饭黍含玉，诸侯饭粱含璧，大夫饭稷含珠，天子之士饭粱含贝，诸侯之士饭稻含贝。常枞老师说，这样的结果只能是让人死不瞑目、合不拢嘴……

我确实感觉到道德和礼仪的不同。

老师的话还让我思考他和周公之间的不同。他们一定是相互懂得的，只是历史让他们分开了，甚至让他们分裂了。我想，无论历史如何曲折、迂回，应该让他们在心理上沟通、在现实里会师才是天地之福，才是民众之福。这里也有得与失的大学问啊。

我在乡下也一再见识了各种关系中的人,那些心底无私的人,那些德高望重的人,那些宅心仁厚的人,那些讲义气的人……还有一类人,他们都心知肚明彼此旗鼓相当,大家都半斤八两,见面时话都懒得多说一句,眼神都不碰一下,最多给对方面子,所谓不失礼,然后有事说事,就事论事,在双方都知道的边界内说话,没有多余的寒暄,通通气而已。

人名事典

履霜坚冰至:《易经·坤卦》爻辞。
戎狄:先秦时华夏对中国北方、西北等地少数民族的统称。
不窋:人名,周人的祖先之一。窋同窟,音 kū。
岐山:地名,周人的发迹地之一。

常枞老师说，天地之间人最贵

第十章

和平的生活，
　　成功人士的标榜，
　　　　如果没有天地之道作为背景，
　　　　　　就会是脆弱而不堪一击的。

大道在哪里呢？常枞老师说，天地之间人最贵。老子问老师：天为何物？老师说：天者，在上清清者也。如此上清、太清、玉清，清之清者无穷尽，那么穷尽处为何物呢？老师说：先贤未传，古籍未载，愚师不敢妄言。老子大为奇怪，去问母亲，母亲也不能答。问家仆、邻人，都不能答。老子为此仰头观日月星辰，低首思天上之天为何物，彻夜不能寐。

这类的教学故事还有很多。博学的常枞老师遇到深思的老子，有着巨大的缺口等待老子去究问思索。常枞老师也说过神的大能，说过君王的意义。常枞老师说，天下之事，和为贵。老子问老师：天下失和，百姓之大害也,君何以不治? 老师答说:国争,乃失大和也;失大和则得大祸,大祸者,君之过也,何以自治? 老子说:君不可自治,神何以不治? 老师说:先哲未传,古籍未载,愚师不敢妄言。老子为此也问过母亲、家仆、邻人,都不能回答。老子为此思之藏之,以至于一度不知饭菜的味道,遇雨不知湿,迎风不觉吹,遇暑不知暑,遇寒不觉寒。

和平的生活,成功人士的标榜,如果没有天地之道作为背景,就会是脆弱而不堪一击的。而人们卷入其中的争斗,治理也好,反抗也好,改革改良,修正补充,就会陷入死结之中难以解开。

我后来总结说,上等品德者不去获得什么,他们这些最有德的不讲德,所以他们才有德。下等品德者,追求外物,希望有所得,他们这些最无德的,不失德,所以他们没有德。所谓满口不离德者,反而最为缺德无德。更不用说,他们一肚子男盗女娼,所谓亲民爱民如子,德治不离口,法治不离手,德法双修,当面说好话,背后下毒手。

上等品德者,无为而无不为,无私欲而不会破坏无为而治的状态。下等品德者,有为而有所不为。在这两极之间:那些崇尚仁的人去行动而无私利,不去求得报答;那些崇尚义的人去行动就有私利,他们没事找事干也要创造回报,创造更多的机会;至于崇尚礼的人,他们积极倡导礼,如果没有人响应,他们就会动手强迫人接受,照礼行事。

所以背离了"道"的法则和"德"的法则,才会搞出仁治;背离了"仁"的要求,才会弄出江湖义气;背离了"义"气,才讲究什么面子礼仪。"礼"这个东西,本身说明忠信的衰败,是大乱的罪魁祸首。那些所谓有先见之明的智者,自以为先知先觉者,不过是学到了学问大道中的浮华,是欺诈愚弄的开始,是最愚蠢的。

《道德经》第38章

上德不德，是以有德；
下德不失德，是以无德。
上德无为而无以为；
下德为之而有以为；
上仁为之而无以为；
上义为之而有以为；
上礼为之而莫之应，则攘臂而扔之。
故失道而后德，失德而后仁，失仁而后义，失义而后礼。
夫礼者，忠信之薄，而乱之首。
前识者，道之华，而愚之始。
是以大丈夫处其厚，不居其薄；
处其实，不居其华。故去彼取此。

　　因此，大丈夫处于厚道之境界，而不居于薄礼之处；处于实在之境，而不居浮华之表。所以要去掉后者，采取前者。

　　对大周的圣人周公的批判，常枞是不留情面的。老子有时候不免想，现在的一切负面效果，去追讼到几百年前的一个人身上，是不是有点儿虚妄？那不成了原因的原因的原因？就老子记忆所及，出生前十几年，在周天子眼皮子底下，东边的诸侯鲁国把农田制度改了，颠倒众生的夏姬把陈国、楚国、晋国等国家搞乱了。老子本来是陈国人，现在的陈国已经被楚国接管了，名分上只是一个早晚的问题。老子儿时，周简王十一年（公元前575年），楚国、晋国的军队在鄢陵开战，据说战争打得激烈，经此一战，楚国不得不休养生息，晋国称霸。这些变乱难道都可以追到周公那里吗？老子跟着老师对历史研究得越深，越认同老师的看法。确实，历史既是大家的全部活动，又是一二人起了支配性作用的结果。大周数百年天下，确实由周公立法，他的所作所为，影响了几百年来人们的生老病死，决定了大家的生活方向。人们相互之间的争斗，人们创造的方向，冥冥中，都由周公参与决定了。

常枞老师说，周公制礼，就是以一己的聪明才智决定大家的生活；这种耍聪明的个人英雄行为也给王朝的激烈竞争开了先河。周公不断地制诰，想让大家明白事理，明白他的良苦用心，禁止人们做这件事，允许人们做那件事，但这种昭彰之举同样会有反作用的，甚至制诰这种事，你能制，别人就不能制吗？别人的大诰算不算数呢？如果别人也能制的话，那么人们应该怎么样才能使后人相信前人，并相信自己的创造力呢？古公的立国原则确实需要改，但也不是周公制诰、制礼那种改法儿啊。

老子也是后来才理解了老师的话，老子坚定地站在老师一边。在老子看来，政府的禁令越多，民众就越贫困，暴政才会出贫民、暴民。禁令的苛刻、繁重也太可笑了：祭祀器具，不准进入市场交易；官员的服装车辆，不准在市场上买卖；不符合规矩的农用工具，也不准进入市场交易；还有布帛、染料、衣服……都制定了市场标准，不符合标准的都不准买卖……

社会的管制专政力量越强大多样，国家也就越混乱；因为上层与民争利，会轻易地将国之利器用来对付普通百姓。社会的才智技能层出不穷，奸邪之徒、奇诡之事也就大量滋生。法令越明白示众，盗贼也就越多。

所以古公在建国纲领上说：我无为，民众会自动归化。我好清静，民众会自己端正；我不多事、不扰民，民众自会富足；我无欲，民众自然淳朴。

> 天下多忌讳,而民弥贫。
> 民多利器,国家滋昏。
> 民多伎巧,奇物滋起。
> 法令滋彰,盗贼多有。
> 故圣人云:
> 我无为,而民自化;
> 我好静,而民自正;
> 我无事,而民自富;
> 我无欲,而民自朴。
>
> ——《道德经》第57章

周公确实移花接木,把古公的建国纲领改了。

常枞还对老子历数周王们的得失。自文武周公以下,成、康算是不错的君主了,那时人们活得自在,仅仅知道有周王在而已,所以他们获得了成、康一类的谥号;到宣王就开始乱了,一个王得到宣字的谥号,说明他在世时是如何沸反盈天,如何要大家知道他的存在;到幽、厉,那谥号更不得了,他们一死大家就把平时批评他们的话用来做了他们的谥号。

常枞给老子讲起这些故事,曾经动情地吟诵过上古时代的《击壤歌》。据说,那歌声一度传到尧、舜的耳边,尧、舜欣慰地笑了。常枞吟诵的时候,老子看到老师的眼睛是潮湿的。

是的,帝力于我何有哉?!

老子因此想到,最高明的君主,百姓不知道或仅仅知道他的存在;次之,民众赞美他、感激他;最次,民众害怕他、辱骂他。最好的执政就是管事最少,是与时消息,是习惯和自由。

《道德经》第17章

太上,下知有之;
其次,亲而誉之;
其次,畏之;
其次,侮之。
信不足焉,有不信焉。
悠兮,其贵言。
功成事遂,
百姓皆谓:我自然。

如果君主的诚信不足,就会有不信任他的事发生。谨慎啊,不要轻诺寡信。无为而治,大家的梦想成真,当陈述功劳的时候,人们说:这是我们自己干出来的。

人名事典

夏姬:春秋时期郑国公主,颠倒众生的美女。与多位诸侯、大夫有染,引出一连串的历史事件。史载她三次成为王后,先后七次嫁给别人为夫人,共有九个男人因为她而死,号称"杀三夫一君一子,亡一国两卿"。公元前598年,她的儿子夏徵舒杀死她的情人陈国国君陈灵公,楚国出兵讨伐,陈国因之名存实亡。

周简王:姬夷,周定王之子,东周第十位国君,公元前585—前572年在位。

晋楚鄢陵之战:公元前575年,晋国、楚国在鄢陵地区展开大战,鄢陵之战使晋国巩固了霸业,削弱了楚国的霸权。

十岁的时候，赢得了乡贤的尊重

第十一章

> 天之道，利而不害；
> 圣人之道，为而不争。

老子确实过于早熟了，老子善于观察自然，并用山川河流的道理来打量人世。

老子发现，万事万物虽然各有命运，但无不合于某种道理。自然有自然之道，人世有人世的道理，天道跟人道有所不同。人道多有逆天行事者，天道是最初的，也是最终的裁决、审判、参照。所以常枞老师的教学很对老子的胃口，不仅要说出事实，而且要认清事后的常理、常道。

老子还记得十来岁时打抱不平的故事。邻里一个有权有势的太爷，姓房还是姓国，似乎模糊了，他跟一个穷得叮当响的大爷（似乎姓原）

同一天生日。国太爷的生日过得热热闹闹，原大爷的生日过得冷冷清清。平时巴结不上国太爷的人在他生日时正大光明地去送礼，去做客，去祝寿。人们都去恭维国太爷寿比南山，礼多礼少，礼轻礼重，都往国太爷家送，堆得屋子里都放不下了，但没有人去祝愿原大爷福如东海。

那一年，老子已经懂事。养父母事先外出，嘱老子到时把礼物送到国家去，以表心意。老子在送礼的路上曾经一阵子高兴，觉得自己长大了，"见龙在田，利见大人"，将要见世上的大人物了。老子一路上想着该怎么称呼，听说国太爷是吃俸禄的，是肉食者。在乡下，吃公家粮吃官饭的人多让人艳羡啊！面对他，老子是自称"我"好，还是自称"小人"好呢？快到国家时，看到送礼的人络绎不绝，大家心知肚明地相互微笑，老子忽然感觉到那笑容的暧昧。而当看到原大爷的儿子也提着一篮新鲜水果走来时，老子一下子明白人世间应该有更有力的文字来刻画人的真面目，来说出人生自然的真相：溜须拍马，太糙了；巴结，太俗了；趋炎附势，又太文了。

老子就是在快到国家门口时停步，转身离开的。老子乘兴而来、败兴而归的举动当然引起了很多人的注意，国家的二少爷，一个胡作非为的恶少，听说后觉得大失面子，带人追赶老子，不少人也跟着去看热闹。国太爷听说后怕自家孩子莽撞，也命下人驾车前往。

这个热闹的场面在曲仁里大概还是头一次，人们都被前面疾步快走的老子领着，一直领到原大爷的家里。当人们看到老子把礼物交给原大爷，并向他祝寿时，震惊得半晌无语。国二爷气得快疯掉了，他想不到老子是这么一个小疯子，居然坏了大家习以为常的规矩，给家徒四壁的原老头子祝寿，这是什么可笑的规矩。国二爷出人意料地没有动手，只是要老子给他一个说法。

老子没有半点儿恐惧。老子看着国太爷赶到，恭敬地揖拜敬礼后，用还显稚嫩的声音说出了这么一番话：小人不是对国太爷不敬，小人也希望国太爷健康长寿。但大家都看到了，给国太爷家祝寿的人和礼品多的是，小人走到国家门口了，心意已到，想必国家也不在乎小人的人和礼品到不到场。同样是人,国太爷家的东西多得没处放,但原大爷家穷得揭不开锅,这难道就是人的规矩吗?人们只知道挖凹地里的土往高坟头上添,只知道把黎民百姓活命的东西征收彻底去堆积起来,或者去糟蹋做无用的事。人们不知道山上的石头是往山底下滚,不知道高处的岩土是往凹地里补充。人往高处走是人的规矩,水土往低处流是天的规矩。我今天给国太爷祝寿符合了人的规矩,给原大爷祝寿符合了天的规矩。

没有多少人听懂我的话,但国太爷是懂了。

常枞老师也知道国太爷,他说国太爷还是一个人物,只是他们两人来往不多。我后来一直想,为什么人们长大了,会无缘无故地疏远。常枞老师富于智慧,国太爷也绝非糊涂的庸人。只是生活中有这样那样的偶然让人们失之交臂,再遇见也只能和而不同了。

是的,真正的人物是相知的。常枞老师说过当代的人物,晋国的赵氏人家,就是赵氏孤儿一家人,还有范氏父子——范武子、范文子,还有师旷,鲁国的叔孙豹,楚国的申叔时,京城的刘康公、单襄公,楚国亦正亦邪、能把天捅出大窟窿的巫臣,都是了不得的人物。常枞老师对他们的言行事功了如指掌,谈起他们经常能让我们这些弟子激动不已,心想长大了也像他们那样生活该有多好。尽管常枞老师说,这些人物单个看,都很优秀,但他们要么才非所用,要么投闲置散,英雄一时,仍是寂寞的。常枞老师感慨,几乎优秀的人物都难以一展所长。

国太爷同样怀才不遇。我后来才知道,这个在朝政中失意的大夫,虽然在自己的领地里仍作威作福,但他的心里还有着商、周以来数百年间大夫的尊严、是非感和荣誉感,他的身上还流淌着大夫、士的血液。天下无道久矣，却不意听见一个十来岁的孩子说出了天道、人道，国太爷感慨，也许他这一辈子也就够了。大夫的时代已经过去了，但沧海桑田，总会有人出现的，总会有人给这个世界安慰和保证的。

国太爷当着众人的面称赞我：好啊，后生可畏，说出这么浅显而重要的话来。从今以后，大家也要这样，周济穷苦，相互帮助……这个后生了不起，会成为人物的！

国太爷的话让我身价倍增，声名大噪，他还给大家讲了以前的老礼。那些老礼、老规矩，既有定制，又有人们日常生活中自然而然的言行方式。比如，一家人吃饭前，得到屋外大路上看看，有没有行人来，不能让外出走路的人饿着，得把他请进家里一起用饭。比如，过年过节，得想着周围的人，有没有困难的，要帮有困难的人渡过难关……

当然，也有人说风凉话，说什么小老子真有眼光，原大爷是尧舜帝四岳的后代，从"岳"沦落成"原"了，小老子是来烧冷灶的……

老子从国太爷那里学到了不少礼，他想，那些礼才是天道和人道的完美结合啊。哪像现在，繁文缛节的礼完全成了人道的多余，成了天道的反面。

国太爷也给老子讲了不少历史典故，老子因此知道最近一百多年来，上层主政者是如何一步步地失礼无礼，以至于礼崩乐坏的。一百多年前，在一个春天的上巳节里，鲁国的棠地一如既往地成为青春男女社交的地方，鲁隐公作为一国之君想去凑热闹，还打着考察捕鱼、鼓励民生经济的旗号，大臣劝都劝不住。这就叫无礼，这就叫君不君啊。一百多年前，周天子衰落，居然跟郑国交换人质来取信对方，国太爷说，这也叫君不君啊（周郑交质）。言不由衷也好，信不由衷也好，以人质的形式来取得信任,是没有用的啊。信任不足,就会发生不信任的事。一百多年前,大孝子颍考叔的故事感动了很多人,颍考叔也是小霸主郑庄公的得力助手,但他被人从背后射死时,郑庄公明明知道凶手是谁,却只是拿出一头公猪、一条狗和一只鸡来装神弄鬼地诅咒凶手。国太爷说,这还是君不君啊。一个国君不施德刑,靠歪门邪道、耍小聪明来混事,有什么用呢?礼崩乐坏就是这样来的。

老子还从国太爷那里知道了"刑不上大夫"的真正含义。礼法和刑法各有适用对象。刑法是针对或规范庶人百姓的,百姓犯法就拖到"市"里解决,公之于众,以儆效尤。礼法是针对统治阶级的,失了礼就自行了断,尸肆于朝而非暴露于市。因此"刑不上大夫"是贵族身份的尊严和荣誉表达,而非犯法失礼后浑然无事的官场文化。

说到底,"刑不上大夫",是极有文明深意的官吏法,人间贵族必须有更高的自我期许,必须用更高的自我期许来证明自己的价值,而不是以为自己是人,也有人的七情六欲来放任自己。

怪不得常枞老师激烈批评周公,也并不全然否定周公。礼乐刑法,也跟大道是沾边的。无论如何,礼乐刑法的出发点仍是维持上下之间、朝野之间的某种平衡。大夫有礼有乐,也无刑有法;百姓无礼无乐,也有刑无法。顺应了这种大道,万事万物也好,天下人民也好,才会竞相展开,而不会你争我夺。大道就是息争的道路。是的,万类霜天竞自由。是的,在宽阔的大道上,人们还争什么呢?

老子想到,天之道,就像张弓射箭一样:瞄得弦位高了就压低一些,低了就要升高一些;瞄得过头了,就得收回一点;如果没有达到目标,就要加以补足。天之道,是减损有余的,用来补给不足的;人之道却不是这样,它是减损不足的,用来供给有余的。谁能够减损有余的财富,用以供给天下不足者?只有得道的人做得到。

天之道，其犹张弓与？高者抑之，下者举之；有余者损之，不足者补之。天之道，损有余而补不足；人之道则不然，损不足以奉有余。孰能有余以奉天下？唯有道者。

《道德经》第77章

人名事典

国太爷：老子乡人，虚构人名。

原大爷：老子乡人，虚构人名。

见龙在田，利见大人：《易经·乾卦》爻辞。

赵氏：晋国显赫卿族，晋国六卿之一，后来建立了"战国七雄"之一的赵国。

赵氏孤儿：名赵武，又称赵文子（约公元前589年－前541年）。据《史记》载，其先祖在晋景公时期曾遭族诛之祸，赵武在公孙杵臼和程婴的佑护下侥幸免祸。

范氏：晋国显赫卿族，晋国六卿之一。其中范武子为范姓的得姓始祖。

师旷：晋国乐师，深得晋悼公、晋平公两位国君的信任，曾为太宰，是世人共仰的政治家、教育家、音乐家。活跃期在公元前572—前532年。他的名言："何不炳烛乎？""少而好学，如日出之阳；壮而好学，如日中之光；老而好学，如炳烛之明。炳烛之明，孰与昧行乎？"

叔孙豹：鲁国大夫，杰出的外交家。活跃期在公元前575—前538年。他的名言："大上有立德，其次有立功，其次有立言，虽久不废，此之谓不朽。若夫保姓受氏，以守宗祊，世不绝祀，无国无之，禄之大者，不可谓不朽。"

申叔时：楚国公族。活跃期在公元前598—前575年。他的名言："疲民以逞,民不知信,进退罪也。人恤所底,其谁致死？"

刘康公：周王室大臣。活跃期在公元前612—前578年。他的名言："民受天地之中以生,所谓命也。""国之大事,在祀与戎。"

单襄公：周王室大臣。活跃期在公元前601—前573年。他的名言："国德而邻于不修,必受其福。"

巫臣：楚国大夫,后私娶夏姬而叛楚,辅佐晋景公,建议晋国联合吴国夹击楚国,又亲自到吴国,教吴国人驾驶战车。拉开了楚国衰落、吴国崛起的序幕。

四岳：尧舜禹时代四个部族的领袖。

鲁隐公：名息姑,鲁国第十四位国君,孔子所作之《春秋》起于鲁隐公元年（公元前722年）,他的内政在史书中被记载为"公矢鱼于棠"。

周郑交质：事见《左传·隐公三年》,当时周王室和郑国的关系开始恶化,为表示信任,郑庄公与周平王进行了人质交换。当时人评论说："信不由中,质无益也。"

颍考叔：郑国大夫。

郑庄公：春秋初期著名的政治家,郑国第三位国君,公元前744—前701年在位,被称为"春秋三小霸之首"。

刑不上大夫：语出《礼记》,礼治时代的社会规范。

第十二章 年轻时也争强好胜过

> 大雅的事物推广开来，每个人、每个地方都装高雅，结果就是俗不可耐、不堪入目，雅得是那么俗。

我一步步地发展出我的不争哲学，但我年轻时也争强好胜过。聪慧早熟使我小时候就在曲仁里一带知名，这让人变本加厉地争名，我要维护好自己的名声，要永远是第一聪明的人。我后来想，给原大爷祝寿其实也是一次冒险的战斗，我当时是要争一口气，却无意中争到了更大的名声。

跟常枞老师学习，我的聪慧、我的生活却像是受到了挑战。常枞老师的弟子中，不乏聪明伶俐者，徐任就是其中之一；不乏生活能力极强者，庚寅就是其中之一；不乏达观而妙趣横生者，秦佚就是其中之一。

跟徐任的学习比赛我仍记忆犹新。那个时候的书简不多，敬惜文字的老礼众所周知，一卷两卷的书简被人视若比黄金还宝贵的东西，常枞老师无能也不屑拥有那东西，他一度用刀笔在竹木上刻写他记忆的图书，后来觉得麻烦也就放下了。他仅有的书简因此也是残篇断简，给弟子们看看就算见识过了。

常枞教弟子的办法就是口诵，让弟子们强行记忆，这就免不了督促弟子们背诵。有人冒尖一些，有人落后一些。大家总是把荣誉、目光都给予冒尖的弟子，因此，人人追求更冒尖，追求聪明第一。而那些落后一些的弟子的心理是什么样的，永远没有人去关心；人们对他们多是不屑，是呵斥，是侮辱式的要求。

聪明的徐任似乎天然地感觉到不为第一的可怕，面子、荣耀所在，他拼得不遗余力。为了死记硬背，他休息不好，神情恍惚。跟他比赛几次后，我用尽了心力，也似乎明白自己跟他相比总是略胜一筹，这才故意输了徐任几次。这事后来真相大白，让徐任明白虚荣之外，更有一种同学和谐相处的情谊在。让徐任和师生们意识到，聪明过度到虚荣，是比愚蠢落后还要愚昧的事。

这个真相如此坚实，深深地印在常枞和弟子们心里。同样，对美、善来说，如果过分强化，它们也会转化到对立面去，美将变得傻美，善将成为伪善，那都是丑恶的。社会上过度强调成功，人们一旦成为成功人士，他就不是鹤立鸡群，而是孤家寡人了。

老子想，人其实没有必要把出人头地、高人一等看作多么了不得的事，因为那种出息、那种高低都是相对而言的。没有比较就没有价值判断，但价值判断也因此不可避免地有人为之伪。在老子看来，只有在比较的同时意识到双方或多方的相互依存，意识到它们的相互转化，它们各自的存在才有希望和意义。

天下人都知美之为美，那么丑陋的东西也就现形了，甚至说，天下人都知道去追求某种美，那个美其实是丑陋的，就像乡下人说臭美一样；天下人都知道善之为善，那么不善的事物也就现形了，甚至，大家都去做善事比如捐钱捐物，这种善其实有不善的一面，就像乡下人说的伪善一样。

所以说，有和无是相比较而产生的，难和易也是相比较而形成的，长和短也是相比较而出形状的，高和下是相对而言的，音和声也是一起才能产生和谐的，先和后也是不可分离的。所以说，圣人用无为的原则处理事情，不对外发号施令，像道一样使万物兴起而不做其主宰，使万物生长而不据为己有，施恩于万物而不恃其回报，大功告成而不居功。正因为道不居功，所以道的功劳永远不会消失。就像乡下办红白喜事，总有一些人看人没礼貌不顺眼时，就去拉起人家的袖子让人行礼。

天下皆知美之为美，斯恶已；皆知善之为善，斯不善已。故有无相生，难易相成，长短相形，高下相倾，音声相和，前后相随。是以圣人处无为之事，行不言之教，万物作焉而不辞，生而不有，为而不恃，功成而不居。夫唯不居，是以不去。

跟良师益友相处，我学到了很多东西。庚寅的谦和、甘居落后或下流是出名的，但他的人缘之好也是众所周知的，跟他在一起总是让人感觉到轻松。秦佚的幽默、鬼点子之多也是出名的，跟他在一起则开心至极，有时候会被他逗得肚子笑疼。当然，徐任的聪明博学也是令人佩服的。很久以后，我明白过来，也许人生最美好的岁月就是同学、师友相处的时候。

从庚寅、秦佚的身上，我学会了知足、自知。我明白，他们有这样的境界，所以他们不会为教学中的胜负得失而失掉自我；他们有这样的境界，所以他们不会有这样那样虚荣或自卑一类的毛病。

我跟徐任成了好朋友，也是因为他真正解决了争强好胜的毛病。当然，人不可能压抑自己的优点，他的优点就在于聪明博学，怎么能不让他发挥呢？重要的是，他在大家面前发挥时不以为自己了不起，他只是在大家面前有钱出钱、有力出力而已。所以，大家一旦接受了他，他就从孤寡的窘困状态里解放出来，友情会更加难得。

知不知，尚矣；不知知，病矣。夫唯病病，是以不病。圣人不病，以其病病，是以不病。

要把羞耻当羞耻，把罪恶当罪恶，把虚荣当虚荣，把无知当无知。这是做人最低的要求，却也成了我们社会最高的要求。其实只要对自己诚实就知道，我们能真正拥有的就是发现自己的无知。人们往往会因知识的增长而得意，但在增广见识的同时，人无知的范围亦会不断地增加和扩大。

是的,我们知道自己的无知,那是至上的境界;如果不知而自以为知,那就是做人有毛病了。如果能克服这种毛病,人们也就脱离了困境。圣人脱离了这种困境,是因为他克服了做人的毛病,所以远离了这种困境,不会失败。

人名事典

徐任:老子朋友,儿时学伴,虚构人名。
庚寅:老子朋友,儿时学伴,虚构人名。
秦佚:老子朋友。书称老子死后,秦佚来吊唁,至老子灵旁,不跪不拜,拱手致意,哭号三声即止。

和账房先生说困境和命运

第十三章

意识到自己的困境，
再活下去，要善信而不是迷信。

我在函谷关跟军士们相处日久，他们从最初的敬畏到熟悉后的随便，让我理解，一个人要获得反思的习惯是多么困难。一个人的生存秩序，在陌生人闯入后迅速失衡，甚至在陌生人的参照下明显现出自己的不足，但人几乎本能地捍卫自己，为自己找理由，于是又变成心安理得，活在旧有的世界里怡然坦然。

在楼台上散步、望远，感受自己在天地间的呼吸，是我每日必做的功课。从年轻时的生龙活虎、精力充沛，到现在生命越来越呈现出神的本质、气的本质，我也就是天地间的气息。什么时候，这口气上不来了，我也就回归天地。也许过不了多久，我就会四散天际。

几天过后，巡警、签子手们参着胆子靠近我，问我的养生之道，又跟我开起玩笑。他们本来示现过人生的卑微，这种自知之心如经扩大，如经反省，他们会有收获的；只要那一丝上进之心还在，他们或他们的妻儿都会受到影响。但他们现在不在意了，不在乎人生的正念、精进了。他们仍将卑微地活下去，并活出卑微来。

甚至账房先生也摇摇头："老先生，你的道当然有道理，但天下没几个人感兴趣，有什么用呢？能变成账上的数字吗？能立竿见影吗？"

我回答说："这样说不是一个好的角度。道当然可以变成数字，也可以立竿见影。只是你看不到而已，你要是看得见，你就不只是账房先生了。"

账房先生愣了一下，又明白过来："多谢老先生，我还以为我做账房先生只是命。"

我说："你们都有自己的烦恼、自己的困境，但你们不以为意，不以为病，而尽量忘掉，尽量活得快乐，这才导致宿命的产生。你们相信命，但你们忘了你们相信的是宿命；如果你们明白自己在困境宿命里应该相信好命、善命、新命，你们就能获得真正的新生。"

账房先生说："老先生的意思是说意识到自己的困境，再活下去，要善信而不是迷信，才活得踏实，才能改变命运。对吗？"

我沉默下来。

账房先生念叨起我的"夫唯病病，是以不病"的话来，乐滋滋地走了。

跟师友们相处的日子，是多么值得回忆的日子。老子一直记得常枞老师说的话：图书、文字这些东西，只有几百年的历史，而且多为王公贵族秘藏。人们说话的历史可能有几千年、几万年了，但写成文字的历史相当短暂。到目前为止，文字仍不足以表征人们的话语，那些文字多是从祭祀备忘中发展起来的。即使文字开始用来记录话语，也多是记录帝、皇、王、公们的讲话。诚然，那些讲话多有重要可取法处，那是他们治理天下的得失、经验教训。

常枞老师说，到目前为止的图书文字传承传统，是用图像和文字配合，把要记的话简要记下来，有时候一句话只用一个图画表示，有时候一句话只用一两个字做记号，而这些图书就得有专门的人来管理、记认。同时，要找那些记忆力好的人，比如像盲者、残疾者，他们因为缺了一种感觉器官，记忆力就突出起来，他们要背记那些话。在王公贵族需要查对、学习先王遗训时，他们就可以派上用场了。

不要小看记忆！记忆是生命的灵性展开，是生命跟世界完美相伴的桥梁。你还记得听第一声春雷前后的感觉吗？还记得看第一片落叶时的感觉吗？那都是天地变颜的关键时分。你还记得月相是怎么盈后亏缺，大逝而反吗？你还记得日光是怎么中天在上，晨昏而远吗？那都是日月运行的必由之路。你品味得出上游河水跟中下游河水的分别吗？你感觉得出山间空气跟平原空气味道的分别吗？那都是世界的参差多态啊。老子还记得老师谈记忆的重要，他说记忆是先人具备的最突出的特征之一。通过记忆，他们尝遍花草，懂得甘辛酸咸苦对人身体的作用；通过记忆，他们走遍大地，知道了山川河流的走势和宜居的家园。

履霜坚冰至。冰冻三尺非一日寒，其由来也渐。千里之行，始于足下。故一年之计在于春，一日之计在于晨。但是，没有人记得这些事了。因为记忆还是慈悲的通道，人们记得的信息乃是接近全息的世界，它们既会不期而至，又会无缘大慈，异体同悲。在记忆中人们有了超常的直觉，有了理性思考前一时刻的觉识，这一前识，就是道的表现，也是纯朴的开端。就像经验丰富的种田能手，看见云彩的运动就知道明后天的天气，看见小猫小狗而油然呈现出慈爱、喜悦的神色。

记忆、慈悲这些上古时代的生命特征淡出后，人们开始不劳而获，并且以各种名义去占有、享受。至于过去的时代、岁月，则找出替代性的符号来表示，甚至找出专人来记忆。

由此形成的习惯是，文字、文章是为王公贵族服务的，记录他们的陈迹，为他们着想的居多。比如《书》，完全是政治报告。《易》，也是为君子谋的忧患劝诫。至于《礼》《乐》《春秋》，都是为贵族服务的。即使《诗》，收进了大量的乡野小调，但经过采编，也雅得可以了。

常枞老师说，这种服务训导精英贵族、王公大臣们的文字功能，有历史的合理性。确实，对三代以来的华夏之民来说，只有上层有规矩了，有尊严是非感了，有价值荣耀了，社稷才会升平太平。下层黎民，那些沉默的大多数，那些劳力出汗者，还不在文字的范围内，这是无可奈何的事。也未必不是下层民众的幸运，毕竟，人生忧患始于识字。所以，前识者，是大道的花果，是拥有纯朴生活的条件。

我想，这跟国太爷说的话异曲同工。上层的尊严、荣誉和归属感是大问题，只有他们的这些问题处理好了，社会才有和谐的可能。但是，记忆、慈悲跟人告别，究竟是进步发展的结果，还是堕落的结果；或者说，人的积累如果不可避免，那么人就注定告别记忆吗？有没有更好的办法呢？有没有可能在积累和记忆中双双获得呢？在某种意义上，记忆不也是积累吗？难道积累就容不下记忆吗？

至于文字的重要性，我完全理解老师的话。记得少年时代，因为我识字，在四邻中间获得了多少尊敬啊！很多长辈、老人都对我另眼相看，他们在一起高谈阔论，自有乐趣，但一说到他们的名字怎么写，一问到刚才说的一句话怎么写，他们就全傻眼了。难怪仓颉圣人造字后，天雨粟，鬼夜哭呢！在文字的定身术一般的魔力里，鬼神无处逃遁了。但我的乡邻们确实是自足的：不会写自己的名字，他们丝毫不觉得是一个缺点；不会写字，他们丝毫不觉得有什么不习惯。他们照样日出而作，饱看天地间的风云，享受自然、阳光、四季给予他们的福分。

别说野民，就是王侯又如何？晋文公号称文，但他一生大部分时间是个睁眼瞎。他当了国君后，跟着一位大臣学识字，三天了，还认不全咫尺长的竹简上的文字。这样的故事太多了。当然，这不妨碍他读过书，背过诗，在识字之前的流亡途中，他还在秦国的国宴上赋诗《河水》。他的记性也算不错了。

人名事典

《礼》《乐》《春秋》：先秦经典。

仓颉：人名，据说是黄帝时期造字的史官，被尊为"造字圣人"。

晋文公："春秋五霸"之一，他跟着手下人读书，曾说："吾不能行也咥，闻则多矣。"斗大的字认不了多少，也做不到书上教导的，但他记性好，记得多。

《河水》：《诗经》篇目，有人认为是《小雅·沔水》的误记，取"沔彼流水，朝宗于海"之意。记性好的晋文公背此诗是表明自己回国后会像诸侯朝拜天子一样事奉秦国，从而取得了秦国的支持。

跟老师研讨，跟同学造字

第十四章

如果说世间需要为
美好而不可言说的意思
造一个字的话，非少女莫属，女少为"妙"，
就是那个美好的意思。

常枞老师教大家识字，完全因地制宜，他用刀笔在木头、石头、竹子上刻画时，弟子就用木棍在地上或沙土上照猫画虎。但教来教去，也就是千把字。从伏羲、仓颉造字，到商代卜筮大量使用文字，到周公借用商人的文字，到史籀整理文字，有用的文字确实并不多，有些字还被借了用来用去的。

比如获得、取得、得到的"得"字，大家嘴上说得那么多，但就是没这个字，也不知道这个字该写成什么样子，没有人造这么个字。所以道德、品德的德就被借用了。有名的古公的德论，其中一个德就是获得、得失的意思。

比如"圣"（聖）这个字，本来是大好人一个的意思，是好是善的意思，但人们看图说话，什么耳朵好使之类，结果最近一段时间就有了聪明、睿智、成功等意思了。

比如没有"冇"这样的意思，也没有一个字来表示，人们居然把太阳落山的那个"莫"字借来用了，而且一借不还。最后太阳落山的字只好画蛇添足地再加一个日字，是为"暮"。

常枞老师说，文字是众人的智慧，又是一两个天才的产物。两种情况相辅相成，约定俗成即通行流布。如果堵塞、屏蔽、秘藏或不去学习，那么文字就是少数人的专利。像当今天下，周王室虽然拥有的图书典籍最多，但它的文字记录功能已经落后了，在这方面早已落伍于鲁国。周王有什么大事，需要记录的，还得派使者到鲁国去通报，以便让鲁国的史官记到《鲁春秋》里。各国同样如此，产生了可载之史册的事件、人物、话语，就得去鲁国报告。这么一来，使鲁国的史官对文字的规定和创制工作做得更好了。虽然也有史官出于懒惰，知道了列国大事，但人家来告则书，不告就不书，这样做其实也是对历史的不负责任啊。不过，总的说来，鲁国发展文字最有成效，文字的记录功能在鲁国最有效果。

老子因此很早就对话语之道有意见了，道可道，当然非常道了。看到文字记录的话语、道理，既非原初的思维，也非说话者原初的意思。但语言文字的方便显而易见，跟记诵、歌唱的声音传递不同，语言文字的传播更为久远。所以，要努力记录发生的事情。不记下来，没有文字表达的事情，别处的人或后来者，绝大部分人不会知道它的发生。

老子一度想跟秦佚等人造字。但造字总是取法于日常生活中的材料，取形于已有的文字，如果没有大到与古往今来的天地自然同等的胸怀、气度，很难造出精准的文字，反而造出反映自身心地、偏见的文字。秦佚是聪明的，但他又是偏颇的。这使得造字成为一时好玩的游戏。

文字的起源在很大程度上也跟女人、母亲相关，是母亲、女性赐予了文字创造的灵感。人们造字也是纪念女性的功德，各族之姓都有女旁，女生即"姓"。女人的私处就是一切的根源，就是开始。女人的私口，即"始"字就这样产生了。

但在老子的时代，当血缘关系已经离散，宗族制度已经成为摆设，人们弃绝了神性的生活，开始过一种争斗、动物般的生活，自诩更人性、更雄性、更男人的生活时，女人就成了这男性世界的绊脚石。对女人的歧视已经根深蒂固，连秦佚都难以避免。他对女人有偏见，造了几个字，甚至把奇异的"袄"字变成了"妖"，把女人拿着凶器说成是"奸"（"奸"即不干好事的意思），把张狂盲目、胡思乱想的"芒"变成了"妄"。气得老子直翻白眼，秦佚乐不可支，认为自己开千古历史。

但老子清楚，秦佚这样的游戏可能会让人们世代玩下去了。秦佚说，女人到林下会做什么，想要果子，想要情人啊。所以贪得的意思就应该是"婪"。老子反驳说：你这么歧视女人，你还娶了我们这里最漂亮的姑娘，从古以来，女子的意思就是"好"。老子告诉秦佚，如果说世间需要为美好而不可言说的意思造一个字的话，非少女莫属，女少为"妙"，就是那个美好的意思。所以老子在自己的哲学里郑重地把玄之又玄的东西称作众妙之门，这个"妙"字就传开了。

比较起来，我还是跟常枞老师研讨更有收获。常枞老师说，天地间最深刻的本质其实跟日常生活息息相关，跟人们的言行相关。师生二人不约而同地想到了表达言行的文字、话语。路径，道也，这个道就是人们日用而不知的公开的秘密。

但直到此时的文字，道字的运用范围也是极为可怜的。日常生活中，人们说话被云、曰一类的字占据了；人们行走，被路、径一类的字规定了。道只是指人从此点到彼点的一条路，但不是从此点到多个地点的多条路。这唯一的路——道，就是人生社会根本的东西。

太初有道，道与人同在，道就是言语，就是大路。人们主动也好，不主动也好，都会受道的支配。就像老话说的一方水土养一方人。受大地的影响：人在北方生活，会高大粗犷；到南方生活，会呢喃软语。人的长相也会发生变化。这就是人法地。再往前追，南方是温暖的，西方是苍凉的，这是地法天。当然，天法道，道法自然。

常枞老师跟我谈到他的历史经验：一切的事物都在道上，在路上，在言辞中；一切的事物经过了又将返回，往返之道；道就在那里，办法就在那里，你去取用好了，你去行走好了。道是伟大的。

我想，把自己和常枞老师的心得传达出来是我的使命，我要让人们知道：有一个浑然一体的东西，先天地而存在，就像太阳、月亮一样。尤其是月亮，比太阳更强化、更多样。月映千江，月照万山，月上中天……天涯与共，周而复始。这个浑然一体的东西无比寂静啊，寥廓无垠啊，它宁静美丽，让天地万物运行其间。它独立存在而永远不会改变自己，循环往复地运行，永远不会停息，可以说它是天地的母亲。我不知道它的名字，勉强给它取了个字叫作"道"，勉强给它取了个名叫作"大"。"大"于是运行，运行了于是行远，行远了于是返还。

所以说道大，天大，地大，人也大。在上下四面八方的范围内有四大，人居其一。人效法地无私载的品德，地效法天无私覆的品德，天效法道的品德，而道是以不干预万物、任其自然为法则。

有物混成，先天地生。
寂兮，寥兮，独立而不改，周行而不殆，可以为天地母。
吾不知其名，强字之曰道，强为之名曰大。
大曰逝，逝曰远，远曰返。
故道大，天大，地大，人亦大。
域中有四大，而人居其一焉。
人法地，地法天，天法道，道法自然。

《道德经》第25章

人名事典

伏羲：人名，华夏文明的创造者，是我国古籍中记载的最早的王，所处时代约为新石器时代早期，他根据天地万物的变化，发明创造了八卦。

史籀：人名，周王朝的史官，文字的改进者之一。籀，音 zhòu。

不书：春秋时代史官规则之一。"告则书，不然则否"。

常枞先生没有教弟子六艺，他要给孩子们讲形而上的东西

第十五章

天下的难事，
必须从容易处做起；
天下的大事，
必须从细小处做起。

　　曲仁里的族长和乡贤们看见常枞先生经常带着几个孩子在枞树下转悠，就像观戏一样，看得津津有味。乡亲们也是，他们会笑着赞扬常枞先生，这先生真是特别，有学问，不古板，孩子们喜欢他，真是个孩子头儿啊。

　　族长和乡贤们一再请求常枞先生去乡里的公屋教孩子们学文化。那公屋虽简陋，但却是乡亲们聚会的场所，是乡亲们议事的地方，是礼堂，是消息中心，是死者临时停留的所在，是老人们聚会消磨时光的俱乐部。常枞先生说，自天子之都以至郊野乡里，自尧舜禹以至夏商周三代，都有这种公共场所。夏时的人称其为校，商人叫序，大周人叫庠。

虽然都有这种场所，但只有官才有学，庠序之教，才有真正的学校教育意义。

如果人们的生活、居住，没有这种公共空间，那就是极为可悲的。人们会像一盘散沙一样苟活在自己的小小天地里，而为专制的大盗小贼们各个击破。拓展公共空间，建设公共空间，就是要建设好自己的生活，就是在学校教育、社稷舆论、时事新闻、家族传承等之间实现动态的平衡。

常枞先生说，官学的内容分为六种，礼、乐、射、御、书、数，每一种学问都有用。有礼走遍天下，儒生们就是有礼可以到处混饭吃。常枞先生说，真正的礼是发自内心的诚正，真正的礼能使国家不乱，失礼、无礼就是不诚实。个人也好，国家也好，失礼就会自找麻烦，甚至带来大的灾祸而不自知。周襄王三年（公元前649年），周天子的代表给晋惠公赐宝玉，晋惠公接受宝玉的时候无精打采。代表回到京城向天子汇报，晋侯怕是没有好下场了。礼是一国的基础，不恭敬，礼就不能实施；礼不能实施，上下就乱了，怎么长久得了？

常枞先生说，在老子小时候，周简王的时代，成肃公、刘康公等攻打秦国，开战前，大家在太庙举行仪式，成肃公在接受祭肉的时候，不敬其事。刘康公为此预言说，君子勤礼，小人尽力，勤礼莫如致敬，尽力莫如敦笃。成侯如此不礼貌，看来是活不长了。不久后，成侯就死在战场上了。常枞先生还说，八十多年前的那一年，鲁国发生庆父之乱，齐桓公想趁机攻打鲁国，但他的大臣劝阻他，不可，鲁国上下还遵行周礼。周礼，所以本也。国将亡，本必先颠，而后枝叶从之。鲁不弃周礼，未可动也。亲近有礼的国家，这才是称霸的正道。

常枞先生说，至于儒生们研习的礼仪，只是世俗生活中的小节而已，只是形式而已。有些人的生活需要有形式感，但真正应该从内心里具备诚实的品德。乐要高深一些，一般服务于庙堂，当然，落魄时也可以给人家做个吹竽的。常枞先生说，真正懂得乐律的人是很了不起的，那是能通天地、役万物、惊风雨的力量。真正的乐师是能知国家大事，能够判断吉凶的先知。黄帝时代的师延能通过演奏音乐呼风唤雨。当然，好的音乐，也需要有德者的耳朵才能听闻，德薄者不足以听闻。射，顾名思义是射箭技艺，包括体格训练；御是驾驭马车。射和御都是可以临战格斗、上场杀敌的。

常枞先生说，射和御虽然都对体能有要求，但也跟礼相关。学习射、御，其实也是在众人面前的自我表达。既要追求更快、更强，又要有风度、气度。书是六甲，甲乙丙丁的天干配子丑寅卯的地支，一配六十天，六甲六旬一周期，涉及生活中的吉凶趋避，这是大学问；天干地支之间会有生克，比如老子是庚辰年出生，那么遇到六甲年就得小心，因为甲与庚冲突。这种世间的生克用符号来表示，未必知道原理，但如转化成具体的形象就很容易理解了。比如南方人跟北方人在一起，生活习性不一样，最终的表现肯定是冲突多。这就是子午相冲，水火不容。东方用甲木的符号代表，西方用庚金的符号代表，金与木之间也有克制的关系。常枞先生的话让老子一度苦思自己究竟是哪里的：他是陈国或者说已经是楚国人了，这是南方；但是学习的经典多是中原北方的。他的庚辰生年则表明他既属于辰龙的东方，又属于庚金的西方。老子后来明白，把一个人的本质要素细细分析，会明白他既属于东南西北，又属于春夏秋冬，要厘清他自己身上相生相冲克的关系，使之冲气以为和。数就是九数，懂得加减，懂得九九乘法表。常枞老师说，真正的数学远非加减如此简单，数学有大道，万物皆数。每一种物象，太阳和月亮、日子和月份都在数学的把握之中，甚至每一片雪花、每一滴汗水都包含一个数字和数学结构。看到一个老人，花甲之年，跟看到一个少女，二八年华，这两个人就是60和16两个数字的差异。这些数字有其不同的意义等待人们去把握。

但常枞先生没有教弟子六艺，他说礼、乐、射、御、书、数一类的只是小六艺，是形而下的东西，他的精力有限，只提供入门的常识。要教给孩子们形而上的东西，那些能陪伴一生的道理，他要给他们讲三代以来的典册、历史……

事实上，冲动的不仅是孩子，那些动辄轻视孩子的人同样冲动。乡民也经常呵斥孩子，不让孩子插嘴：你还是个孩子，你懂什么？老子十来岁的时候，郑国年轻的子产就开始展现他的政治远见了。那一年，郑国侵犯楚国、晋国的小伙伴蔡国，侥幸得胜，举国狂欢，独有子产发表怪论说，小国无文德，而有武功，祸莫大焉，以后几年郑国没好日子过了。子国很生气："尔何知？国有大命，而有正卿。童子言焉，将为戮矣。"你知道什么！国家有出兵的重大命令，而且有当政者在那里，小孩子说这些话，将要被杀的！常枞先生说：从小看大，积小以高大，子产以后的出息不得了；反而子国跟无知的乡民一样，他的思维还停在乡愿、孩童状态。

图难于其易，为大于其细；天下难事，必作于易；天下大事，必作于细。是以圣人终不为大，故能成其大。夫轻诺必寡信，多易必多难。是以圣人犹难之，故终无难矣。

我后来总结时没把老师的话全部说出来。我确实明白了，人体验的真相是不能全部说出来的，即使被误解也不必说出，误解不也是人生的常态吗？心心相印证的概率小得几乎没有。人生的道理不是被指明的，而是由生命去成就的。这种成就也是从简单入手，认定一个道理其实是简单的，但这只是第一步。由生命成为这种道理，人要为这种道理献身，还有很长的路要走。

我只是说：天下的难事，必须从容易处做起；天下的大事，必须从细小处做起。如乡下人所说，一步一个脚印。处理困难的事要从容易处下手，做大事要从细小处做起。所以，圣人总是及早从事，而不会贻误时机。

轻易承诺的话很少能讲信用，把事情看得太容易必然遇到很多困难。因此圣人也要充分地估计困难，这样做起来就没有什么困难了。

常枞老师要求弟子们及早想清楚自己一辈子要做什么，不能随波逐流，不能混时光。那些隐迹于山林的君子圣贤，并没有混日子，他们在跟春花秋月相伴时更接近了天文地理，更接近了天地大道。

常枞老师举例说，独处是最难得的经验。不经历好独处，人们就难以跟他人共处自如，人们就是浮躁的。只有享受到充分的独处，人们才能有充分的社会状态。在独处中，人会发现自己是一个小小的宇宙，有自己的兴衰成败，有自己的圆润自足。回到身体中来，回到心灵中来，就是回到自己的宇宙中来，这是一种往返反观的人生。

常枞老师说，人们真正能够拥有的就是一种反思的人生，但有此足以自豪。这是经过了宇宙的再生，人的再度出生。只有如此，人才能公正地、怀着挚爱地去对待天地自然，才能跟他人和谐相处。人们有欲望，但生活的条件会限制人的欲望；人们有本能，但岁月的风霜会毁掉人的本能。所以，只以生来的欲望和本能去活着的人，既非真实，也不可靠。你能指望从只经过第一次出生的人那里得到公正对待吗？

老子后来想，老师的话是多么高妙啊，然而又是多么真实。第一次出生的人只是一种婴孩状态，成年人的欲望跟儿童的心智相结合，那是

> 其安易持,其未兆易谋,其脆易泮,其微易散。为之于未有,治之于未乱。合抱之木,生于毫末;九层之台,起于累土;千里之行,始于足下。
>
> ——《道德经》第64章

可怕的乱源啊。老子看多了五大三粗的人,他们诚然有着成年的身体,却仍停留在极其简单的孩童思维里。乡亲们也会这么批评一个爱冲动的人:四肢发达,头脑简单。这样的人没有积累,永远停留在孩子状态。

老子该如何表达老师的话呢?也许人的全部生活都只是用来印证并说明老师的思想。但老子后来总结时,没有把老师的意思全部表达出来,老子只是说,在安稳的状态里容易保持,在未萌芽、未显露征兆的阶段容易谋划,而在脆弱不牢的时候容易分裂,在微弱的阶段容易消散。所以说要在未出现前就进行准备,要在未乱之前进行治理。合抱的大树,是从微小的萌芽生长起来的;九层的高台,是从一筐土开始垒起来的;行走千里长路,是从脚下开始的。

人名事典

礼、乐、射、御、书、数：六艺,中国上古贵族子弟必须具备的六种才能。

周襄王：姬姓,名郑,周惠王之子,东周君主,公元前651—前619年在位。

晋惠公：姬姓,晋氏,名夷吾,晋献公之子,晋文公之弟,春秋时期晋国君主。

成肃公：春秋时期成国诸侯。

庆父：又称仲庆父或孟氏,春秋时期鲁国的上卿。他制造了鲁国的内乱,"不去庆父,鲁难未已",语见《左传·闵公元年》。

齐桓公："春秋五霸"之首,公元前685—前643年在位。历史上第一个充当盟主的诸侯。齐桓公任用管仲等贤能之士,打出"尊王攘夷"的旗号,使齐国强盛一时,成为中原霸主。桓公晚年昏庸,信用易牙、竖刁等小人,最终在内乱中饿死。

师延：上古时期的神话人物。在轩辕之世黄帝时为司乐之官。

蔡国：国名,周王朝的诸侯国之一。

子国：子产之父。

在三月三上巳节时找到了中意的爱人

第十六章

不出家门，可以知道天下事；
不看窗外，可以知道季候的轮转。
人们出走得越远，
懂得的真知大道越少。

　　常枞老师说，没有人先知先觉，即使先天聪明睿智的圣人也要经历一切。只有世间的一切对他来说不再陌生了，他才不需要重复劳动、重复经验，而坐享人生世界的一切。只有那些在一日复一日的重复生活中不自知的人，才会经历得越多，懂得的越少。

　　反观、反思、反省、反动。

　　道不远人，观察自身和身边的现象，就可以推测其他。我们周围的一切，充满了天道的语言，善于阅读反省者能够明白。不善反观者即使周游世界，也是一无所知。

老子后来在周王室经历了一切，在藏书室里翻看天文、地理、历史之图典时，油然地想起老师的话来。是的，老子坐在藏书室里，不用猜想，就知道外面的世界在进行什么游戏了。王子朝、姬猛、刘公、召公、苌弘等是什么样的人，老子还没有接触就知道了。

《道德经》第47章

不出户，知天下；不窥牖，见天道。其出弥远，其知弥少。是以圣人不行而知，不见而明，不为而成。

不出家门，可以知道天下事；不看窗外，可以知道季候的轮转。人们出走得越远，懂得的真知大道越少。所以圣人不远行就能获得真知，不接触事物就能有其概念，不用干预介入就能够成功。

弟子们没有去乡远游，但经历却也不少。比如秦佚、庚寅和我都娶妻生子了，这也是人生大事啊，我经历得自然而美妙。

三月初三上巳节，那是家乡的青年男女约会的节日。每年的这一天，男女老少都会出来踏青；而已到怀春之岁尚未订婚的男女，则会离开家人，自发组成青春的天地。那些俊男美女，带着家人的祝福，踏青玩翠，在阳光灿烂的良辰，或新月当空的夜晚，开怀放歌，彼此调笑、试探、印证。他们唱着"东门之枌，宛丘之栩"，他们唱着"视尔如荍，贻我握椒"，他们唱着"月出皎兮，佼人僚兮""舒忧受兮，劳心慅兮"等歌词，在林中、水边、旷野里舞蹈，拍手作歌，由此他们的性情也暴露无遗，或者热烈奔放，或者沉静安详，或者才思敏捷、妙语连珠，或者敦厚朴实、忠诚可靠。

又是一年三月三,杨柳花满天。青年男子哪个不善钟情,妙龄少女哪个不善怀春?青年男女们就在这样的欢乐日子,不由自主地吸引了自己的对象,也被自己的对象所吸引。人们在歌舞声姿中,相信了自己的直觉,也对自己的智的直觉和情的直觉有着青春的信仰,在直觉中他们把自己承诺给了对方。在密林中、在水边定情的男女,就会将心意告知父母,家人同意后就会请托媒妁。这种欢乐的日子一年只有一次,陌生的男女在其他时间是不可以随意说话的,青年男女在其他的时间里多半跟自己的好友相伴,以将男儿的气魄、少女的美妙各自开发出来。

这种桑间濮上的欢乐,是青年男女的情人节。我参与了一两次,很兴奋,甚至有着不能跟从它的羞怯不安,我希望我配得上这样的欢乐和节日。我希望那些美妙的身体有着自然、坦然的交流,而不是神秘着、禁锢着。事实上,这样的节日就是青年人自我启蒙、自我激励的日子。虽然,这种节日也是对青年人淑情才智的检验,但更重要的是身体崇拜和身心愉悦本身,而非才思、性格。

我注意到了,当男女两方阵营过于郑重其事时,反而只会张扬那些个性突出的人。结果带来忌恨、炫耀、争斗。长此以往,这种节日就成了少数人——那些优异的男女表现的场所,一个才智突出的美男子会得到众多女子的芳心,更不用说,一个绝色美人,会得到更多男儿的追求。我不敢深想下去,这种情人节发展到后来会是什么样子:会剩下孤男寡女,剩下的男人、剩下的女子将失去生命的平衡?剩男剩女们的出现,是否会使人们抛弃情感、灵性而只有欲念或身体的刺激了?

不用说,在这情人节上,秦佚获得了不少女子的芳心,以至于老子想，秦佚对女人的偏见来源于他获得女子芳心太容易了。秦佚跟很多女孩儿好过，也不费事就把最漂亮的姑娘娶回家了。这中间有多少悲剧、认知的扭曲，老子只有叹息。比较起来，老子的情爱却要曲折一些，但可能更幸运一些。

　　沉静中的老子打量过不少如花的少女，老子不用说什么话，老子的事迹早就为姑娘们周知。姑娘们看着老子时，也多是安静的，只有调皮的女孩子开过老子的玩笑，叫老子老木头。但没有人知道，老子心中激荡起怎样的波涛，老子偷看过所有美丽的、有个性的、自信的、独立的女人，老子似乎觉得那些女人都是自己所爱的，都是自己的爱人。

　　老子在极短的时间内跟自己的身体相撞，他发现身体有自己的意志，身体会驱使他的意识，身体会应和环境而发生变化。跟无数的女人相爱，每一种情境老子都想象、陶醉过了。但老子清楚地知道，在确定的时空里，爱情只存于这一个男人和这一个女人那里，老子不可能没事似的出入不同的时空。虽然人生会有若干爱情，但落实者极少。人们不可能将刚才的爱情全然忘掉，而开始另外的爱情。人的心智、生理、灵感不可能经受太多的爱情。爱情中只有一个男人、一个女人。

　　老子的那一个在哪里呢？

　　　　在这样的玩乐、打闹和心思走神中，我和一个安静的女子对上眼了。嗯，那眼神是怎样深邃啊，像远山一样，像深潭一样，像百花盛开，像白云无心。我们对视，又不约而同地避开，又对视，不敢，渴望，害怕……因为我们明白这样的对视多一时刻，我们就只能相爱一体。

　　　　我的爱，玉姬，一个美丽的大家闺秀，就这样走进了我的生活。我们结婚，在二人世界里崇拜、感叹、疯狂，似乎一时间把老师、同学、父母、养父母、三代历史、天下……全都扔到九霄云外了。

我再次发现了自己的身体，也发现了女人的身体，再次发现并理解了道。道就是女人，我明白了像妹喜、妲己、夏姬……最美丽的女人何以能够倾城倾国，颠倒君王和众生，那就是道的游戏。

我多次痴痴地在玉姬的怀抱里垂下自己的头额，乐而忘返。对女人的生机之绵长旺盛，我有一种惊奇、崇拜和不安，我配得上这样的福分吗？想起那个祸乱天下、武功极盛的黄帝都在性爱面前自卑过，我不由得惊奇女人的力量。女人真的像月亮一样生机无限，对这个世界流连忘返。女人也像月亮一样是我们世界的秘密，是值得我们敬畏、顾惜并遵循的道。我把她打开又神奇地充满，如同她对我一样。

玉姬是善解人意的，她是我的妻、妾，又是我的母亲、朋友、知己，她是我的道。在我们的欢乐中，她把我推向了餍足的高原，又使我一次次充满了新鲜感、新生感、挫败感、成就感，满足、感恩而又充满希望，充满了力量和从容的期待。那种曼妙和餍足，确实是身体最自信、最幸福的时候。

我后来总结传统的士人时，就把我们的欢乐逍遥时光当作对象写进去了。是的，那些了不起的君子、士大夫，解说过"高岸为谷""深谷为陵"的伯阳父，发现民众是神之主的季梁，不朽的臧文仲、内史过，发现吉凶由人自作的内史兴、刘康公、申叔时，还有现在如日中天的子产、叔向、晏婴、叔孙豹、季札，想到他们，就想到知书明理、温文尔雅、朝乾夕惕，想到风度、节制、从容，他们也是天地钟爱的爱人啊！得道，即得到了爱，即能爱也被爱，那些得道有爱的君子、士子微妙通达，深沉而不可识。因为不可识，所以我来勉强描述他们：他们是谨慎的，好像冬天过河那样；他们是犹豫的，好像害古之善为士者，微妙玄通，深不可识。
夫唯不可识，故强为之容：
豫兮，若冬涉川；犹兮，若畏四邻；
俨兮，其若客；涣兮，若冰之将释；
敦兮，其若朴；旷兮，其若谷；混兮，其若浊。
孰能晦以已，理之徐明？
孰能浊以止，静之徐清？
孰能安以久，动之徐生？
保此道者不欲盈。
夫唯不盈，故能蔽而新成。

怕他们的邻居；他们是庄重的，好像是一个客人；他们是舒展的，像冰在融化；他们是敦厚的，好像未雕琢的木材；他们是旷阔的，好像宽广的山谷；他们是混浊的，如水一样不显特异，不引人注目。

谁能对晦暗不明的事加以处理，让它慢慢地明亮？谁能使混浊的东西沉静，让它慢慢地澄清？谁能使静止的东西活动，让它慢慢地生长？那些得道者不会满盈，因为不满盈，所以他们能够不断地新生。

人名事典

王子朝、姬猛、刘公、召公、苌弘：人名,老子同时代的人。

召公：西周宗室、大臣,与周武王、周公旦同辈。其执政政通人和,贵族和平民都各得其所,深受爱戴。他曾在一棵棠梨树下办公,后人为纪念他,舍不得砍伐此树。他辅佐周康王,开创"四十年刑措不用"的"成康之治"。

东门之枌,宛丘之栩：《诗经·东门之枌》中的句子。

视尔如荍,贻我握椒：《诗经·东门之枌》中的句子。荍,同荞,音 qiáo。

月出皎兮,佼人僚兮：《诗经·月出》中的句子。

舒忧受兮,劳心慅兮：《诗经·月出》中的句子。慅,心神不安,音 sāo。

玉姬：老子妻子,虚构人名。

伯阳父：周王室太史。活跃在周宣王、周幽王时期,约公元前820—前771年。他的名言:"和实生物,同则不继。""夫天地之气,不失其序;若过其序,民乱之也。""夫成天地之大功者,其子孙未尝不章。"

季梁：随国人。他的名言:"夫民,神之主也。是以圣王先成民而后致力于神。"

臧文仲：鲁国人,活跃期在公元前683—前617年。他的名言:"禹、汤罪己,其兴也悖焉;桀、纣罪人,其亡也忽焉。""以欲从人则可,以人从欲鲜济。""外臣之言不越境,不敢及君。""民主偷,必死。"

叔向：春秋后期晋国贤臣,公族大夫,以正直和才识见称于世,活跃期在公元前562—前528年。他的名言:"国将亡,必多制。""民知争端矣,将弃礼而征于书。""优哉游哉,聊以卒岁。"

晏婴（？—前500年）：名婴,字仲,谥号"平",春秋时期齐国著名政治家、思想家、外交家。

季札：吴国的公子,他一生多次拒绝做国君,有着贤者的谦恭礼让、非凡气宇和远见卓识。

在独处和二人世界里，发现了身体的某种可能

第十七章

只有把握了身体，
对身体的享用、展开，
才能如女人、如月光、如人生世界。

在跟玉姬的欢爱中，老子发现了身体的某种可能性。身体自有其生命逻辑，精神、意识可以感觉到它的运行展开，而精神又是通过气脉跟身体相生成长。有时候过于放纵了，就一连数日都没有精神；然后等待，耐心地等待，身体内突然之间一阳来复，温暖升腾，充满在五脏六腑之间，于是，又有表达、宣泄的要求。有时候满溢得像夏天的洪水，像野兽，要放弃平时的庄严、面子、礼仪。但真要那样不顾一切地发泄了，又会有无可奈何的忧伤和空虚：像泡沫，破败后的形象惨不忍睹；像电光石火，瞬间陷入了黑暗之中。

谁能对晦暗不明的事加以处理，让它慢慢地明亮？谁能使混浊的东

> 孰能晦以已，理之徐明？
> 孰能浊以止，静之徐清？
> 孰能安以久，动之徐生？
>
> 《道德经》第15章

西沉静，让它慢慢地澄清？谁能使静止的东西活动，让它慢慢地生长？

常枞老师是对的，要回到身体中来。自从盘古开天地、三皇五帝到如今，我们人类取得了惊人的成就，伴随的却是越来越严重的缺陷，这其中最严重的缺点莫过于我们越来越轻视自己的生命或身体。我们在惊人成就的鼓舞下，越来越忽视身体，而以为自己可以征服世界，可以周游世界，可是我们不了解自己的身体。身体是内心最好的表达，是灵魂的图画。

以身为度。

只有把握了身体，对身体的享用、展开，才能如女人、如月光、如人生世界。人们拥有身体，这是多么美妙的事，如此，精气神才有了游戏的可能，才有了对话和爱的可能。应该歌颂身体。

我将由身体走向世界，并反转到沉默而丰富的刹那，美的真实，你的我的，身体。

事实上，早在老子痴痴地看着蓝天、白云、流水、月夜、群星、远山之时，老子就感觉到身体的气机存在。老子知道，气通达四肢百骸，身体就精神、强健。在多次实践中，老子感觉到精、气、神的某种关联，某种融合无间的重大性。当精神跟气脉在全身从容缓慢地运行，周行一遍时，人的身体好像新生的孩子那样力道圆融、充沛。当精、气、神合一地在身内周行不殆时，人就像是无穷的时间、无尽的空间本身，人跟天地万物，跟宇宙合一了。

老子在专注于身体的知觉中，意识到人身本来也是一个宇宙。老子观察到：当精神意识专注到身体的某一处时，气流也会到达那里；呼吸有规律一些，专守身体的某一部位，很快那里就会有热感。热感最强的还是胸、腹以及肚脐下的部位。最不可思议的是，这种入静就像入定，无怪乎姑娘们会叫他老木头，入静会像婴孩一样柔软又有力量。

在入静的修习中，老子发现自己的身体既非阳刚也非阴柔，老子不像有的人那样有强大的爆发力，也不像有的人那样总是病恹恹的。老子是有力的、绵长的。这一发现让老子觉得自己掌握了天地间的秘密。老子希望能与世人分享这一秘密，人不应该只一心听从外在世界的召唤，只听从外面世界的精彩和诱惑，也应该有足够的精力来关注身体，来倾听内心的声音。

在后来的实践中，老子还发现，入静、入定那种柔顺的状态如同女性的美德，但人在柔顺中并非屈服于强大的世界，反而像是有了更充分的积累、准备，有了更充分的应对信心。人的欲念也会除芜去杂，更纯粹、更有效果。老子想，可能正因为对身体的自觉，使得自己和玉姬能够有爱的餍足。

老子多次在内心吟唱：身体、魂魄与大道合一，能不分离吗？聚集精气使之柔和，能像婴儿那样吗？清洗心镜，能没有疵斑那样的欲望吗？爱护人、治理国家，能不要聪明才智吗？接受并消化大千世界的信息，能够处于柔顺的状态吗？或者说，政令的生杀之行，能顺从百姓的意愿吗？明白清楚，洞察四方，能无为而治吗？或者说，对世界能够无所知而又全知，能够无为而无不为吗？用道德生养、蓄积，生养而不拥有它，帮助而不凭恃它，长成而不主宰它，这就是内在最深厚的品德。

载营魄抱一，能无离乎？专气致柔，能如婴儿乎？涤除玄览，能无疵乎？爱民治国，能无知乎？天门开阖，能为雌乎？明白四达，能无为乎？生之畜之，生而不有，为而不恃，长而不宰，是谓玄德。

《道德经》第10章

人名事典

盘古：人名，传说中开辟了天地的巨人。

三皇：中国上古的天皇时代、人皇时代、地皇时代。

向婴儿和老人学习

第十八章

人的大部分时间是卑微的、平常的，

人必须明了这个道理，

才能朝乾夕惕。

在二人世界的欢乐中，一个婴儿问世了。我给自己的骨肉取名宗，正是看着小李宗在襁褓里吃喝拉撒，我才深刻地体会到人生的某种况味。

我在无意中发现，天子、王公跟婴儿可以一比，甚至普通人也有自己的婴儿本质。天子，天的儿子；王公，则把黎民百姓当作自己的父母；普通人，是大自然的儿子。他们本应该像婴儿那样纯真，一心一意发展自己的天性，但大多数人胡作非为，伤人伤己。很多人争强好胜，临了不过是春梦一场，加速了自己的死亡。这本来是非常浅显的道理。

那些真正自足而快乐的人多半是像孩子一样，他们专注，他们简单。甚至他们的外表，也有着孩子一样的特征，或者是嘴角，或者是容颜，或者是眼角眉梢，都像孩子一样可爱。甚至他们的神情，也多半是舒展的，或者沉静，或者欢乐……

向婴儿学习，并不是就要像婴儿那样放纵本能、任意妄为。这种学习本身就是一种反省反思之人生道路，是人的第二次出生。只有经过这种出生，人才能既有婴孩的专一纯真，又有成年人的责任；或者说，人只有经过第二次出生，才能看护好本能、发展好本能，才能公正地对待自己、他人和世界。你怎么能指望在一个没有二次出生的人那里得到公正的待遇呢？

就像国太爷和他的儿子，国太爷虽然有威有望，但其实是慈善的、圆润的。国二爷却似乎只是身体本能的象征，精气神失调了，在他身体内左冲右突。想起他，我就想象一个无明的东西在麻袋里四处乱动，注定是别人的囊中之物。是的，身体就是国二爷的麻袋，他没有经过二次出生。

但我更悲哀于原大爷那样的穷苦人家，他们的一生像被命运之手勒紧了脖子，像被岁月的风霜一再抽打，就像乡亲们说的，连地上的蚂蚁都可以欺侮他们。他们的精气神也似乎萎靡不堪，不能像国太爷那样知晓并享受人生的灿烂。无论原大爷，还是年老后的国二爷，我想，他们的身体都像破麻袋一样，本来元气淋漓，却由于这样那样的原因，精华顿失，而不堪一睹。

我想，一切含德纯厚者，比得上刚生出的赤子。毒虫不螫他，猛兽不扑他，恶鸟不抓他。他的骨弱筋柔，握手时却牢固。他不知男女性交而小鸡鸡自动勃起，那是精气充足的缘故。他整天号哭，嗓子却不沙哑，那是他的阴阳二气和谐的缘故。

精气充足，阴阳和谐，就是自然常道，懂得这种常道才叫明白。

常枞老师说过：有史以来华夏文明的奠基者伏羲大帝，就是因为懂得阴阳常道，而被称作"太昊"，字面意思是第一明白人；后来的少昊也懂得阴阳常道，故称"少昊"，第二个明白人。人生天地之间有定数，懂得这些常道定数，顺道而行就好了，不能勉强去追求增益什么生命。如果纵欲贪生，追求所谓长生不老，延年益寿，那就会有灾殃；劳心费神，耗损精气，那就会筋骨僵硬。这就叫作违背了常道，背道而驰者必定早亡，不能享尽天年。

> 含德之厚，比于赤子。
> 蜂虿虺蛇不螫，猛兽不据，攫鸟不搏。
> 骨弱筋柔而握固。
> 未知牝牡之合而朘作，精之至也。
> 终日号而不嗄，和之至也。
> 知和曰常，知常曰明。
> 益生曰祥，心使气曰强。
> 物壮则老，谓之不道，不道早已。
>
> ——《道德经》第55章

在跟玉姬母子相处的美好日子里，老子对女性、孩子的认知丰富而深刻。

老子坚信，大道在女人、孩子一边，强者不过是男人世界对人生和大道的僭妄,是男人的虚妄和自负。女人的绝态明光让天地为之一亮,使人心柔软得儿女情长。同样,孩子的声音,他们的啼哭或由衷的笑声,使人恻隐而爱仁。这些大道的自然现身,都使人愿意走向自我完善,这是大道的力量。而男人多半是对大道的背叛。看着乡里的一些中老年男人,老子常常感叹,他们受了什么样的磨难、作了什么样的孽,而让他们像被耗尽了精气,像秋日的瓜果,像霜打的茄子,蔫得人怜悯他们而躲避他们。他们本来也孩子过,青春过,壮盛过。但他们活着,就像拖着麻袋一样的身子示众,就像是被麻袋一样的身子拖累着。

常枞先生说,华夏三代以来一直尊老、敬老,有着"老吾老以及人之老"的好传统。但老子却清楚地知道,乡里人是歧视老人的,老人虽然会有乡人宴聚,但在很多方面是没有资格的。老子知道,在人们请客时,老人跟女人、孩子一样是不上席的。人们骂老人说,老不死的,或老劈柴、老王八蛋……

常枞先生讲过赵氏孤儿的故事。老子对赵武那样一个孩子印象很深,那么一个孤儿,尽管遭受人间的悲剧,有追杀者,有为之牺牲者,却因为家族的积德,而更像是命运摇篮里的赤子。赵盾过于强悍,在晋国上干天和,下招人怨,在他死后,家族遭到灭门之祸。而毕竟有过大功,含德之厚,使得他的孙子赵武历险而平安。赵武后来的执政成绩斐然,也是得益于他的这种二次出生的经历。他经历过苦难,像个孩子,没有了名利心,只是顺应大道,因此使家道再度中兴,使晋国再度强大。

老子对赵武跟老人的关系也有很深的印象。赵武后来做了晋国的执政大臣,征发徭役去给晋悼公夫人的母国杞国筑城。工程完工后,悼公夫人为表示感谢,特地犒劳了役工们。当时遇到一个老人,大家感觉他年纪偏大,不应该来服役。按当时规定,凡身高已达六尺,年龄在六十五岁以下者才可应征。据说老人没有儿子,只好亲自去服役。

大家对老人的年龄感兴趣,但这个老人不肯说他的年龄,却谦虚地给晋国的贵族们上了一堂课。他也是知书的,他懂得六甲之书,一生牢记自己的六甲之数。

老人说:"我是个卑贱的小民,不懂什么纪年,只记得生日是正月甲子日,到现在已数到第四百四十五个甲子了。最后一个甲子才过了三分之一。"

晋国的乐师师旷听说后,马上说:"老者有七十三岁了啊。"

大臣史赵故作神秘地接着说:"亥字上端像个'二',下端像个'六',二首六身,就是这位老人岁数的日子了。"

另一大臣士文伯怕大家还是不明白,便补充道:"这就是两万六千六百六十日了。"六十日为一甲子,四百四十四又三分之一个甲子,正好是两万六千六百六十日。

赵武为此向老人道歉,说自己不才,工作失察,让老人受苦;并希望老人出来做官,帮助为政。老人以年老为由推辞,赵武便让他做了绛县的县师,同时免去了主管征发役人的官员的职务。

这个故事里,老子较感兴趣的是老人的生命状态,他一定是自足的,自得其乐的,他一生专注于身体、岁月,所以他能够七十三岁了还有精力服役。想想看,一生的光阴,每一个甲子六十天,四百四十五个甲子,都经过他目光的注视,这其中的收视返听、记忆往复、正心诚意,该是多么重大的人生修行。他示现给大家的又是一种老人的光辉,以至于贵族们都对他好奇。就像知德、知道的赵武一样,这才是值得称道的人生啊!

无名利心的孩子、柔美的女人以及自足清明的老人,才是大道。

就像赵武的祖父赵盾,那个夏天的太阳,永远比不上冬日,即他自己的父亲赵衰给人的温暖美好。老子观察日月山川,理解到高强的、明亮的、雄壮的东西是结果,是非凡努力的产物,是一时灿烂的功业;但低下的、暗昧的、雌柔的才是常态,才是生生不已的大德。

老子后来总结说:深知雄强,有雄强的内在本事,不畏强暴;而保持雌柔的品德,宽柔待人,就像做了天下的溪谷。做了天下的溪谷,跟知其雄，守其雌，为天下谿。为天下谿，常德不离，复归于婴儿。知其白，守其黑，为天下式。为天下式，常德不忒，复归于无极。知其荣，守其辱，为天下谷。为天下谷，常德乃足，复归于朴。

道一致的德行不会离散，人们就会回到婴儿的童真境界。朝政的大德，就在于这种常德不离，像婴儿一样视百姓为父母，朝政完全依赖百姓的活力、创造力。深知明亮，守候自己暗昧的状态，做天下的法则。做了天下的法则，跟道一致的德行就不会有差错过失，人们就会回复到无限永恒的境界。深知荣耀，安守屈辱的状态，去做天下的河谷。做了天下的河谷，跟道一致的德行就会充足，回复纯朴的境界。

人名事典

少昊：人名，传说中的五帝之一。
赵盾：晋国执政大臣，即赵武之祖父，时人称"夏日之阳也，畏其炎烈"。
晋悼公：晋国中兴国君。
史赵：晋国大夫。
士文伯：晋国大夫。
赵衰：晋国六卿之一，即赵盾之父，时人称"冬日之阳也，赖其煦暖"。

中年之进

爱人死了，终生不再娶妻

第十九章

生活是残酷的，
或者说命运的奇特文本永远不对人
全部展开。

　　生活是残酷的，或者说命运的奇特文本永远不对人全部展开，只有到它的幕布拉起时，人们才能体会到无常、变易、乐极生悲、否极泰来的真切含义。

　　据说玉姬是宋国蹇家的后人，其家族在乱离中搬迁，来到陈国落脚。家大业大，玉姬的父亲却也放荡不羁，跟老子的父亲交上了朋友，二人投机，就开玩笑要做儿女亲家。但二人命运都不幸，玉姬的父亲早死，老子的父亲出家远走不知所终。玉姬为叔父养大，这门亲事有人知却再也无人提起。玉姬的叔父看到侄女貌美，就自作主张，许给了他的好朋友百里的儿子。

没想到老子和玉姬在情人节一见钟情，真是命中注定的夫妻。两个人都不拘礼法，同居在一起，玉姬的叔父无可奈何，只好装聋作哑。聊起家世，再跟左邻右舍们核实，算是对上了号，才晓得两个人本是有缘人。这样的日子是幸运的，是完美的。

一年以后，百里家才打听到真相，恼羞成怒，派人来抢玉姬。老子碰巧在外，玉姬反抗不及，被抓去，在路上跳井身亡。

老子悲痛欲绝，半年多的时间都没有缓过神来，老子的爱就这样突然而来，突然而去了。老子甚至都没有心思去照顾儿子，小李宗也就由族亲们照看，父子两人在人生的路上渐行渐远。老子的性格、思想没有影响到儿子，相反，李宗就像是老子的对立面。老子不想建立世俗的功名，李宗却念念不忘要在世上建功立业，做个将军，效命于疆场。

老子在半年多的失魂落魄里发誓：终生不再娶妻，要努力为人世找到终极的道理，以作为对玉姬在天之灵的慰藉。老子把自己的愿望告诉了朋友，流传开来，"终生不再娶妻"变成了"终生未娶妻室"。老子三绝、无为的学说流传开后，人们也就添油加醋地说，老子是弃绝实在具体的爱情，圣人不婚，老子爱的是自己的爱情。

我清楚自己爱的是什么，那样天地造化的尤物，那样造化了天地的尤物，跟我融为一体。尽管这种阴阳男女化合之道被人类无数次体验过了，但每一次体验，只要用心，一定是独特的，是新鲜的。是这一次交欢，而不是交欢；是这一个男子跟这一个女子的交欢，而不是男女交欢。我们人类有能力把这种男女之爱表达得普遍可传，又让人们以自己的体验去印证。《易经》中的歌谣说得多好："咸其拇，咸其腓，咸其股，执其随。憧憧往来，朋从尔思。咸其脢，咸其辅颊。"

我多次吟诵着这首歌谣，想着跟玉姬的欢乐：感触着你的趾拇，感触着你的腿肚，感触着你的大腿，抚摩着你的臀部。一来一往啊，应和着你啊。感触着你的颈项，感触着你的脸庞。

想起《易经》中的歌谣，我想，怪不得其中多有婚姻男女之事，甚至有那么多抢婚的事，这本来是我们人类最重大的事实啊。"屯如，邅如。乘马，班如。匪寇，婚媾。女子贞不字，十年乃字。乘马，班如。求婚媾，往吉，无不利。屯其膏，小贞吉，大贞凶。乘马，班如。泣血，涟如。"

这首婚礼之歌唱得多么有戏剧性。

踟蹰不进，徘徊不前。驾着马车，犹豫盘桓。不是盗寇，而是婚媾。驾着马车，犹豫盘桓。寻求配偶，盛满脂油。驾着马车，犹豫盘桓。哭泣无声，泪水涟涟。

"泣血，涟如。"哭泣无声，泪水涟涟。我就像看到玉姬的哭泣，确实是在泣血。

有时候觉得这就是命，因为从一开始我就亏欠于妻子。我违礼了。记得一开始就有乡亲劝我要四方邻里走动，要把跟玉姬过日子的事跟大家通通气，但我没有尽到这一份男人的责任。我对玉姬的亲友甚至百里家人，都没有礼貌啊。

娶妻生子是多么重大的事。别说乡里谈婚论嫁得有彩礼，就是《易经》的纳采之歌也把对女子的尊重、求婚的神圣和仪式唱得完美："贲其趾，舍车而徒；贲其须，贲如濡如，永贞吉。贲如皤如，白马翰如：匪寇，婚媾。贲于丘园，束帛戋戋，吝，终吉。"

那才是娶女子的礼节，那才配得上男女的一生。斑白的马足嘚嘚地走，走近时人们下车也步行。斑白的马尾，光润的马毛。马毛白又亮，马尾白又长：这不是盗寇，这只是婚媾。马儿来到坡上的果园，纳彩的布帛堆积如山。

我的老师和朋友为我难过，时日久了，他们又觉得命运的安排未必全错。命运自有其神奇之处，如今我弃绝家室了，也就无家室之累。我需要到外面的世界去闯荡了。

秦佚来劝我，并说这是老师的旨意。常枞在周王室、宋、晋等国都有朋友，可以推荐我去做官，施展抱负倒在其次，重要的是要有一些经历。但我不为所动，我觉得自己跟玉姬轰轰烈烈一场，人生也就够了，剩下的时间只需要思考、守住家乡就可以了。秦佚批评我太消极了，他说，老师的学问只有我能发扬光大，我不能就这样在家乡窝一辈子。我则说，只要是参天大树，在哪里都能够尽自己的本分。至于积极消极，守望未必是消极，只要能把自己的生活过好，就是最大的积极。

其实我也没有说服自己。秦佚还跟我讨论过玉姬的家世，蹇家、百里家，让我们一下子想到了蹇叔和百里奚。这两个先知、贤良大臣，一个出世，一个入世，只是因为友谊，蹇叔才为朋友百里奚出山。他们两人多次精准地预言了国家和人的命运，他们为秦国所用，奠定了秦国的霸业，据说无蹇不成霸、百里奚致霸几乎是诸侯们的共识。比较起百里奚的用世来，蹇叔更是精于谋划、眼光长远的大师，他没有执过政，没有用过兵，却是了不起的政治家、军事家。我也记得他的名言："劳师以袭远，非所闻也。"秦佚说，娶了蹇家的人，是不是也要像蹇叔那样到老仍发挥作用啊。我说：寿则多辱，蹇叔不同样被秦穆公骂了吗？秦佚大笑："尔何知？中寿，尔墓之木拱矣！"但秦佚说，只要行藏在己就好，蹇叔是了不起的。

人名事典

咸其拇,咸其腓,咸其股,执其随:《易经·咸卦》爻辞。

屯如,邅如。乘马,班如:《易经·屯卦》爻辞。

贲其趾,舍车而徒:《易经·贲卦》爻辞。

蹇叔:宋国人,活跃期在公元前686—前627年。他的名言:"劳师以袭远,非所闻也。"

百里奚:百里氏,名奚,字子明,春秋时虞国大夫,后入秦做大夫。

秦穆公:春秋时期秦国国君,公元前659—前621年在位,被《史记》认定为"春秋五霸"之一。

中寿,尔墓之木拱矣:事见《左传·僖公三十二年》。

陪护常枞老师走完最后的岁月

第二十章

> 常枞老师说,
> 对水讲心里话吧,
> 水听得懂你的喜怒哀乐。

命运的奇特不可思议。一波未平一波又起,常枞老师老了,要走了。那位奇人异士,三代之英就要离开人世了。弟子们闻说,从各地赶到,要见老师最后一面。

我陪护常枞老师走完了最后的岁月,我每天都去晨请昏省,在病榻前陪老师说话。我发现,这位隐身乡野的大师,仍念念不忘人世的安宁,念念不忘上人下民间的共处,念念不忘平易的道理和健康的人情。

常枞老师一再提起他听闻的三代兴亡,血流漂杵、"国人暴动"的惨烈,尤其是后者,谁能想到弱势的国人能够起而反抗？谁能想到下层翻腾如山川地震？常枞说，弱者的力量既让人恐惧又是这个世界的希望。

"水能载舟，亦能覆舟。"常枞老师说，对水讲心里话吧，水听得懂你的喜怒哀乐。对水笑，水也会笑的；对水哭，水也会哭的。漠视水，水也会漠视你；对水凶狠，水也会凶狠。

常枞老师说，道啊，生命啊，女人啊，其实就是朝气蓬勃的水。

当老子询问老师最后的教示时，常枞说："就是你不问，我也要说了。"

常枞对老子说："经过故乡要下车，你记住了吗？"

老子回答："经过故乡下车，就是要我们不忘旧。"

常枞说："对呀。"又说："看到乔木就迎上前去，你懂吗？"

老子说："看到乔木迎上去，就是让我们要尊老。"

常枞说："是这样的。"

常枞还说："面向大江巨川，你要垂首；面对小河流水，你要尊重它的流向。"

老子牢牢记住了老师的话。

常枞欣慰地看着自己这个好道深思的弟子，继续启发老子："你看牙齿和舌头，哪个刚强？哪个软弱？"

老子回答："牙齿刚强，舌头软弱。"

常枞无语，缓缓张开嘴巴，让老子观察。常枞年老体衰，牙齿早已掉光了，而柔软的舌头依然存在。

老子明白过来："舌头还在，难道不是因为它柔软吗？牙齿没有了，难道不是因为它坚硬吗？"

常枞笑了："啊！对啦。天下的事理已全部包含在内了，我没有什么拿来再告诉你的话啦。"

老子含泪而问："今后，我将以谁为师？"

常枞笑了笑："人世没有你效法的啦，你就效法天地自然，以水为师吧。"

常枞老师走了，我的情感心智世界再次受到打击。跟老师在一起时不觉得什么，老师走了，才明白这个完整世界的坍塌和缺失。生活，如果就是天、地、亲、师、友的世界，该是多么逍遥啊！

但我明白，完整世界的丧失并非命运的残酷，而是大道的作用。生生不已，代代相传。我的使命，也是要将三代之英、上古以来的飘零花果、伏羲神农以来的大道薪火传递下去。我也将从弟子移位于师，并在天地之间尽完自己的义务。

老师说，要以水为师，女人也是水啊，月亮是水，婴儿是水，水就是我们的大道。也许在这个时候，在世界遥远的某个地方，也有贤者在弘扬大道，在阐明水是世界的本质。我想，揭示大道的真相，这不仅是我的责

《道德经》第78章

天下莫柔弱于水，而攻坚强者莫之能胜。以其无以易之。弱之胜强，柔之胜刚，天下莫不知，莫能行。故圣人之言云：受国之垢，是谓社稷主；受国不祥，是为天下王。正言，若反。

任,也是老师和前贤们生存于世的使命,我活着就是为了承担责任、完成任务的。

更准确地说,我们活着就是为了道。

因此,我后来讲到大道时,明确地说,天下没有比水更柔弱的了,但是攻坚,没有能够胜过它的。因为没有什么柔弱之物可以代替水,因为没有任何力量可以改变水的本性。弱则胜强,柔则胜刚,这个道理,天下人没有不知道的,但没有人去施行,君王官吏没有一个能以柔弱为本来治理百姓。所以圣人有这样的话:忍受一国人给予的耻辱,这就是一国的国君;忍受各国的灾殃,这就是天下的王。正确的话,听起来就像反话一样。

我后来一再看到那些强者的悲惨命运,他们不自知地耗尽了上天赋予的美好的生命,而成为天人共怨怒的对象。最遗憾的是他们自知时也不能自持,"强梁者不得其死"是大家都知道的道理,但人们仍要装腔作势。周公教育儿子伯禽,恐怕儿子犯错,亲书铭文于老家仆的背上,让儿子随时观看,以免忘记自己的训诫。伯禽分封鲁国,就铸金人于祖庙,把铭文铸于金人之背。"强梁者不得其死",就是从这《金人铭》上流传开来的。按常枞老师的说法,原话是:"强梁者不得其死,好胜者必遇其敌。"但这样的箴言知道者多,实行者少。

齐桓公说过,金刚则折,革刚则裂,人君刚则国家灭。话说得头头是道,但他自己身死霸亡,为天下笑。晋国大夫伯宗谏晋侯不要强争:"川泽纳污,山薮藏疾,瑾瑜匿瑕,国君含垢,天之道也。"话也说得诚恳,但晋侯仍要争强,楚材晋用,晋国在天下独步一时,又会如何呢?

后来我在函谷关看到军士们耀武扬威,不禁为他们的不自知而悲哀。那些军士在我面前虽然一时恭敬,却改不了那

> 人之生也柔弱,
> 其死也坚强;
> 草木之生也柔弱,
> 其死也枯槁。
> 故坚强者死之徒,
> 柔弱者生之徒。
> 是以兵强则灭,
> 木强则折。
> 强大处下,柔弱处上。
>
> ——《道德经》第76章

种趾高气扬的强悍劲头。我想起了常枞老师的教诲,在牙齿和舌头之间,在石头和弱水之间,我希望人们懂得怎么样待弱守强,希望他们懂得有所忌惮、敬畏,对弱势有足够的尊重。因此在给他们讲道的时候,我说出了这样寒光闪烁的句子。

婴儿出生,身体柔软;或者说,人活着的时候身体是柔弱的,他死后,尸体就僵硬了。草木活着的时候是柔弱的,它死的时候也就枯槁了。所以说刚强僵硬者属于死的一类,柔弱的东西属于生的一类。所以说兵强了会被消灭,木强了会被折断。所以刚强的处于下面,柔弱的处于上面。

老子跟师兄弟们为常枞守丧多时,大家催老子到外游历时,他痛快地答应了。

驾言出游,以写我忧。

玉姬走了以后,老子觉得自己度过了青春期;当常枞老师走了的时候,老子一下子咀嚼出"中年丧乱"的含义。天地有数,人生无常,一切变动不居。

天地把老子生命的一部分收走了,让老子亏缺了,为的是什么?也许就是为了让老子能够通变,能够达道。也许就是为了让老子回归天地,认清天地自然。这些丧乱、忧患是真实的,它其实又充实了遭遇者自己。只是人们需要慢慢地展开,这需要远行。远行正是为了更好地回归。

去哪里呢?四顾苍茫,哪里可堪凭借、栖息?秦佚说,这是一个建功立业的时代,做好了,可以成就老师说的王道,最不济,也可以建立一代霸业。

师兄弟们则连连称好,甚至建议老子到各大国的都城里去看看,看看当今各国统治的成绩大小。统治以临天地,以临万民,那是要咸临、咸临、甘临、至临、知临、敦临啊。《易经》的两言诗歌不正是说统治要靠感化,要树立威信,要言辞动听,要居高临下,要智谋慧断,要温柔敦厚吗?

师兄弟们唱起临卦的歌谣时,老子却和之以观卦的曲折而坚定:童观、窥观、观我生进退、观国之光、观我生、观其生。是的,要独自观察,要暗中端详,要看看我人生的沉浮,要看看国运的荣光,要看看自身的前途,要看看民生的灾祥……

当时的周室已衰,列国之中鲁国郁郁乎文,"晋国天下莫强",秦楚如虎狼侧视,但老子想也未想,就直奔周王室。老子想,周王室还是天下的中心,他要到中心学习、观察,要在中心开花、结果,并把老师的成果传播开去。

人名事典

血流漂杵:指武王伐纣事件。后来孟子曾质疑这一革命事件中的流血史实:"以至仁伐至不仁,而何其血之流杵也?"
伯禽:人名,周王朝鲁国始祖,周公长子。
伯宗:人名,晋国大夫。
咸临、咸临、甘临、至临、知临、敦临:《易经·临卦》爻辞。
童观、窥观、观我生进退:《易经·观卦》爻辞。
晋国天下莫强:语见《孟子》一书。

作为大贤被推荐给周王

第二十一章

有智慧的人，
不会夸夸其谈。
话多的人，
心智不够健全。

老子是作为大贤被推荐给周王的。多少年后，当老子提出他不尚贤的主张时，还怀疑自己是不是也玩世了。老子也是自相矛盾啊，岂止，老子本身就充满了矛盾。老子既迟暮又青春，既女性又男人。老子刚强，老子温润。老子理智，老子敏感。老子既属于天空，也属于大地，既为时间占有也不为空间放弃。老子既保守也激进，既不属于这边也不属于那边，同时既属于这边又属于那边。

如果我们能够看见我们的矛盾，看见这些微妙的分歧或大的结构，如同看见我们的毛细血管、大经大脉，它们尝试了各个方向，对立又统一，而构成我们完整的身体。

如果我们能够看见。我们都应该回头,往而有返,在结束时看见我们的开始。

如果我们看得见自己的身体和心灵。

在静修中,老子越来越觉得"看见"甜美。

但老子仍得面对大周文德日益衰败的现实。

平王东迁之后的一段时间,周王室和诸侯国还袭用世卿世禄制度,但这种制度早就显出弊端来了。君王和臣下之间如果缺少了位势之礼,如果缺少了共担国运的目标,只是就权力的好恶分享来明争暗夺,那就是目光短浅的鼠辈了。西周的幽、厉诸王,或用特务卫巫,或用好利的荣夷公,自己已经不正不礼了。平王父子因为郑公长期在王室做卿,而心生芥蒂,无能处理郑公在周室权大的事实,竟然可笑地用换自己人的办法来解决执政坐大的局面。结果,周郑开战,周王被射中不说,周天子首善之区的庄稼一到成熟时,就被郑国的军队抢先收割走了。

周王的愚蠢无能让列国日益看轻他,有野心有雄心的诸侯国千方百计地要发展自己、增强国力。国君自己没有办法,但只要他有一个优点,他知道有人有办法,他就算得上明君了。

好色、好玩、好利的齐桓公就是这样一个人。小商人出身的管仲、鲍叔牙既非世袭的卿士大夫,跟姜姓齐国也非亲非故,但齐桓公重用了二人。任命管仲为相之后,齐桓公还任用"饭牛"的宁戚为三农部长(大司田)。

据说,齐桓公在尚贤方面的表现可为万世之表率。他会亲自问一乡之长:"你们乡有没有好学、慈孝、聪明智慧见称于乡里之人,如果有就要报告,否则就是'蔽贤',犯了罪。"如果乡长进贤得当,就可以被提拔,三次进贤有功而无过,就可以升为上卿之赞,做上卿的助手。实行这种制度,是想达到"匹夫有善,可得而举也"。

这大概是齐桓公率先称霸的原因,在周王衰弱的时候,他能够九匡诸侯、一合天下，也算得上人物了。有他带头，各国尚贤之风不断。赵武做晋国执政时，发现了绛县的一个乡野老人很有学问，懂六甲之书，就给他田地，委任他做"绛县师"，还向老人道歉："武不才……使吾子辱在泥涂久矣，武之罪也。"

这些事，我在乡里的时候就听人提起过。人们谈起这些事时总是津津乐道，恨不得自己也为上面的人看中，立马飞黄腾达。人们说，这个世道是公平的，有能力、有才干的就可以得到提拔，有本事的就可以钟鸣鼎食。人们说，有本事的就去吃官饭，吃皇粮，没本事的才会玩泥巴。能吃官家饭，是有本事的标志。

但我从常枞老师的神情中明白，这种事也得打一个问号。是的，尚贤又如何？齐桓公不得好死，为天下笑；甚至身未死而霸业已衰，随着人的兴废而兴废，兴也勃，亡也忽，折腾的不过是黎民百姓。兴起时，到下面摊派，要粮草，要劳役，要民众把劳动果实尽可能全部奉献出来；败亡时，以暴力手段，要民众全部奉献甚至以生命做牺牲。那些东西，劳动果实、人的生命，本来是应该奉献给天地神灵、宇宙大道的，本来是可以成全人生欢乐、逍遥、幸福的，现在却都做了一个好色无行者的牺牲品。而这一切，都是那些所谓的贤人费尽心机所要成全的。

更何况，尚贤到最后，不过是劣胜优汰的结果，这是注定的结果。所谓的才能、本事，最终往往会集中到奉迎之道上去，而所谓的本事，不过常常是溜须拍马的本事。尚贤的历史帷幕拉启之后，人们不再如以前那般看重人生的自然欢乐。所谓的幸福快乐将是动员来的，将是人为的，将是此一时彼一时的。

至于官饭，如果一定要把吃饭的归属当作人成功或有本事与否的标志，那不是说明人们没有度过口腔期吗？我们能指望在一个没度过口腔期的人那里得到公正的待遇吗？

　　老子也明白，唯贤是举的做法注定要为有权势者所用，因为贤能者压榨出来的成果几乎是立竿见影、吹糠见米的。一个对攫取更多权势和财富有想法的人，不可能不受此诱惑。连周王室都看到列国尚贤的成果，也开始请人物色贤才了。以贤才著称于时的老子就这样到了周都。

　　老子被推荐到周王室还有一个背景。姬贵做王十多年，手下的公侯大族不可一世，欺男霸女，其中以原伯绞最为残暴，他的子民不堪忍受，以至于成群成群地逃走。在老子五十出头的时候，原伯绞的子民奋起反抗，立了公子跪寻，原伯绞被迫逃走。同时，甘简公没有儿子，就立他弟弟甘过即位，甘过想把家族中的成公、景公的势力清除掉，后者却联合刘献公把甘过杀了。大开杀戒的结果，是在天子脚下、光天化日里杀了甘家的很多人，自然也波及了很多人。这一切都在姬贵眼皮底下发生，经此几大动乱，周王室就极度衰弱了。周王室需要贤才，年过半百的老子就成了其中引荐的人才。

　　老子本来以为周王室的决策者会有大的作为。进洛阳不久，老子就明白了朽木确实难以上刀雕琢。王室吃白饭的公卿世胄太多了，因循守旧，坐享其成。就像诗中唱到的"硕鼠硕鼠，无食我黍"，他们是大周天下的蛀虫，是硕鼠，大周的梁柱早已被他们掏空。

　　老子对自己会被任命什么官职并不抱希望。但当听到这个名叫姬贵的周王，很客气地让老子先做一段朝议记录的史官，以后去管管图书时，老子还是出乎意外地心凉了半截。他们还是以自己为中心，不能平实地看待这个世界。老子不是他们的人，老子跟他们的距离难以消除。老子没有说什么，恭敬地接受了自己的使命。

老子后来才知道的是，三公们、周王的心腹们早把老子议论、打量了个透彻。老子人到中年，正是壮盛的年龄，却有了不少白发，因为丧乱不久，神情中不免压抑，言行也很持重。有人以为老子是未老先衰，有人以为老子是思虑过度。"哦，看不出来，还是个思想家嘛。"有人这样感叹。但这样的感叹，却给了别人很大的理解空间。思想家胡思乱想，不切实际，建设不足，破坏有余。思想家有道行、有德行，但不一定有功业。思想家是思想的巨人、行动的矮人。因此，周王任命老子做守藏史，已经属于破格提拔了。

老子一再想起老师的教导，知道的不怎么说，那些说的和做的又多不知道。守口如瓶，沉默是金，如《金人铭》。但老子现在是壮盛之年，不能不说，老子不能只守自己的清白。虽然老子知道旁观的好处，但老子只能卷入其中。周公在《金人铭》中的第一段话就是："古之慎言人也。戒之哉！无多言，多言多败；无多事，多事必患。"

《道德经》第56章

知者不言，言者不知。塞其兑，闭其门，挫其锐，解其纷，和其光，同其尘，是谓玄同。故不可得而亲，不可得而疏；不可得而利，不可得而害；不可得而贵，不可得而贱。故为天下贵。

老子同意，有智慧的人，不会夸夸其谈。话多的人，心智不够健全。那些不断地发表重要讲话的人，那些忙于发号施令的人，那些口才很好的人，都是病人，给自己和他人带来了灾病。天道无为而清静，正提示人们应该"希言""贵言""无言"。说话，要说到点子上；说话，不是单向的，而是双向多向的有效交流才有必要。在上者无言、少言，才能让下面的各种力量自主运行，自然平衡。老子观察到，那些世家大族如刘家、单家虽然不及他们的先辈那样优秀,但世家子的气象还是有的,比如持重少言,能干任事。相反,周王姬贵的一大问题就是违礼而言,动不动就发表训言,做天子一二十年了,说的话多得没有人记得他说过什么,还比不上他那夭折的长兄太子晋。难怪晋国的叔向批评他失礼,不得善终。想到还活着的时候就被人看到结局,真令人悲哀。

闭上多话的嘴巴,关上扰乱别人的号令之门。首先要自己不制造混乱的垃圾一样的信息。以无为宽容的态度,来锉掉锋芒,消除尖锐的矛盾,消解怨恨,解除人与人的纷争。平等地对待一切,收敛自己的光芒,混同尘世里那或光明荣耀的或昏暗低贱的人和事,一体包容,这可以说是玄深的统一,跟道同一了。

所以,在这样的人那里,人们既不可能得到特别的亲近优待,也不可能受到什么疏远;不可能从他那里得到什么优惠和好处,也不可能从他那里受到什么伤害;不可能从他那里得到尊贵的地位,也不可能被他贬为下贱。所以,他这样的人,才能拥有天下的尊贵地位。

接下来的工作让我的心全凉了。所谓的朝议,都是些什么呀:司马、司空、司徒等坐而论道,鸡毛蒜皮的小事能扯上半天一天。大家还兴奋异常、乐此不疲,到散朝时心满意足地各自打道回府。那真是群居终日,言不及义。

我也见识了诸侯或他们的代表来朝的情景。人物百态,有的是来开眼的,见识见识天子的威仪或礼仪。用他们的客气话说是,唉,乡下人一辈子的愿望就是到京城开开眼啊。小时候听乡里人闲谈,说起天子的风光,那些一年到头吃不了一顿肉的人流着口水说,天子恐怕顿顿都吃肉吧,那些把吃一个芝麻烧饼当作人生享受的人则说,天子一顿可能吃五个芝麻烧饼吧。他们哪里想象得出天子的风光呢?天子的吃穿住行都有严格的规定,自他以下,公、侯、伯、子、男,一等等地减损，比如吃饭，作为权力象征的鼎乃是煮饭的锅，天子吃饭用九鼎八簋，九鼎里头各有牛、羊、猪、鱼、肉脯、肠胃、肪、鲜鱼和鲜腊九味，往下诸侯、大夫、士递减……有些东西只有天子享有而公侯不能享有，比如晋文公想要一种死后的风光待遇，就为天子冷冷地拒绝了。所以，大家能看看天子和京城，还是可以增长见识、阅历和知识的。

只是行礼要有成本，王室已经越来越付不起行礼仪的成本了。有的人是来立威的，这些人把周王室看作破落户，他们把行礼说成摆谱，王室不大摆得起谱了……他们嘴里说着尊敬的话，行为举止之间却有着暴发户的傲慢。我一一看在眼里，记在心里。

最可笑的是，王室的王子、三公和卿士在宾客走后，总要议论好一阵子。来宾有礼貌有礼物者，则表扬一番，得意一番，觉得毕竟天朝威仪，可以感化万方。来客无礼，则愤怒、痛骂，有人甚至要痛哭流涕，觉得天朝颜面被扫灭了。他们总有兴奋点，总有情绪、欲念的起伏，总能从一个兴奋点跳到另一个兴奋点上去，他们乐在其中。因此，我后来对人心的欲念深恶痛绝。

朝议的惯例是大家或坐或站。三公可坐，卿士则站，其实，坐也好，站也好，都不可长期依靠。站者依靠的是双足，坐者依靠的是膝盖和臀部。手、背无处可依。如果不诚心正意，如果不专注于所议事情，就都是相当辛苦的事，都会腰酸背痛。

我的工作尤其辛苦，我要站着听大家的议论，尽可能地把一些重要的话记住。开始时还算很认真，日子久了，我也开了小差，记录就成了苦不堪言的差事。有时候听烦了，我真想说：你们忙啊，我要走了，我不打扰你们了。

我想,我的生活在别处,我的生命不在这个地方,我的国不在这个世界。在跟师友交往的时代,当世那些大名鼎鼎的人物、世家大族曾经激荡过我们年轻的心。但现在跟天下最尊贵的人天天见面,跟甘家、刘家、单家的人同朝为官,我已经不愿提起这些人的名字。他们的生活和心性都成为我努力抽象的道理,成为我愿为众人思考的材料。

人名事典

荣夷公:荣国国君,西周厉王宠臣,理财专家。时人评论他"好专利而不知大难",酿成"国人暴动"的大难。

管仲:人名,辅佐齐桓公称霸的名相。治国专家,被尊为"管子"。

鲍叔牙:人名,齐桓公的重臣。鲍叔牙推荐管仲当上了宰相,被时人誉为"管鲍之交""鲍子遗风"。

宁戚:人名,早年怀经世济民之才而不得志,后成为齐桓公重臣。

姬贵:人名,即周景王。

原伯绞:周王室大臣。原伯绞之乱事见《左传·昭公十二年》。

甘简公:春秋时期甘国国君。甘简公死后无子,立其弟弟甘悼公甘过为国君。鲁昭公十二年(公元前530年)十月,甘悼公被刘献公所杀。

刘献公:人名,周王朝权臣。

甘家、刘家、单家:周王朝的权贵家族。

太子晋:周灵王太子,人称太子晋,温良忠厚,聪明博学,后被平庸的父亲贬为庶人。

第二十二章 成为背靠龙柱而坐的史官

> 圣人的治理之道,
> 是要让自己清心寡欲,不轻举妄动。

倒是周王姬贵把老子的状态看在眼里,记在心里。

在一次来宾的朝议上,周王室要跟诸侯议论纳贡的问题,诸侯很不给周王面子让会场显得极为难堪。小诸侯国愿意向周王室纳贡,但对他们来说,他们还要向大国进贡,负担太重了;周王只是名义上的,大国才能决定他们的安危,故给周王的进贡能马虎一点也就马虎一点,能对付就对付算了。大国可以向周王进贡,却不愿意放弃小国给自己进贡的好处,对他们来说,这种好处是他们费尽心机、费尽国力,通过威胁、战争等手段争夺到手的,不能轻易放弃。当姬贵要求各国讨论一下给王室的贡赋问题时,除了一些人重复地说明一下自己国家曾有过的贡献和现在的困难外，没有人表态。

三公也无能打破冷场的局面，天子不得不开口给自己和诸侯们台阶下。姬贵隆重地向大家介绍了王室新的守藏史——老子。他把老子说成大圣大贤大德之人，对天文地理、三代兴亡得失、周公之礼、诗书易乐都贯通的大才。姬贵说着说着，觉得自己做对了一件事，他想，别看你们中间有人发达了，但要论礼乐文明，还得看我家的。姬贵说：如果你们谁家把礼搞忘了，你们可以向老子先生请教。

各诸侯对老子刮目相看。姬贵很得意，他宣明，当着众卿的面，他要改一下史的规矩，他要老子记录时由站而坐，他可以背靠龙柱而坐。老子先生就是龙柱底下的史官，他本来就是柱下即藏书之所的史官，他是当之无愧的柱下史。

得到天子的礼遇，我的工作总算顺心了一些。我有更多的精力去阅读、清理典藏室里的图书了，那些图书我几乎都从常枞老师那里听过、学习过了。如今重读，感受更深。

我发现，尚贤的办法从黄帝起就开始了。黄帝跟炎帝、蚩尤大战，本来失利，按传统习俗，就该偃旗息鼓，退让一步，以与民休息，跟炎帝部落、蚩尤部落三分鼎足，建设、发展均衡的和平。但面对有史以来最伟大的战神蚩尤，黄帝使出了尚贤、尚技的全部本事，他请能人贤才，请旱神女魃，造指南车，利用风雨、大雾的天时地利，血腥地征服了对手。黄帝甚至一开始就把尚贤尚技的本事发展到最阴暗的人性高度，那就是从肉体上消灭贤德。他战胜了蚩尤，没有跟蚩尤相处共处的能力，就把蚩尤的头割下，示威天下。

黄帝的尚贤尚技使战争升级，使民众从属于部落、国家，展开了争夺，冷兵器时代的战争因此率先让阴谋加入进来。自黄帝以后，灭人之国的事更是频繁发生。自黄帝以后，民众的归属成了一个大问题，民众不得不被牢牢地绑定到家国天下的命运当中去了。谁叫你是蚩尤的人呢？谁叫你生为三苗之民呢？比起伟大的伏羲氏、神农氏来，黄帝应该有愧啊，他的胸襟、气魄都太小了。有人说伏羲神农时代，教而不诛；黄帝时代，诛而不怨，实际上他是诛而过分了。

尧舜以来的帝王更是举贤任能，贤才确实贤明了，但也因此把天下为公窃为一姓之私。伊尹、傅说、姜尚……都是大贤，因此说服人主挑动了战争。有扈氏灭国灭族的悲剧、后羿代夏和几十年动乱、夏桀的悲剧、血流漂杵的悲剧、"国人暴动"的悲剧……以及更多近代近世的悲剧，都可以追究到人们用贤的问题上来。

老子想，自己不是不推崇明贤，但关键是，谁来定义贤才？谁有资格任命贤德？观上古之世，贤德之人是自然而然地产生的，人们对贤才是天然地感受并以其为中心的。明贤受劳受累，为大家造福。明贤在众人之中而非众人之上，众人知贤而不自以为轻，众人从贤而自由自在地发挥自己的天性。

老子想，甚至那些真正一流的圣贤大隐无迹，他们跟众人一样自在，追求自己的兴趣，同时监督那些台面上的作为；必要时才会现出如天神般的才华以力挽狂澜，拯救天下。而在众人之中被认知的贤才不过都是二三流的人物，但对众人来说，二三流人物维系政治的力量、关系和发展，就已经足够了。

在周室的典藏室里，在跟周王室的故老重臣交流中，老子还发现，三代以来的很多战争，原来都缘于这种对贤德、财货的推崇。商代的武丁，也是雄才大略的君主，但他跟鬼方的三年大战，耗尽国力，争夺的只是几车石头。老子听故老传说，那石头其实是来自遥远西域的美玉。周穆王西征，获得的不过是四匹白鹿和四匹白狼。周昭王南征，溺死在汉水里，目的不过是要楚国的苞茅。这样的例子不胜枚举，耗尽了人力国力，也扰乱了人心。

因此，老子后来在总结一生的思想时，坚定地写了这样的话：不以识才善任标榜，这样人们才不会围着他争风吃醋，钩心斗角；不贪财好利，不看重难得的珍宝，这样人们才不会来偷窃；不让诱惑显现，这样人们才不会胡思乱想。所以，圣人的治理之道，是要让自己清心寡欲，不轻举妄动。在欲望上，心虚志弱，只求腹内充实，筋骨强健，保障身体的康乐而已。他没什么想法，人们也就不必去知道、去猜测他的想法，也就没有可能从他那里谋取什么好处，人们对他只能无知无欲，那些投机取巧的聪明人也就无机可乘，无事可为，不敢胡来。这是顺应自然、不加造作之道，这样治理就是无为而大治。认真的无为而治，就是无目的的合目的性。

老子本来想过是否要解释这种逆流而动的思想，使其更周密一些，但老子想，就让它片面一些吧，让它跟大家的顺势思维对立得更尖锐吧。老子不在乎人们说他也是靠贤能获得为王室服务的机会的，老子不在乎人们说他的矛盾。

> 不尚贤，使民不争；不贵难得之货，使民不为盗；不见可欲，使民心不乱。是以圣人之治，虚其心，实其腹，弱其志，强其骨。常使民无知无欲，使夫智者不敢为也。为无为，则无不治。
>
> 《道德经》第3章

人名事典

伊尹：人名，商初大臣。名伊，一说名挚。辅佐商汤王建立商朝，被尊为贤相，是历史上第一个以负鼎俎调五味而佐天子治理国家的名厨。他创立的"五味调和说"与"火候论"至今仍是中国烹饪的不变之规。

傅说：人名，从建筑工地上选拔出来的商代大臣，辅佐殷商高宗武丁安邦治国，创造"武丁中兴"的盛世。有"非知之艰，行之惟艰"的名言传世。

姜尚：人名，字子牙，吕氏，名尚，一名望，被尊称太公望，武王尊之号为"师尚父"，世称"姜太公"。

后羿代夏：有穷后羿，以善射见称，是东方夷人诸部势力比较强大的首领之一。他"因夏民以代夏政"，一度夺取了夏王室的统治权力。

武丁：商代君主，即殷高宗。在位时期，武丁任用贤臣傅说为相，妻子妇好为将军，商朝再度强盛，史称"武丁中兴"。

鬼方：夏商时居于北方与西北的少数民族。武丁讨伐鬼方，经过了三年才取胜。

昭王：即姬瑕，周朝第四位国君。周昭王亲自统率六师军队南攻楚国，全军覆没，昭王死于汉水之滨。

在大周的典藏室里观想天下

第二十三章

天地所以能长且久者，
以其不自生，
故能长生。

我对周王室的礼遇还是很感激的，毕竟有了一个这么好的机缘去了解三代以上的历史。尽管常枞老师跟我讲过一些，尽管乡野的纯朴生活让我感受过一些，但我还是震惊于上古人类的幸福生活。

我意识到，古往今来的时间尺度，跟上下四方的空间尺度，是相对的。宇宙之间有那样一个时空转换的拐点。在那里，时间空间化，空间时间化了。事实上，我还发现了，这个拐点存在于任何时代。那就是完全没被污染过的空间，即最纯朴的乡野生活，保存着最远古时间的本性，保存着远古生活的样子。

要知道上古生活的本相，就去观察乡野人民的世界吧。不要用国人、都人、城里人的眼光打量他们，不要用现在时的思维去理解他们，不要可怜他们，以为他们愚昧、不幸，跟自己的生活世界一样钩心斗角。不是这样的。我在曲仁里生活过，知道城里人、国人的思维或生活是怎么一步步浸入、渗透、污染一个世外乐园的。

那确实是世外乐园。人们没有货币的观念，没有珍异的想法，人们只是在特定的时间里"日中为市"，赶集，交换生活所需。人们靠天吃饭，也把大部分的时间用来取悦天神；人们靠地居住，也把大部分的精神用来崇拜大地山川。除了必要的农忙时节，人们大部分生活在祭拜礼祀的节日里，那些日子庄重、虔诚、全力以赴、激情、狂欢……我想，在农耕时代之前，狩猎时代的人们更为专注，他们在取得了食物之后，就一门心思地祭祀天地。

我从典藏室的图书中看到那些远古传来的文字符号，经常长久地感叹无语。我像是触摸到了上古的脉搏、心跳和笑容。那些符号，在我看来，单纯、庄严、美丽无比。我想，先人们想过果腹、想过休眠，甚至公开地坦然地想过性交。是的，无爱的性交，但又是多么专注、虔诚的性爱。但他们大部分精力用在想天地神灵，为天地神灵服务、积累、贡献、生活。先人们没有想过自己人中的贤才，没有想过自己中间的王者，没有想过还有部落、国家、宗族需要奉献、牺牲。

当然，老子最终想到，那个时空变幻的拐点还是在人那里。无论是乡野之人，还是先民，其实还多在黑暗之中生活，在不知不觉间生活，是具体的人感知并传递出时空的秩序、人生的经络，带领大家走出混沌并回向混沌,带领大家走向合众的欢乐并回向唯一的自由。

是的,是具体的人把时空给予了大家,他们就是时空、天地、大道的人格化身。那些先知先觉者有发现的欢乐和幸福,他们发明、发现了时间和空间,他们是时间和空间的拐点。要知道时间的长度、密度,要知道空间的广度,要知道文明,就去了解他们的心思吧。他们带动后知后觉者和不知不觉者,使后者有跟从、有认同的欢乐和幸福。那些先知先觉者就是一个乡、一个部族的大德、圣人,他们像太阳,给予了光和热,但他们更像月亮,照明了暗夜。是的,圣人是道路,他们如天地日月,如女性,如婴儿,吸引了大家的目光。他们因此被后人长久地纪念。

世界需要这样的拐点。如果没有这样的拐点,世和界就分开了,时与空就分裂了,宇跟宙就分手了,人们浑浑噩噩,忘了何年何月。就像传说中的商纣王,做长夜之饮,而忘了岁月。先哲们就是这样的拐点,他们赋予了我们人类以世界。他们甚至担心人类忘记了时间,因此把节日给予了人类;担心人类忘记了空间,因此把东南西北的方位给予了人类;担心人类忘记了时空,而把自己、把道给予了人类。

《道德经》第7章

天长地久。天地所以能长且久者,以其不自生,故能长生。是以圣人后其身而身先,外其身而身存。非以其无私邪?故能成其私。

我在大周的典藏室里观想天下,观想天地之道。由天地联想到好人、圣人,联想到那些经验一切又颐养天年的圣人。其实我们大家都应该如此,如果人要享受天然属于个人的权利,人就应该同意尽可能平和相处。生活不应为个人的力量和欲望所规定,而是要取决于全体的力量与意志。像叔向、子产那样的人不可能没有愤怒、私欲、卑劣,但如果说愤怒、私欲、卑劣也是个人的权利,那么他们就会跟外界陷入没完没了的争斗、仇恨。他们选择了另一种方式,尽管艰难,但他们在无愧身心之外,还成为天地间的精神,这才是天长地久的事业。

我总结道:众所周知,天地是长久永远的。天地之所以能长久存在,是因为它们不自私。因此,圣人将自己放在后边,不标榜自己的一己之知、之得,反而能够真正先知先觉;他将生命置之度外、不与人争利,反而能保全生命,获得大利。因为他无私,所以能成全他的尊贵存在——这最大的私利。

大道泛兮,其可左右。万物恃之以生而不辞,功成而不有。衣养万物而不为主,可名于小;万物归焉而不为主,可名为大。是以圣人之能成大也,以其终不自为大,故能成其大。

我对大道的作用有了自己的理解。我想过,道是上下左右四面八方无所不在的,是古往今来无时不在的。当人们漠视它时,它看起来很渺小、很无力;但一旦它反动起来,它的力量就是天地也将为之翻覆。三代以来,圣贤迭出,那些圣贤也是服从于道的。大禹,商代的伊尹、比干、箕子,西周共和年间的召公,西周的芮良夫、尹吉甫……这些圣贤曾经多么弱势,多么为人轻视啊,但他们守住了世道人心。虽然其中的一些人也曾变异,一些人的结局不幸,但他们实践大道的精神给了这个世界长久的安慰。我发现,人身成道时的作用最为光华灿烂,但后来人们最多接近道而不能成全道,甚至一些人只是闻道了就满足了。

大道是普遍的，它无所不在。万物依赖它而生，道却不去主管万物，它培育万物成功，却不占有它们。道养育万物而不以为是其主宰，可以说道是渺小的；万物归附于道而不知道，可以说道是伟大的。所以圣人能成为伟大的人，因为他自始至终都不自大，也不去折腾所谓的大事，所以能成就大业。

> 道生之，德畜之，物形之，势成之。
> 是以万物莫不尊道而贵德。
> 道之尊，德之贵，夫莫之命，而常自然。
> 故道生之，德畜之，长之育之。
> 成之熟之，养之覆之。
> 生而不有，为而不恃，
> 长而不宰，是谓玄德。
>
> 《道德经》第51章

老子在阅读思考中坚信了道的存在、德的存在，道德的存在如同月亮、女人、弱水、婴儿一样真实不虚。联想到西周、东周以来的历史人物，想象那些肉身成道的圣贤英雄，他们在世时为人忽视、议论，他们是弱势的代表，又是一切人的象征。在急功近利者眼里，他们的言行和生活是不值得的。但是，天长日久，人们认出了他们才是道成肉身的示现者。是的，对于软弱的人，他们是可依靠的；对于强梁者，他们是软弱的；对于一切人，他们就成为一切人。

在老子看来，道是通过德来展示其美好的。道、德高于世间的一切，道、德才产生了万物自然。道德产生了宇宙时空，道产生它，德给它形体，蓄养它，使它成长。所以万物没有不尊崇道的，也没有不以德为贵孔德之容，唯道是从。道之为物，惟恍惟惚。惚兮，恍兮，其中有象；恍兮，惚兮，其中有物；窈兮，冥兮，其中有精；其精甚真，其中有信。自今及古，其名不去，以阅众甫。吾何以知众甫之状哉？以此。

的。道的尊崇，德的贵重，并没有谁下命令给它们这种地位，而它们自己本来如此，它们永恒的本性使然。

所以道创造万物，德蓄养万物，哺育万物生长，使万物成熟，给它覆盖、保护，也使万物停滞，毁坏、覆灭。天生天杀，它是最大的创造者，又是最大的毁灭者。生成而不占有，有所作为而不恃功自傲，育养了而不主宰支配，这可以称作是玄德。

尽管有黄帝以来的变异，尽管有三代以来递嬗，我坚信，这一切都在道的作用之中。不要说那些坏的负面的，是道展开的教材；就是大德圣德也是道展开的过程，是其成果之一。至于乱世败德者，只是道所需要的材料；那是道坎陷之际的活的材料。我想，生活在材料的时代而非生活在形式、本质的时代，确实是不幸的，但也是道考验人心的严重时刻。道是万众之父，是万有之有。没有道，一切的演变、静止和运动都不会发生。道是本体，是理性，是心灵和精神。

我后来总结说，大德这个模范镕铸万物，可以说是大肚能容，唯道是从，完全服从于道。道这个东西，恍恍惚惚、微妙莫测，辽阔而无边无际。在恍恍惚惚、微妙莫测中，在无边而辽阔的虚空中，运行着宇宙万物；在微妙莫测、恍恍惚惚中,在无边而辽阔的虚空中,也有着那最高的抽象、图案和运行规律;在昏昏暗暗中,在幽深晦暝中,有着极精微细小的东西。这个精细的东西,是道的真实存在,其运行像守着信用一样有着恒定的规律。

就像乡间俚语,那些大白话说的,白天过后是黑夜,黑夜过后是黎明,冬天过后是春天……天道是多么守信啊!

自远古到今天,道的名字不会消逝,用它的法则就能观察万众之父——天的运行秩序,而不必迷失于某个人、某件事、某个现象之中。我怎么知道万众之父的本来面目呢?就是基于这种认识。

人名事典

日中为市:中午进行交易做生意,古代物物交换的集市方式。语见《易经》:"日中为市,致天下之民,聚天下之货,交易而退,各得其所。"
比干:殷商王室的重臣,辅佐殷商两代帝王,被称为"亘古忠臣"。
箕子:商纣王的叔父。他的名篇诗句:"麦秀渐渐兮,禾黍油油。彼狡童兮,不与我好兮。"
芮良夫:西周大夫,活跃在"国人暴动"前。他的名言:"匹夫专利,犹谓之盗,王而行之,其归鲜矣。"
尹吉甫(公元前852—前775年):黄帝之后伯儵族裔,族居中原,周宣王大臣。

清楚地感受到道的力量，它存在着

第二十四章

圣人能成为伟大的人，
因为他自始至终都不自大，也不去折腾所谓的大事，
所以能成就大业。

　　老子考察三代以上和三代以来的历史，他对古公的德论有新的理解。作为大周部落的开国者，古公对周王朝的奠基作用功不可没，他的德论也一直为贵族阶层传颂。上德不德，是以有德；下德不失德，是以无德。因为有牺牲精神，所以上等人有德；因为有斤斤计较的小利益小获得，所以下等人无德。听起来确实了不起，但这种理论跟大道还没沾上边，跟玄德、至德等道的作用相差十万八千里。

　　因为大德丧失了，人们才会把德建立在得失之上。古公的德论，不过是从日常经验总结的道理，他的德是建立在主观之私的基础上，他不过是要吃小亏占大便宜。他对别人宣讲他的理论时，他所想要的，比如

他的权力、他的宗族的利益,是丝毫不愿假借给人的。在这么一个争斗的现实世界里,他的让渡要么使他在世上失去权力,要么使他死后家族的利益丧失。这只是一个简单的道理啊。

同样雄才大略,纣王就比古公迂腐,结局也就不同。纣王败在宗教的自负上,从而失去了圣人之治最可宝贵的敬畏和健康之道。在行动上,他也把财宝都用于祭祀、用于战争了,他没想到积累真正的德。在一个硬软力量都将一较短长的时代,他完全无视这种力量即德行的积累。

春秋以来的得失比较和力量消长更变本加厉。鲁国大权为三桓掌握,鲁昭公被赶出去,死在国外,鲁昭公死在大德的缺失上,也死在他一无所有两手空空的现实里。晋公失之于六卿,六卿专政,晋公迟早要亡国绝祀;齐国大权旁落陈氏,姜姓政权迟早要亡国绝祀。一句话,光懂得揽权弄权,而不懂得德之力量的积累,那是死路一条。

老子想到,古公不过比目光短浅的自私之辈要聪明一些,他知道事物的变化微妙而已。任何一个观察到变化之道的人都懂得:要收敛它,必然会姑且扩张它;要削弱它,必然暂且加强它;要废除它,必定会暂时抬举它;要夺取它,必定要暂时给予它。这种姑息其实是让它尽快地走完自己的生命周期,一时放纵,尽早地释放完自己的力量。这种姑息,其实是避开锋芒,是一种时空利害的交换。这种姑息,可以称作预见了微妙变化的大

将欲歙之,必固张之;将欲弱之,必固强之;将欲废之,必固兴之;将欲夺之,必固与之:是谓微明。柔弱胜刚强。鱼不可脱于渊,国之利器不可以示人。

《道德经》第36章

聪明。

但姑息不能走向姑息的反面，所谓往而不返。就像鱼儿不可离开深渊一样，治理之道也不可脱离众人而独立存在。国家的锋利武器，如核心权力，如日常治理，不可以甩手给予别人。如军警力量，不可以丢人现眼，动不动耀武扬威，去管制干涉普通人的自由。

想到把大周的开国建设者都看透了，我不禁有一种快意。我将把我的理论说出来，让万众认知。我想，自我以后，那些真相、秘密就不会再在上层传播了。我要把王侯的那点事告诉所有能看到我的著作的人。

我站在谁一边呢？那些真相或秘密并非我提倡，并非我主张，而其实是现实本身，我的工作在于揭露、描述。只要我说出来，只要人们都知道，一个王朝的阴谋、政变，统治者的横暴，才能为大家所校正、监督。

我还认识到，如果离开自然之道，如果政治不以神为中心而只以人的欲望为中心，那么一切迂腐的观念也就产生了。听说齐鲁国家的儒生开始大力提倡食色作为人性的正当，并引周公之礼，说什么饮食男女，人之大欲存焉。这是在周公误导的基础上再次误导万民啊。

我想过，以神性为基础的人性被废了，人欲就会成为借口。取悦天地之道的饮食废了，就会有饕餮之徒和节食主义者。取悦生生之德的性交被忘掉了，就会有妻妾成群和鳏寡孤独的现象。我想过，在人欲泛滥中，忠孝节义反而被当作模范倡导，那种自然的人情物理被强行制定为人世的榜样，不正说明人间的败乱吗？

据说，仁就是守住自己的位势，就是让人们安分守己；义就是禁止人们破坏既有的秩序。我还听说，仁就是让人

> 大道废，有仁义；智慧出，有大伪；六亲不和，有孝慈；国家昏乱，有忠臣。
>
> ——《道德经》第18章

感恩，感恩活着，就是让人为自己的不仁言行痛哭流涕；义就是讲付出，讲朋友义气。仁和义是一手软和一手硬。废弃了大道，人们就转向讲仁讲义；一旦借助于仁义，所谓假仁假义就出现了，这是因为自然大道被废置了。所谓的开发智慧，即那种分辨仁义的知识能力，就会有大欺骗的事情发生；国家背弃了大道，导致父子、兄弟、夫妇等六亲不和睦，就会有国家力量来推行标榜孝慈的现象发生；政治清明，无为而治，各司其职，无须临难见忠贞；只有国家昏乱的时候，才会出现忠臣，那时的国已不国了。

老子居周都洛阳，以观天下兴亡之道，遥想洪荒草昧之际的先民生活，他的结论是，弱肉强食不是人世的规则。但在今天，暴力、强权却左右了一切。天地废，大道隐。道似乎消失了。

但老子清楚地感受到道的力量，它存在着。就像无月的晦暗之夜，但月亮是在的，人们都知道也都期待月光的出现。道的作用在于，使更多的人去认识它；如果人们忘掉了它，乱世的悲惨结局就会让人们呼唤它、接近它、请求它。老子想，常枞老师就是从"国人暴动"的现象中感受到道的作用的。只是对道的体悟，有主动有被动，有先有后罢了。老子想：我的使命就是向人们尽可能说清楚道。

在想象中，老子觉得自己有了《诗》一样的思维，觉得诗比话语更真实。诗比一般的话语更接近道。就像月亮，看它看不见，把它叫作"夷"；听它听不见，把它叫作"希"；摸它摸不着，把它叫作"微"。这视之不见，名曰夷；听之不闻，名曰希；搏之不得，名曰微。此三者不可致诘，故混而为一。其上不皦，其下不昧。绳绳兮不可名，复归于无物。是谓无状之状，无物之象，是谓惚恍。迎之不见其首，随之不见其后。执古之道，以御今之有，能知古始，是谓道纪。

三种特征是不可思议的，不可区别算计清楚明白的，所以说它是浑融不可分的一。

它的上边，道的高妙处是不明晰的；它的下边，万物的展开又是清清楚楚的。道产生万物纷纷纭纭，这个过程不可名状，它最后回复于无，回复到道那里。道的存在，就是没有状态的状态，没有形象的形象，这就是惚惚恍恍，微妙莫测，若有若无。

它无边无际，没有头尾、先后、中心。迎着它，看不见它的头部；跟着它，看不见它的尾部。把握住亘古以来的大道，以驾驭今天的万事万物，以明白太初之开端，可称为道的原理法则。

人名事典

三桓：春秋鲁国卿大夫孟孙氏（亦称仲孙氏）、叔孙氏、季孙氏三大家族。因为三家出自鲁桓公，故史称"三桓"。

鲁昭公：鲁国君主。公元前542年即位，前517年，鲁昭公大权旁落，不甘心而伐季孙氏，失败后客死异国。

六卿：晋国六卿，即赵、魏、韩、范、智、中行氏六大家族。

陈氏：陈国的陈敬仲到齐国安家坐大，他的后代最终取代姜太公的姜姓齐国政权，史称"田陈篡齐"。

给周天子和大臣们讲课

第二十五章

民众就是暗网,就是水,
就是道。

姬贵在位日长,越来越焦虑于自家的威望之低。寿则多辱,他活着似乎成了一个笑话。他想出了一个又一个主意,到头来总是竹篮打水一场空。那些世家望族,看着他着急,却无动于衷,刘家、单家、召家、甘家、尹家……他们竟不知道大家是一条绳上的蚂蚱吗?

姬贵起用新人不能,他喜欢朝儿,喜欢宾起大夫,喜欢南宫极,这些人有危机感,有变革心思,有朝气,但他们根底浅,做不成事。要让他们得势做事,只有他来铺路了。如果他不能做实几件事,在他百年之后,不仅宾起们死无葬身之地,就是朝儿也没有好结果啊。

姬贵因此用尽心机做事。当他利用诸侯朝议的机会,隆重推出老子时，不禁觉得自己向成功之路迈开了一步。不仅要让诸侯们接受老子，也要让王室的重臣们接受老子。

姬贵召见老子，跟老子谈起开国建设者的嘉言、令德，那些美好的话语德行，不禁感慨系之。他突发奇想，能不能让老子把先王的话、先贤的治国方略整理出来，让王室成员们学习、纪念、重温呢？

我对古公、周公们已经不以为意，那都是些已死的话语人物，他们或它们诚然正确得可敬，但他们已经远离了，无能穿透现实的物理、事情、人心；在今古时空中，只有道是无论古今的，古之道即今之道，但道的显像显形绝非先人发明发现后，就定像定形了，它仍需今人的努力，去担当，去成全。不过，既然周王有此命令，我觉得整理一下未必是坏事；而且我还可以把那些好的东西做重点强调，可以把我的大道学说放进去一部分。

周王让我准备一下，给王公大臣们讲讲先王之道。我就当是王室的学习计划吧，我会用心准备的，关键的问题是能否把我的无为思想跟古公的得失理论结合起来。我知道，关于自己的"三绝"主张，正在贵族中间流传。有些人说我是反智，开历史倒车的人；有些人则说我深知先王之道，是黄金时代最后的守望者。

讲道的日子到了。我在天子的安排下，把守藏室外面的明堂清理整洁，大家济济一堂。周王说：坐在列祖列宗的光荣遗产里，看到先祖们的图典、书策，不知众卿有何感想？无论如何，我们坐在这里不是坐以待毙，我们要发愤图强……当年，孤的兄长——太子晋活着的时候就一再想变法改革。孤坐位多年，寡德少义，有愧兄长，有愧祖宗……好在孤还有知耻之勇，还有众卿家在，大周的天下仍会康强下去。现在请老聃先生给大家讲讲先王之道。众卿家对文武周公的大

业虽然不陌生,但温故知新,一起学习可以同心同德,共建大业。听说前两年鲁国人质疑我们的学习能力,对老聃先生的绝学弃智有误解,说我们有人标榜"可以无学,无学不害",说我们得过且过,下陵上替,能无乱乎……

周王说得啰唆,有些大臣都不耐烦了。我没想到姬贵还记恨鲁国的议论。鲁国人论学,跟我的绝学弃智没什么原则冲突啊。人们对学抱有功利态度,那么对不学的理解同样也是功利性的。我看了一眼周王,周王会过意来,他哈哈一笑,说自己就不占用宝贵的时间,请老聃先生开讲吧。

老子对这样的讲道提不起精神,但他还是努力地庄重地回顾了从古公以来的王道业绩。老子强调说,古公的得论曾经著名一时,现在没有多少人提了。其实在今天仍有意义,那就是作为治理者,作为王侯,不能在乎一时的得失,不能在乎眼前的得失,要舍得。只有舍得,才有真正的获得,才有真正的美德。

周王跟着老子一起朗诵了古公的德论:"上德不德,是以有德;下德不失德,是以无德。"单穆公、刘献公等人看着姬贵也朗诵了,只得跟着朗诵起来。

王子朝听得很认真,老子看他一眼,知道他是想听出个门道来,但他很快就有失望的表情。老子明白,他虽然觉得自己讲得有些道理,但直觉上觉得不太对胃口,不能解决他的现实需要。老祖宗的德论是在一无所有时说的,他王子朝现在的情况不是这样的,而且他会觉得得失之论针对单家、刘家、甘家才是说得过去的。

老子小心翼翼地说,古公的德论在今天的意义,不是字面意义上的得失。因为大家都是世代相传,有积有得,不可能把已有的获得丢掉,重要的是在于看轻自己积得的财富,要随时准备散财,来自天地人间,也要还于天地人间。更重要的是,古公思想的实质意义在于弃绝那些表面上的张狂之举，弃绝自作聪明的干预，弃绝追新逐异的侥幸和虚荣。这方面，周武王时代的史官史佚先生说过，居莫若俭，德莫若让，就把古公的思想发挥得很好。

多年以后，我在函谷关楼观台上给关尹、军士们讲道，不禁油然想起当年在王室的这些情景。往事历历在目，人生实难，大道多歧，但幸运的是我仍从各个方面接近了道的博大和完整。

当年那些听讲的人都已经逝去。周王姬贵崩了，他被谥为景王；王子猛，就是后来的悼王也死了，他似乎一生都没快活过、舒展过；王子朝死在异国他乡；宾起横死；还有那些我已经忘了名字的大夫不禄了；单家、甘家、刘家也衰了……他们当年，固然都是一世之雄也，而今安在哉？

道是公正无私的。人身难得，人的一生有很多种活法儿，每一种选择都会得到大道的平衡。追求福分，就得接受某种报应；聚敛收藏，就有丢失损耗；在这里追求成功，一定在那里就要接受失败。

治理国家要堂堂正正，不能搞阴谋诡计；至于兵事，是自然和人类出现残缺畸变之际的产物，因此其原则跟治国不同，它生于"奇"而用于"奇"，打仗作战要出其不意；治理天下要有无为而无不为的整体思想，争取天下当采取清静无为、与民休息的办法。

执政者不能去算计别人，更不能去算计百姓。上古时代，无为者就是大家的帝心，就是大家的帝。大家也知道，从黄帝到尧舜，都是不下席而天下治，垂衣裳而天下治，靠的是什么？就是恬淡无为，不杀不诛，而民自化。开国领袖古公遵循的也是这种无为而为的治道。

《道德经》第57章

以正治国,以奇用兵,以无事取天下。吾何以知其然哉?以此——天下多忌讳,而民弥贫。民多利器,国家滋昏。民多伎巧,奇物滋起。法令滋彰,盗贼多有。故圣人云:我无为,而民自化;我好静,而民自正;我无事,而民自富;我无欲,而民自朴。

我是怎么知道这些办法的呢?是因为我看到了。我看到了,朝政的禁令越多,则违反禁令、反叛朝政的人就越多。大家的陋俗忌讳越多,民众就越贫困。民众的新工具越多,谋利的手段越多。加大管制的力度和镇压机器越强大,国家也就越加昏乱。民众的生存技巧越多,新奇的产品、奇案怪事也就越多。把人们的生活划定等级范围的法令越明白示众,盗贼也就越多。所以古公在建国纲领上说:我无为,民众会自动归化、进步;我好清静,民众自会走上正路;我无事,民众自己富足;我无欲,民众会自己淳朴。

我看到周王也略皱起眉头,我明白他是想有所作为的。我说,对比周公,古公少一些江山社稷的责任和包袱,他更能够像圣人一样。什么是圣人?不傲无告,不废穷民,嘉孺子而哀妇人。圣人没有成见,无可无不可,他以百姓的心意为圣人无常心，以百姓心为心。善者，吾善之；不善者，吾亦善之；德善。信者，吾信之；不信者，吾亦信之；德信。圣人在天下，歙歙焉，为天下浑其心，百姓皆注其耳目，圣人皆孩之。

自己的心意。善良的人，他以善良的态度对待；不善者，他也以善良的态度对待。这样就可以使人人向善，这样就得到大善。诚信者，他以诚信的态度对待；不诚信者，他也以诚信的态度对待。这样就可以使人人诚信，这样就得到大信。圣人在天地间生活，以身作则，以俭德自处，收敛和顺，使天下之人心归于浑朴。百姓都专注于视听外物，与物迁移，对那些跟他们生活相关的君王圣贤，可以说有千万双眼睛盯着，千万只耳朵竖着。俗话说，群众的眼睛是雪亮的。圣人则像孩子一样观察现实和未来，他对一切都采取微笑接受的态度，他在心里对大众则一直保持着敬畏的态度。

老子看到周王听得舒展起来，知道他听得片面。老子再一次抬出道来，老子说，一些计谋只能谋得一时，如果顺从大道就能谋得永久。无论是由于民众的赞同而成为君主的炎帝、黄帝，还是由部族、君主的赞同而成为君主的尧舜，都念兹在兹他们与民众的关系。民众就是暗网，就是水，就是道。古代善于以道治国的，就是善于疏导民众情绪的人，他们不是以让民众对真相知道得一清二楚为目标，而是以让他们淳朴为目标。民众难以治理，就是因为他们多有自以为是的才智。所以说，用才智治国，是国家的灾害；不用才智治国，是国家的福分。这两者也是治国的法则。经常把握这个法则，就是合乎道的品德。合乎道的品德深邃、远大，与事物的表象相反，有了这种品德就可以万事大吉。

古之善为道者,
非以明民,将以愚之。
民之难治,以其智多。
故以智治国,国之贼;
不以智治国,国之福。
知此两者,亦稽式。
常知稽式,是谓玄德。
玄德深矣,远矣,
与物反矣,
然后乃至大顺。

《道德经》第65章

听到老子说对民愚之的话,大家一时高兴起来。一些人甚至交头接耳起来,他们觉得,连老子这样的大学问家、大思想家都主张愚民,看来他们以前的作为也是符合道理的。老子叹息,人总是只听对自己有利的话,却不愿把握全面的真实。

当周王宣布这一次的王室讲道圆满结束时,大家纷纷给老子抱拳作礼。身份地位不同,作礼的样子也不一样,有的只是稽首,有的是拳掌作揖,有的是深深地鞠躬,有的是作揖而又鞠躬,头则深深地低下去……

人名事典

召家、尹家:周王朝的权贵家族。

宾起:虚构人名,书中为周景王宠臣,支持王子朝。

南宫极:人名,王子朝部将。

可以无学,无学不害:事见《左传·昭公十八年》。

单穆公:人名,周王朝权臣。

垂衣裳而天下治:垂下双手,无所事事,无为而天下治。

语出《易经》。

第二十六章 写下《德经》和《道经》，文稿铸于无射钟

抟土做成器皿，
只有其中有空虚处，才会发挥器皿的作用。

我后来在楼观台讲道时，想起这一幕情景，不禁感叹，这些庄严的礼仪一旦离开大道人心的加持，是多么僵硬可笑。事实也是，他们并不敬畏他们表现的礼仪，他们自乱礼仪，终将灰飞烟灭，活过一生而不能平安静好。

而在当时，我很快接到旨意，周王希望我能把先王的德义治道写成文字。他要铸钟鼎，将文字刻上去，让天下人都知道大周的王道。

周王还说，他深知我是一个有思想的人，不要怕写错话，

能够把古公、文武周公的令德概括、升华，那是最好不过了。他希望通过先王的丰功伟绩、嘉言懿行，以及我的理论，能够使当下的治道、世道发生变化，有根本性的变化最好。周王还让人转达了已故太子晋的名言。太子晋对国运世道忧心忡忡，承认自己"朝夕儆惧"，省思自己"其何德之修而少光王室"，太子晋也遗憾自己和大家"未观夫前哲令德"，使世风日下，没有节制。

我因此写下了《德经》，尽管苦于思密字少，文字实在不能精确地表达我的意思，但我的任务完成得还算不错。意犹未尽之余，我又加写了《道经》。我知道，这是给治理者看的，给治人者看的，更是给治身者和治心者看的，所以我写得矛盾、含糊。如果有人以为我给特定的人群提供了肯定的答案，那他们一定误会了我的意思；如果人们以为我提供了某种人生的道理，那他们一定误会了我的意思。人们可以说子产、叔向、晏婴还有鲁国的儒生们伺候过特定的人群，但我阐明的道绝不是伺候特定人群的，它属于一切人。人们可以说历史中为善为恶的人物都提供过某种人生的道理和教训，但我的道属于一切的人生。

但我相信，我的文字是给王者看的，什么是王，能生万物即王，能贯天地人三者即王，能归二、归一、归道者为王。我希望千秋万代的人们明白，要做地上的王者，这是我们大家一生的事业，每一个人都该做王。

姬贵认真看了老子呈上来的文稿。不用说，他非常满意。以他所受的王族教育，以及他几十年的治理天下的经验，他承认，老子的学说是伟大的，虽然在目前看来难以实施。但姬贵想，他一生能为千秋后世提供这样一种包罗宇宙万象之道也是值得的。

当时的人们习惯了用鼓声和钟声传播行令和律令，比如进兵时用鼓声，收兵时用锣声。周王室的老礼是，不同的律令用不同的钟来传播，一共有六种钟。所以，当子产铸刑鼎的时候，很多人反对，姬贵其实是支持的，他不认为那是越礼、犯上，或开了恶劣的先例。后来的成绩证明了他和子产是对的。公布大纲大法，是可以给人们提供方便的。

姬贵决定将文稿铸上大钟，王室很久没有在这方面支出了，他知道这是一笔不小的开支。但为了弘扬大周的王道，这是值得的。何况他内心里还想听听大钟的声音，做了几十年的王，还没有多少美的享受。有了大钟，就能举行有本王特色的祭祀活动了。没有本朝代的大钟，没有属于自己的作品，没有文治武功的产品，怎么能让后人纪念他呢？这次铸钟正好一举数得。

姬贵为此问了元老重臣，伶州鸠说，按周礼，宣哲人之令德，示民轨仪的律法和经书，应该铸到一种叫无射的大钟上。射者，是传统的六艺，是华夏人民关于认识、联想、推敲、意志和目的的学问，它是智的直觉，又超越了智的直觉。无射，并非不射，而是当其无、有生之用的意思。虽然伶州鸠话里话外有劝阻姬贵的意思，但姬贵对伶州鸠的解释很满意，他记得老子的文字里有关无和有的表达。

三十辐，共一毂，当其无，有车之用。埏埴以为器，当其无，有器之用。凿户牖以为室，当其无，有室之用。故有之以为利，无之以为用。

三十根辐条环绕轴心构成车轮，只有其中有空无处，才会发挥车的作用。抟土做成器皿，只有其中有空虚处，才会发挥器皿的作用。开凿门窗造房子，只有其中有门窗等空间了，才会发挥房子的作用。所以说，实体之有给人们便利，但要有其空无才会发生作用。

姬贵想，老子真是大才，这样寻常的现象随便拿来就能说明天下大道。是的，只有把王道大纲、大法变成文字实体,才能给人们以便利;只有那文字表达的东西有足够的空间,人们才能自如地运用到生活中去。

我不知道姬贵是怎么考虑的,但他要把我的文字铸到无射钟上,我还是有些感激的。我并不看好铸钟的效果,这跟子产铸刑鼎完全是两回事。子产是实力人物的实用主义做法,自然很快见效。周王日薄西山,何况在大家都寻求可操作性,都关心下一顿饭吃什么的情况下,我的道也好,先王的德也好,都大了一些,都远了一些。人们一时半会儿不明白道和德的大用,甚至一两代人的时间也不一定明白。但我觉得,周王能将其铸钟,仍有不可磨灭的意义。《道经》和《德经》一经问世,就有它自己的命运,就会去寻找有缘人。

当我坐在典藏室里,再三回味我的文字时,不禁有一些回甘的感觉。当然,还是有一些表达欠准确,我希望会有精益求精的机会。

当我觉得自己一生中最大的事做得差不多了时,宫里遣来使者,宣示说周王赐给我一小块土地。离郑国国界很近的一个乡,名叫南之沛。据说,王室调查了我的先祖,发现也是大周的远房子孙,在文武周公时享有南之沛一带的封邑。现在赐给我的地盘算是物归原主,虽然只有一个乡,但田园风光,适合清修。

我很感谢周王的眷顾,我不求在天下有一块土地,不过,知道自己有一小块地盘还是觉得安心踏实。人真是奇怪啊,我还以为自己的心不为所动呢,但它还是会动一动的,它真的动了一动。

人名事典

无射钟：春秋后期，各国都先后变法，周景王也想发展王道、统一诸侯。子产在郑国铸刑鼎十四年后，周景王也在王城洛阳铸成了无射钟，被论者称为景王变法。

子产铸刑鼎：华夏政治改革史上的大事。子产，名侨，又叫公孙侨，是春秋后期郑国的执政。郑简公三十年（公元前536年），子产铸大鼎，将国家法律条文铸在上边，把鼎放在城中繁华之处向世人公布。

伶州鸠：人名，周景王时的乐师。

南之沛：地名。

周王室决定不传播老子的思想

第二十七章

有了慈悲所以能够勇敢；
有了谦卑俭朴所以能够扩张力量。

姬贵确实只有空架子了，为铸无射钟，王室东挪西凑，竟花了三年时间才铸成。老子没有参与其事，却一直清楚其中的艰难过程。老子真希望大臣们、列国国君们能够明白周王的苦心孤诣。即使周王真的糊涂、昏聩，总还是有其高尚的超越的一面。老子对周王有一种说不清、道不明的痛惜。

但老子没想到，钟铸好了，单穆公却公开出面反对，据说他一开始就反对了。老子意识到了问题的严重性、复杂性。老子想，自己可能冒头了一些，随即检讨自己是不是做事太急躁了。好在反对者根本没把老子当一回事，他们反对的是姬贵所谓的变法（景王变法），他们认为那都是瞎折腾。单穆公说："有狂悖之言,有眩惑之明,有转易之名,有过慝之度……三年之中而有离民之器二焉!"句句都是冲姬贵而去。

口才很好的姬贵几乎一声不吭,他知道,此时单家不是代表自己说话,单穆公代表了王室周围的庞大势力,还有他家的靠山,那个诸侯中的强霸国家——晋国。单穆公也给了周王一个台阶下,他提出的建议是,既然老聃先生说过邦之利器不可示人,这个无射之钟也得秘藏起来,只有少数有资格的人才能观看、抄录。

姬贵想也只好如此了。他想起了子产铸刑鼎时候的事,郑国的贵族也出来反对,还装神弄鬼,说什么看见鬼显灵了,并且预言说鬼要杀死两个大夫,果然两个大夫死于非命。子产心知肚明,也只好安抚人心,并封立了两家心怀不满者的子弟为大夫,一下子天下太平,鬼再也不来了。姬贵想,他连子产都比不上啊,他没有钱也没有职位安抚不满者。刘康公曾说,国之大事,在祀与戎。跟人开战,他想都不敢想;现在他掌管天下多年,连有自家特色的祭祀权都不能享用,他这个王和王的国还有什么大事呢,还有什么意义呢?

治大国,若烹小鲜。以道莅天下,其鬼不神。非其鬼不神,其神不伤人。非其神不伤人,圣人亦不伤人。夫两不相伤,故德交归焉。

老子曾说,治理大国就像煎小鱼那样,不要乱折腾。用道来治理天下,鬼就不灵了。不是鬼不灵了,是它的力量不伤害人。不仅鬼不伤人,圣人也不伤人。两不相伤,这样就各得其所,天下太平了。

姬贵想,难道是他折腾吗?不折腾是等死,折腾说不定还能闯出一条活路呢!他现在只能停下来,他跟单家、刘家等也不过是暂时休战,他们还是要相伤的。

有资格看到无射钟的晋国君臣们了解了老子的思想,据说,那个先知般的乐师师旷评价说,这是修义经的盛德之举啊,可惜没有人重视。

我后来想,姬贵也只能如此,即使重臣不反对,他铸了钟又能如何？听个响声？以王室的资源,这个响声不会传到卫、宋、齐、鲁,即使齐国、鲁国的君臣听说了大周的王道经书,也不大会有兴趣来观看、抄录。因为观看、抄录不会变现成财货、兵器。我想,好话出于衰败弱势者那里,也没有人听的,大家会把它抹杀。

我听说了师旷的评价,这个"国际闻名"的人物,我自年轻时就听过他的事迹,没想到人到中年,跟他有了这样的一种联系。我想,这就是道的作用,殊途同归,正如一切善念终将相遇一样。不过,我想,他的感叹里是不是有认为我的文字太大而不切实用的意思呢？他应该是懂得我的,只是他也知道这是一个强权而无公理公道的时代。我的人生大道原则跟强权推崇的相反啊,跟强权理解的实力、勇敢又完全不一样。

我从这次的事件中也得了一个教训,那就是,虽然我对自己的思想深思熟虑了,但这个思想不可能作为天下的标准。一个以为自己敢于为天下先、为天下人标准的言行要么是自欺,要么是欺骗他人；以为自己代表天下的前沿或终极,妨碍了天下人自己的创造,要天下人来遵从自己,这是天真或别有用心的罪行。当然,我在这件事中并不失落,因为我的谦和俭素不是出于虚荣,而是出于慈悲。所以我面对失败并无怯懦,即使血气之涌流过后,我也无空虚寂寞。

我越来越清楚,我们拥有的最大的人生之道是不能落实的,但它照耀了我们的一生。我有三个法宝,拥有它们而发挥着宝贵的作用：一是慈悲,二是谦卑俭朴,三是不敢为天下先。我这次可能为先了一次，结果仍是遭遇失败的命运。

有了慈悲所以能够勇敢；有了谦卑俭朴所以能够扩张力量；广有积蓄，不敢为天下先，所以能够成为天下的首领。现在的人们舍弃慈悲只取勇敢，舍弃谦卑只取扩张力量，舍后而去争先，不留余地，不给别人生存的空间，这就叫作入了死门。以慈悲进行战斗则能胜利，以慈悲进行守卫则能坚固。上天会以慈悲救助，会以慈悲护卫。

> 吾有三宝，持而宝之：一曰慈，二曰俭，三曰不敢为天下先。夫慈故能勇，俭故能广，不敢为天下先，故能为成器长。今舍慈且勇，舍俭且广，舍后且先，是谓入死门。夫慈以战则胜，以守则固。天将以慈救之，以慈卫之。
>
> ——《道德经》第67章

姬贵的王位坐得窝囊。有一年，印象中是铸钟的五六年前，他的王后去世了，各国都派使者来参加丧礼。周王本来希望通过丧礼收一笔财宝，毕竟办丧事也要花钱，他要是只花钱不收钱，日子就更难过了。不仅周王如此想，就是几大世家也希望能收到礼物。果如所料，鲁国、齐国、宋国、卫国、楚国、秦国都派使者来参加葬礼，对王公大臣各有表示，只有邻近的晋国派了代表，却没有给周王礼物。

姬贵很生气，他不是一个有话就放在心里的人。丧礼完毕，除去丧服，姬贵和晋国的使者荀跞、籍谈饮酒，用鲁国进贡的壶做酒杯。姬贵越想越生气,就问他们:诸侯都有礼器进贡王室,为什么独独晋国没有呢?

荀跞让籍谈回答这个问题。籍谈想的是:天子啊,你已经不是我们的王了,叫你一声贵哥总可以吧,听说王室私下都叫贵哥了。但籍谈说的是:诸侯受封的时候,都在王室接受了明德之器,所以能有彝器进献于天子。晋国住在深山,我们离戎狄那么近,离王室那么远,戎狄与我们为伴却远离王室,天子的福威达不到我们那里,我们顺服戎狄还来不及,怎么有能力给王室进献彝器呢?

姬贵反驳说:你这话是怎么说的?唐叔是成王的同胞兄弟,当年没有分得赏赐吗?密须的鼓和它的大路之车,是文王用来检阅军队的;阙巩的皮甲,是武王用来克商的。唐叔不都接受了吗?襄王所赐的大路、戎路之车,斧钺,黑黍酿成的美酒,红色的弓和勇士,文公不也都接受了吗?让文公保有南阳的土田,安抚和征伐东边各国,这不是分得赏赐是什么?有了功勋而不废弃,有了劳绩而记载在史书上,用土田来奉养,用彝器来安抚,用车服来表彰,用旌族来显耀,子子孙孙不要忘记,这就是福分。这种福不记在心里,你的心到哪里去了呢?而且从前你的高祖掌管晋国的典籍,熟悉国家大事,所以称为籍氏。你是司典的后代,为什么恰恰忘记了呢?

周天子的一席话说得籍谈哑口无言。

客人都走后,姬贵连声说:太没有礼貌了,太没有礼节了,太没有礼仪了。籍谈的后代恐怕与福禄无缘了吧,数典忘祖啊。

我到周王室后发生的这一事件,各方言论和反应是事后才拼凑出一个轮廓的。老实说,我很为周王难过,也为周王的口才高兴。

但很快,贵族中流传晋国的反应,晋国著名的大夫、学究天人的叔向表态说,天子恐怕不得善终了。据以欢乐的必以此致死。现在天子苦中作乐,主动要求礼物,很不合礼

啊。三年的丧礼，虽然贵为天子，服丧也要满期，这是礼。即使不能服丧期满，招待列国使者也不能开宴饮奏乐，至少天子钟鸣鼎食的行为也不能太早。礼是天子奉行的重要规范。这一次招待晋国使者却有两次失礼行为，这就是忘了规范。言语用来稽考典籍，典籍用来记载行为规范。记了规范而多以言语，数典又有何用？老子不是说过了吗，多言数穷，不如守中。

听到叔向的辩解和预言，我不禁又佩服起叔向来。天下之大，人才还是足够的，只是人们未尽其才罢了。叔向虽然有为晋国巧辩的心理，但也从礼的角度说明了人的命运。据王室贵族们私下议论，贵哥和叔向的预言都是对的。籍谈家族无福了，贵哥也将死不瞑目。他们确实都违礼了，违礼将遭报应，这就是礼的作用。命由心生，运由礼定。这就是礼治时代的秘密之一。

我对礼有了进一步的认识，礼节居然能够参与人的命运，细想之后，我也同意有其道理。人一旦生活在礼的世界，必然受礼支配，怪不得礼乐制度能够流行几百年而让那些一流的天才都为之俯首低眉。非礼勿动，非礼勿听，非礼勿视，非礼勿行。

既然被周王宣称是当世最懂礼的人，我想自己也确实应该对礼有全面的了解才是。就像周王说的，人不能数典忘祖啊。因此，除了阅读图典，我的大量时间也是在跟周王室的故老、戚贵、卿士们谈礼的形式和内容。我想，也只有如此，才能消除大家对我的反感和敌意。

人名事典：

荀跞：人名，智氏，名跞。春秋后期晋国六卿，智氏之主，智氏家族复兴的奠基人。

籍谈：人名，晋国大夫，其祖先世代管理晋国典籍，故以籍为氏。

唐叔：周武王之子叔虞，晋国始祖。周灭唐（今山西翼城西）后，把唐封地给他，称唐叔。他的儿子燮继位以后，因唐地南临晋水，就改称晋侯。

密须：国名，密须国经历了周成王、周康王、周昭王、周穆王四朝后，被周恭王派兵所灭。

阙巩：国名，为商和西周时封国。阙巩国所产的铠甲质地优良，一般箭矢不能穿透。

洛阳的上层，人人谈起礼的话题

第二十八章

> 当天下都装模作样地克己复礼时，
> 都煞有介事地弘扬传统时，
> 礼乐、传统就是丑恶的。

老子跟人谈话的一个特点是，老子很善于引出对方的谈话兴趣，从而捕捉到自己所要的最精微的内容。当然，老子并不只是索取，老子也会把自己所知道的东西告诉对方，跟对方分享。

关于礼，老子几乎知道周公制礼的全部内容。但老子在跟大家谈礼时，总是在让人讲明何事用何礼之后，举例说明。哦，那些例证，都是他们一生经历的重大事件啊。

祭礼，在老臣心中，还是以天子的郊祭最为重要，那是祭天之礼。那是天下的大事。天下人一生中何思何虑，一年里何思何虑，就是为了能够参与祭天之礼。王室的礼部官员大宗伯以及世代为王室重臣、德高望重的刘献公、甘平公、单穆公，在跟老子回顾周礼的美好时，都感叹异常。到大周时，祭天之礼就增加了次数，变成了四时之祭。

是的，老子此时就会补充老臣的话说，周公的四时祭，春祠、夏禘、秋尝、冬烝，各有讲究。春天的祭礼叫祠，那时候田野山泽还没有什么出产，收获微薄，所以说是祠。夏天麦子熟了，用麦子祭拜天地，所以叫禘。秋天收获谷子了，让老天爷尝尝新谷，所以叫尝。烝是众多的意思，冬天积蓄得多，所以叫冬烝。老子还想到一个细节，四时的物产，比如春天的韭菜、夏天的鱼、秋天的黍子、冬天的大雁，也都是重要的祭品。所谓春秋改节，四时迭代，蒸蒸之心，感物增思。不用说，老子的这些话，得到了大宗伯的肯定，得到了刘、甘、单等人的敬服。有意思的事是，人们相见习惯于寒暄年龄，从年龄入手获得谈资。高寿了？哪一年生人？听说老子是庚辰年人，好几个庚辰年生的人都立马有了默契似的；而几个懂易学的世家子则恭维说，庚者，更新也，周虽旧邦，其命维新，老先生有变法维新的使命，当之无愧啊。更有一些好事者开始把"高寿"之问候换作"贵庚"。先生贵庚？既显得有学问，又显得尊重对方，祝愿对方日新又新。

而谈到诸侯对礼的践踏时，老臣们也总是痛心疾首。那些不知礼的家伙，居然僭用天子之礼，他们就不知道，这是自掘坟墓吗？他们会僭用天子之礼，大夫们就会学他们的样僭用他们诸侯的礼。这样大家都犯上作乱，天下不就乱套了吗？消息灵通的大宗伯说，早就乱套了。按说，只有天子才能祭泰山的，可是齐、鲁等国也祭起泰山来了。按说，只有天子祭祖才能演奏《雍》这首诗，可是听说鲁国的大夫也演奏了。大宗伯说得激动起来，《雍》诗里明明吟唱：助祭的都是诸侯，天子严肃静穆地在那儿主祭。真不知道僭越的大夫和在场的人听了是怎么想的！

甘平公、单穆公听了，只能摇头，人心不古啊，人心不古啊。大家告辞时，他们会向老子揖手：先生啊，您是知书识礼的，要保住我们的礼啊。

经甘公、单公的宣传,老子懂礼的名声更大了。一时之间,周都洛阳的上层,人人谈起礼的话题。有人想起了当年跟着周王祭祖的盛大场面,有人记起了天子的丧礼,有人津津乐道一辈子见过的最有礼的婚嫁仪式……一时之间,周都俨然复兴了礼,周王室重光了它天下礼乐的中心地位。有人说,东方、南方、西方的诸侯强国再怎么发展,传统文化的礼乐之道还是在我们周天子脚下啊。有没有传统,才是衡量文野的标准,没有传统,充其量只是暴发户啊。

我在跟人谈道论礼的过程中,还意外结识了一个好朋友,刘家的大夫、王室的乐师苌弘。苌弘懂乐理,三代以来的各种音乐,没有他不会的。在跟天才艺术家的交流中,我发现,苌弘其实不仅是个乐工、工匠、乐师,也是个关怀世运的智者、圣徒。

苌弘并不在乎诸侯大夫们僭礼,也不在乎人们对音乐乱奏一气。说起礼乐崩坏,苌弘说,不要指责诸侯大夫们了,这个礼也是周天子带头搞坏的。幽王的烽火戏诸侯,算得上第一次坏了天子与诸侯之礼。釐王收曲沃武公的礼,算得上第二次坏了天子与诸侯之间的礼。自此以后,天子就是名正也言不顺了。

在苌弘心中,礼乐确实也是在变化之中,如果有人死守着陈旧的礼乐,那么肯定有人会翻陈出新。他告诉我,周人推崇乐,其实并不在乎乐,周人更在乎以祭祀的名义大吃大喝一番。比较起来,商人倒是一个更有文化的部族,他们的祭祀就纯正一些,他们是真正懂得音乐的力量和美好的。

这让我想起,宋国的民谣就有上等、下等之说,上等的男人讲究穿着,下等的男人讲究嘴巴。宋人是商人的后代,他们如此嘲笑暴发户们。

我也想起，书上也是这么说的，殷人尚声，周人尚臭。殷商人祭祀，还保留着上古的歌舞狂欢精神，他们以声音取悦神灵。而周人就实用得多，他们崇尚味道即臭，到嘴的东西才算踏实，他们以为神灵也是像他们一样满足于口腹之欲，故以食物祭品去取悦神灵。这样发展下来，祭祀也就变质了。人们懒得去发展音乐，反而沉溺于吃喝之中。

我对周人的吃喝也很厌恶，周礼规定，大祭，天子可享太牢——全牛、全羊、全猪，一级减一点，少牢则是全羊、全猪……我想，这就是礼规定一些人可以糟蹋食物，一些人只能吃糠咽菜。我记得家乡人一年四季都很少吃肉，只有冬天会有一些肉。人们养的牛羊猪鸡鸭，全部献给官吏，全部被上面征收了。我印象中有五亩之地的农家，七十多岁的老人一辈子也没尝过几片肉。一百多年前，鲁国大夫曹刿的乡亲就用"肉食者"来称呼我们社会的阶层、身份和地位："肉食者谋之，又何间焉？"经过了一百多年的谋划发展，我们的社会还是停留在大多数人求肉食而不得的时代，这是多么无耻的事实。

我想，这是什么礼啊，一面让人荒淫无耻，一面让人庄严地献身。

苌弘理解老子的愤激，不过，苌弘劝慰老子，礼也是历史的产物。人们交流、做事、共事，会自然地产生一些反应、态度，会有一些共同的反应，这些东西被发现、总结，就是最初的礼。尤其是祭祀天地神灵，需要大家一起参与，礼由此产生。应该承认，那时的礼、那些礼还是非常好的东西。

苌弘举例说，丧礼，人们需要表达悲哀的心情，但如只知道没节制地哭泣是不够的，只有把哭、号、啸等结合运用，才能表达悲痛的平衡，才能告慰逝者，化悲痛为力量。比如一般人都知道"三长两短"是死亡的意思，却不知道这个俗话的真实含义，多以为是指没钉上面棺木的棺材，人躺进了三长两短的棺材里。其实，三长两短也指亲人的哭声，这种哭声最清楚不过地给左邻右舍传递出丧音。为天子哭丧，声音要一口气一吐而尽，好像有去无回的样子；为亲兄弟哭丧，声音要一高一低，好像有去有回；为堂兄弟哭丧，每声都要有几个起伏，最后要拉长余声；为远房亲人哭丧，只要哭得有个悲哀的样子就可以了……

老子牢牢记住了朋友的话。

人名事典

甘平公：人名，周王朝权臣。
釐王：姓姬，名胡齐，东周第四位国君。
曲沃武公：姓姬，名称，继父位成为曲沃的国君，在吞并晋国前称曲沃武公。他攻占晋国后把晋国的财宝献给周釐王，周王受贿后即封他为晋国国君。
曹刿：周文王第六子曹叔振铎的后人，著名的军事理论家。
肉食者谋之，又何间焉：事见《左传·庄公十年》。

从王子争宠看家国天下

第二十九章

理解自己的身体欲念，
就可以明白别人的身体欲念。

当姬贵听说老子掀起了一场礼乐运动时，不禁再次感慨起先人的业绩来。他希望不仅王室周围，就是列国诸侯都能够尊重历史，能够记起他的祖先对大家的恩典。

但事与愿违，从各国传来的消息说明，没有什么人对礼乐感兴趣。信使们说列国对老子的评价也毁誉参半：有人说老子很了不起，是继绝兴废的大学问家；也有人比如鲁国的大夫攻击老子的"三绝"学说，说老子的"无学"就是"不学"；还有人说老子的思想其实反智，是愚人之说，这会祸害天下的。

姬贵听了这样断章取义、一知半解的说法，哭笑不得，他知道鲁国人自以为得周公礼乐之正宗,向来不大看得上王室,没想到他们这么狂妄。狗娘养的,知不知道祖宗说的无中生有?懂不懂老聃先生说的当其无,有有学之用?对于自己学到的和有所不学的都有把握,有所弃绝,才有所收获,才是真正的大道之学,宇宙的相反相成。这些人数典忘祖不说,还狂妄到这种地步,真是不知天高地厚啊。姬贵觉得自己要是做师父,一定给这些人打板子,让他们把老子的话背上一千遍、一万遍。

姬贵也天真地做了一件事。他让人把两个儿子朝儿和猛儿叫来,他对儿子们说,老子懂礼,给大家讲礼,让他记起了祖宗的美德,他希望儿子们也能够发扬先王美德,恢复大周的礼乐。姬贵说,他知道朝儿、猛儿之间有些隔阂,他今天就是想让二人能够当着他的面和解,能对他保证一起努力中兴大周的天下。他也知道弟兄结怨,劝和劝好,比攻取坚固的城还难。但孩子们,大周的天下都快成空架子了,兄弟俩就不要用力摇晃空架子了,要同心加固架子啊。《诗经·常棣》说:"兄弟阋于墙,外御其侮。"

和大怨,必有余怨。报怨以德,安可以为善?是以圣人执左契,而不责于人。有德司契,无德司彻。天道无亲,常与善人。

姬贵想起了老子,他说老聃先生说过这样的话,大的怨仇调和了,必然还留下一些怨仇。怨仇无论大小多少,都要报以恩德,这是和解的最好办法。因此圣人虽然处于有利有理的地位,处在所谓契约权利的一方,但并不苛责于人。所以道德高尚者以法律和习惯来调和纠纷,无德者只会征税,只会罚款严惩。有德者按双方平等的契约办事,无德者则单方面地口含天宪,甚至跑到街上、跑到城中心抢掠一空,显示威风,以暴力管理的方式让市井生活鸡飞狗跳,怨声载道。天道不分亲疏厚薄,但总是跟善良之人在一起。

姬贵说,他不指望猛儿、朝儿一下子亲密无间,但在如何确保大周天下上,他希望二人要共同努力,发挥各自的聪明才智,取长补短。要记住老聃先生的话。

还没等姬贵说完,王子朝就嚷了起来:老聃说不争,我们再不争,周家的天下就要改姓了。再说,老聃那个玩意儿铸都铸成钟了,他单家人还到处说三道四,太不把我们放在眼里了。父王不如早点以无礼之罪杀了他。

姬贵看到猛儿奇怪地看了朝儿一眼,心里一下子凉了半截。

看到天下在自己手里衰败,他的政令威严不出周都洛阳,姬贵总是心有不甘。他跟命运屡战屡败,但他仍想拼搏。而身体日渐衰老,他知道自己的日子不多了。他的两个儿子,要继承他王位的世子姬猛比较深沉,其实没有什么主见,王子朝敢作敢为一些,却容易冲动。但比较起来,他更喜欢王子朝,周王朝太朽了,可能需要王子朝那样的强心药剂。

姬猛早就被立为世子,身边聚集了单公、刘公一批元老重臣。猛儿也太过持重,世子之位一坐几年,一直不露声色,如今也三十多岁了。他究竟是有雄才,还是没有任何能耐呢?姬贵也疑惑不解。猛儿没有主动做事,但有事的话也做得妥当。姬贵猜想是他身边人的主意和功劳。这让他犹豫不决,一直没有表明对猛儿的喜恶。

但姬贵到了晚年,对王子朝的喜欢就人人都知道了。王子朝敢做事,也能说话,有王子朝陪伴,姬贵的一天就不会寂寞。姬贵听过王子朝对列国诸侯的评论,他认为还是得当的;王子朝也说过他会如何对付那些霸主,那些对中原虎视眈眈的蛮夷国家,姬贵认为似乎可以试一试。他私下也许诺朝儿,将来由他治理天下;他对心腹大臣如宾起、甘公也流露过可能朝儿更适合做王。但姬贵顾虑重重,一直没有公开表态要立王子朝为继承人。他知道,要让朝儿继位,得借人头立威,虽然立威的办法很多,但借人头是最干净利落的,是得把单家、刘家的人杀一两个了。

老子很早就清楚了王室内部的复杂矛盾,现在更意识到事情的严重性。老子担心姬贵不得善终,这样的事例历史上太多了。老子不明白,姬贵在位称得上长久,达二十五年,却还是一个蠢蠢欲动的急躁性格。听说姬贵在宫中病得不轻,躁动不安。听说姬贵念念不忘要在诸侯面前挽回一次面子。听说姬贵表过态,如果不看到天下的诸侯对他真正俯首称臣,他是死不瞑目的……老子想,恐怕他驾崩了也不会引起诸侯们的悲痛,他们最多派人来出席一下丧礼罢了。

重为轻根,静为躁君。是以圣人终日行,不离辎重。虽有荣观,燕处超然。奈何万乘之主,而以身轻天下?轻则失根,躁则失君。

老子多次体会到入静的好处,为什么人们不理解清静的本质呢?静者即道,入静就是亲近道,成为道。反者道之动,动起来只是道的反面,或说与静相反的运动只是道的表现形式啊。静为觉悟,动多迷失。人生多迷失,人生是动,但只要安静下来就有觉察,就能近道。老子跟姬贵讲过商代的开国领袖之一汤武王的谋士伊尹的话:"凡事之本,必先治身,啬其大宝,用其新,弃其陈,腠理遂通,精气日新,邪气尽去,及其天年,此之谓真人。"只有自己的身体真实不虚,在新陈代谢的流变中日日新鲜,才会精力充沛,才会自信地面对世界。这就是大道清静之美。老子曾经观察过多次,早上起来神清气爽,头脑清醒,因为有一夜的安静休息,此时的身心像有十足的精力,像得道者一样无惧一天的挑战;到中午的时候就剩下一半的精神了;天还没有黑下来时,头脑发热昏沉,头重脚轻,身心躁动不安,恐怕精神剩下不到一分两分了,真像是到了穷途末路。因为人们大白天里都在活动的迷失之中,只有忙里偷闲,让自己安静下来,才能给身心补充精神,才能重新成为有道之人,有道道,有办法,有道路。

大易之道,最讲时、势、位、己。自己能够把握时位才算得上厚重,不离自己的本位才是沉静,没有时势之力则轻如鸿毛,出离了自己的本位就是乱动急躁。就像辎重是轻车的根本,冷静是急躁的主宰一样,那些圣人每天行事都不会舍弃他的根本,虽然有深宫大院,但他安乐超然,持重又沉静。他的身体劳累,他的心却放松平安。但为什么那些万乘之主,会把自己的生命看得比天下还轻呢？轻率就会失去根本,急躁也会失去理智。

几十年的做王经验都没有磨砺出天下之王的品质和美德,这让我感叹,人欲对人性、人心的遮蔽是何等严重。几十年的受挫都没有软化一个人刚硬的贪得之心,都没有改变一个人的刚愎自用。

我想,一个中等智力的人坐几十年的天下也该从经验中学到很多东西了。这些东西根本不用从书上看,可以从谋士那里学到,从历史事件中获得。崛起的诸侯国此起彼伏,难道人们就不知道他们的兴亡之道？一个国家繁荣富强了,别的国家对比一下不就明白原因了吗？一个乡贫穷、落后、愚昧、乱套,看看那些井然有序、富足的乡不就可以了吗？

自黄帝以来的兴亡中,那些强势者灭掉对手后,总是要表明自己的宽宏大量,说什么"灭人之国,不绝其祀"。强势者那样做,其实也是怕自己的后人有一天会被别人战胜,从而绝了后代、绝了祭祀。事实上,那些被征服的部族、国家、宗族,往往就绝灭了。那些有势有位的人,就没有想一想更好地保存自己和后代的办法。

其实历史上已经有一些杰出的人物做出了榜样,就拿最近一二百年间的人物为例：助齐桓公称霸的管仲,那是大才啊,他提出"国之四维,礼义廉耻"的主张来,是很有见地的。还有助晋文公称霸的郭偃,他说过："论至德者不和于俗,成大功者不谋于众。"真正有德行的人不会同流合污,成就大事业的人不会征求每一个人的意见。他们都是善于做事的。就拿最近的例子来说,子产能想到把立国的刑法原则铸刻到金石之上,这是传之久远的金石之声啊。子产能够自铸伟辞,

《道德经》第54章

善建者不拔，善抱者不脱，子孙以祭祀不辍。修之于身，其德乃真；修之于家，其德乃余；修之于乡，其德乃长；修之于邦，其德乃丰；修之于天下，其德乃普。故以身观身，以家观家，以乡观乡，以邦观邦，以天下观天下。吾何以知天下之然哉？以此。

是比刻在竹简上的不刊之论更能让后世子孙研习的典范啊。

我想，善于建设的不能轻易地让其拔除，善于获持地位的不会让其跑脱，他们的子孙也不会停止对他们的祭祀。将这种道贯彻到自己的身上，从自己做起，他的品德就纯真了；贯彻到全家，这个家族的品德就富余了；贯彻到全乡，这个乡的品德就长久了；贯彻到全国，这个国家的品德就丰盛了；贯彻到天下，天下的品德就广博了。

人同此心，心同此理啊。理解自己的身体欲念，就可以明白别人的身体欲念；理解一家人的自然关系，也就明白其他家庭的自然关系；以乡观察乡，以邦国观察邦国，以天下观察天下，就可以知道它们的状态和前景了。我怎么知道天下变化的趋势呢？就是用道来观察的。

人名事典

郭偃：晋国人，活跃期在公元前 672—前 628 年。他的名言：“论至德者不和于俗，成大功者不谋于众。”"善哉！夫众口祸福之门。"

在上层社会周旋得越久，越觉得时世的浮华、躁动

第三十章

> 恒常之道，
> 是无名的、朴素的。
> 虽然微小，天下却没有人能够
> 使它屈服为臣。

老子在天下中心之都生活得越久，在上层社会周旋得越久，越觉得时世的浮华、躁动。他看到，自王公以至百姓，人人都飘忽、急切，人人都想去抓住什么。王室的派系斗争，日益紧张，人人都在站队、投靠、勾搭。人人都在享受，抓紧时间享受，所谓的享受也就是食色、懒惰、睡眠。白天出门做事，挣所谓的薪俸，晚上寻欢作乐、睡觉；甚至有条件的人不分日夜地吃喝、寻欢作乐、睡觉。难道人就是饕餮一样地简单拥有吗？难道大地自私了，不再给人岁月的启示了吗？难道天空一无所有，不再给人想象的空间了吗？难道人不再自由，不再展开成全大道的朝气蓬勃了吗？

没有人去看山看水，去观察四时自然的运行，没有人从容地生活，没有人理解健康的人情，没有人获得生活的全部道理。

在老子看来，周天子应该对这一切负首要责任。他连一个小小的洛阳都没有治理好，谈何治理天下。洛阳的风气说到底是他造成的。俗话说，上梁不正下梁歪。他连自己的身体都没有调理好，他怎么调理得好外界的万事万物。病夫治国，跟"盲人骑瞎马，夜半临深池"一样啊。

如果让一个有道者来纠正风气、移风易俗，那是多么简单的事啊。别说得道者了，就是尧舜禹那样的贤德，也能够很快纠正浮华、归于平实。他们生活在哪里，哪里就是天下的中心；他们在哪里，人们就会跟到哪里。他们以身作则，让人们知道是非善恶。史书上说，舜一年成聚，二年成邑，三年成都。那是多么伟大的功业，两三年的时间，就能够在荒凉之地建邑建都。舜能够如此，至于那永恒的道，它更是无为而无不为了。

老子想到，即使子产这样二三流的执政者，只能在一个穷山恶水多刁民土豪的小国施展才干，不也干得有声有色。他把官民的权利边界划分清楚，结果侵犯了上上下下的利益，执政不到一年，就有人编排流行歌曲："取我衣冠而褚之，取我田畴而伍之。孰杀子产，吾其与之！"算计我的衣帽来收取消费税，算计我的田产来收取增值税。谁来杀子产，我来帮一把！危机严重的时候，大家在乡校议论他、嘲笑他、咬牙切齿地诅咒他，但子产不为所动，他也没有关闭乡校、封锁舆论。子产可谓有所为，有所不为。定好规则，让规则发挥作用，守好自己的无为本位，民众自然能跟着移风易俗。结果三年以后，流行歌曲就成了感念子产的颂歌："我有子弟，子产诲之。我有田畴，子产殖之。子产而死，谁其嗣之？"我有子弟，子产教化之；我有田地，子产增值之。如子产没了，谁来接替之？

是的，恒常之道无为而无所不为。王侯如果能遵守它的原则治理社会，万方之人会自动归化。归化之后还要兴起私欲，我们就可以用朴素的道来安抚他们。有朴素之道的安抚，人们就知足，不会有私心杂念。没有那些私欲了，人们的心地就会清静起来，而天下也会自动进入

> 道常无为而无不为。
> 侯王若能守之，万物将自化。
> 化而欲作，吾将镇之以无名之朴。
> 镇之以无名之朴，夫将不欲。
> 不欲以静，天下将自正。
>
> 《道德经》第37章

正轨，社会安定。

我对甘公、单公、刘公等世代重臣很不以为意，我想，他们也要负很大的责任。他们不去向天子尽一个臣子的责任，不以道德的力量去感化人，反而背叛了天伦人世之道，去逢迎、讨好，去计较自己的利益得失。

我想，他们都是要在乱世求得巨财、安全，都想得到享受。这是南辕北辙啊。他们背道而驰，越想得到保护，就越是走进了危险之路。他们世代相传的家风，居然都没让他们明白，人只有接近大道，才是最安全的。甚至那些愚人、心怀不轨者，最终也是要靠道来保护的。

在衰败的世道里，每个人都负有责任。从天子以至匹夫，每个人都对衰败造了一种罪孽，这是我们大家共有的业障罪孽。

多少年后，我在函谷关讲道，看到那些军士无知无畏的神情，我再一次想起天子、三公和诸侯们的责任。上层贵族不能示现道理，导致下层民众也跟着犯错受罪，大家一起在造业、作孽。

我看到军士们把一生最好的年华都浪费在不可知的命运中，都参与到一个无能自主的针对假想敌的活动里，不禁悲哀。治国、清明的政治、共和体制，或者说忠孝天下，本来是大道给予上层人的规矩,是天子、三公们的义务,甚至说得俗一些,是贵族们的游戏,现在却一再波及百姓,一再哄骗、号令百姓为之奉献。就像月夜,光亮本已足够,人们却要秉烛而行,人为地扰乱了夜的安宁和光明。

是的,在上古时代,以道保护天下时,人就是目的。人生的目的不是成为军士,但现在,军士已经成了人的身份,成了人的职业和事业。长此以往,军士再从保卫者变成了攻击者,变成了一把双刃剑,伤人也自伤。长此以往,军士也不够治理天下,于是再设置司民、司市、司稽、司寤氏、禁暴氏、禁杀戮、司爟、野庐氏、司隶、司门、司关、司险,再动员全民,全民皆兵……长此以往,王侯的游戏就是杀人而已。秋高马肥,可以开战消遣。

一个本来属于贵族们的责任,因为"肉食者鄙",而不得不靠人民自己来保护自己,更可恶的是煽动人民自相残杀。这是怎样的变态扭曲啊。只要贵族们严守游戏规则,只要贵族们懂得游戏中的责任和义务,这个天下就是合乎道的。但贵族们自己玩不起游戏,自己不讲道,自己堕落,却拉百姓垫背。这是怎样的悲哀啊。

我后来总结道,道是万物的保护神,是万物的皈依处,是善良者的法宝,不善者也要靠它来保护、教化。在衰败的世道里,漂亮的言辞可以获得别人的拥戴,换取好处;美好的行为可以感化人,取悦于人。人们多矫揉造作,所谓会说话,会来事。人们问起君王之子的年龄,如果还小,就说他"还不能驾车"或"已能开车了";如果已经长大,就说他"能够参与社稷之事了"。至于普通人的孩子,如果还小,就说他"能背柴火了"或"还不能背柴火呢";如果长大了,就说他"会种田了"。还有各种用语,祭祀时,牛不叫牛,叫"一元大武";羊不叫羊,叫"柔毛";兔子不叫兔子,叫"明视";鸡则叫"翰音"；水叫"清涤"；酒叫"清酌"……人人都装模作样，所谓"言语之美，穆穆皇皇"，否则被视为土、俗、不入时。这些虚伪的言行，这些繁文缛节，居然都用来换取好处，人们有什么资格去说别人不善，责怪并唾弃别人呢？甚至说，对于怀有不善之小节者，有什么理由要抛弃他们呢？

所以天子即位、任命三公，虽然按规定在各位公卿送驷马这样的礼品前，天子要先赐拱璧之玉，但还不如惠而不费地向大家进献这个道理。要知道，很多人终其一生都与大道无缘，都不曾有听闻大道的福报，所以，听闻持诵、为人解说、代天地神明赠送这些大道福音，才是成己、成人之美。古代的人尊重此道，是为什么呢？因为一旦相互之间献礼或赐礼，不过说一些"心想事成，免犯错误"一类的话而已。遵行此道，就不必这么虚礼客套。遵行此道，才能为天下人所重视。善良者可以得到他们想要的东西，有罪者能够免罪而改恶从善啊。道是天下最宝贵的，天下最终殊途同归于它。

道者万物之奥，善人之宝，不善人之所保。美言可以市尊，美行可以加人。人之不善，何弃之有？故立天子，置三公，虽有拱璧，以先驷马，不如坐进此道。古之所以贵此道者何？不曰：以求得，有罪以免邪？故为天下贵。

《道德经》第62章

就是这样，外面的世界越纷乱，变化越剧烈，老子越怀想道的伟大。看着姬贵的狭隘可怜状态，老子越怀想真正的王者气象。真正的王者，像道一样既是独立的原子又无所不包；真正的王者，像大海一样宽广而不狭隘，像羽毛一样在万古云霄中自信自在地显明他自己。

眼前这些可怜的生物，他们的眼光多么短浅，他们只看到自己和家人的威福和口腹之欲，他们只看到自己青壮时代的本能。他们没有想过，自己并不完全属于亲友，并不完全属于青壮时代。他们也属于万有，属于江海，属于天地大道。

恒常之道，是无名的、朴素的。虽然微小，天下却没有人能够使它屈服为臣。王侯若能以道的精神去治理社会，万方之人都会自动宾服。那时就如同天地自然相合而降下甘露一样，没有谁下命令，人们就能公平相处。人们组成的社会一开始管理就有名分，名分一经建立了，人们就会了解道的存在并知道自己的归属依止，而不因名害实。人们归止于道就不会有什么危险，就像水止于江海而不溢，天下人止于道而不害。

道常无名、朴。虽小，天下莫能臣。侯王若能守之，万物将自宾。天地相合，以降甘露，民莫之令而自均。始制有名，名亦既有，夫亦将知止，知止可以不殆。譬道之在天下，犹川谷之于江海。

《道德经》第32章

人名事典

孰杀子产，吾其与之：事见《左传·襄公三十年》。

司民、司市、司稽、司寤氏、禁暴氏、禁杀戮、司爟、野庐氏、司隶、司门、司关、司险：东周末年执行各种警察职能的官吏名称。司民，为秋官司寇所属，其管理事务为进行户口登记，户分城乡，人分男女，每年对出生、死亡者进行统计，颇似现今的户籍管理。司市，由地官司徒所属，负责市场的治教政刑，量度政令，类似现今的管理市场的治安人员职能。司稽，为地官司徒所属，负责巡逻、拘拿盗贼及司察犯禁者等。司寤氏，由秋官司寇所属，掌禁夜。禁暴氏，为秋官司寇所属，执行镇压暴乱，打击行为欺诈、违反禁令和制止造谣言者职能，并有权诛杀敢于触犯禁令的人。禁杀戮，为秋官司寇所属，对相互杀戮者、见殴斗伤害不告者、官方有文书追捕的逃犯、遏止他人向官告发犯罪者等四种人，禁杀戮应及时报告上司而进行诛杀。司爟，主管消防监督。野庐氏，掌通达道路，往来顺畅，类似今天的交通警察职能。司隶，管理奴隶、俘虏、劳役、囚徒及追捕逃犯。司门，负责京城诸门管辖，稽查走私。司关，负责检查出入关的货物、税收及查验过关人员的证件等。司险，平时执行修路架桥任务，战时行使边防保卫的职能，类似现今的边防警察职能。

尹喜来到守藏室

第三十一章

上善若水，
水善于滋润万物而不争。

我在你们中间行走，你们却看不见我。

即使我要你们都看到了我，你们却永远不知道我是谁。

我在你们中间行走，心里是一片旷野。这一片旷野，有荒天古木间的啸叫，有凄厉如无边黑暗的哭声；有生动的画面，有鲜花，有孩子的真趣；有无知的少妇，有付出了一生的辛劳临老还得在人世中流泪的女人……

你们都背叛了我。在梦里，我听见一句话这么说它自己，于是我知道了你们和我的关系。

太初有"话"，话与道同在。我醒来，我知道自己不过是一个梦，一个孤独、众叛亲离的大道，真实的是你们自己。

然而你们都背叛了我。

背叛了蓝天白云，背叛了自然，背叛了你们童年不意拥有的而今你们却孜孜远离的人性，背叛了你们成年辛劳所寻求而失败的生命的真实。背叛了我，和我给予你们的爱。

不过是一个爱。

一个无尽的折辱，物质中间的黑暗和时间里的忍耐，一个孩子的笑和老树的根，一个双目空洞折射万古的精灵的心，一个明于爱恨陋于礼义人心的荒芜的城。

我远离你们又接近，无言地看着一切的因缘、心血和纷争在你们中间生灭，一切阴影、嗔念、梦境在你们中萌芽又丧失。我能说什么呢？我能给出什么呢？

你们都背叛了我。

我于是将远行，绝不占你们的心地。

老子知书识礼的名声传播开来，不少有志者都来向老子请教。那些到典藏室查阅图书的大夫、卿士也会跟老子讨论几句。但没有人跟老子讲自己的真实想法，没有什么人对时世进行评判、总结，寻找出路。每个人找的只是自己的出路。人们寒暄说天气热了或冷了，黍稷吃得糙了或细了，葛衣丝布合身了还是伤了皮肤，没有人说自己的心是孤独了还是温暖了，没有人说自己是不安还是自在。

有印象的是尹喜，一个年轻有为的世家子弟，来问过道。奇怪的是尹喜对功业并不感兴趣，年纪轻轻的要观悟天地之气以养生。尹喜来守藏室里，是想查上古黄金时代的养生观气之道。老子告诉他，典籍上不多，以他所知，一般人的寿命不算长，多未享尽天年，但少数人的寿命很长。尹喜问天年，天给了人多少年。老子说，千年万年不敢说，百年以上总是有的。天年有限，但寿命可期，长寿本来就是我们大家的一件喜事、成就啊。

尹喜说，文明似乎不在乎长寿，甚至是长寿的敌人。尹喜还讲述了典籍中的矛盾之处。有说长寿一百二十年，中寿百年，下寿八十年的；有说上寿百年，中寿八十，下寿六十的；有说上寿不过百年，中寿六十年的。尹喜还举起蹇叔的例子，秦穆公羞辱蹇叔："中寿，尔墓之木拱矣！"从蹇叔的事迹可知，这里中寿是指八十吧，那么下寿就是六十。老子说，这似乎符合易理，六十年一个甲子，度过一甲子的寿命是一个阶段性的完成，但在老天给予的天年中，六十年只是基本的下限，可叹很多人连这个下限的任务都没有完成。尹喜感慨，秦穆公要发展国力，就要寿者让路，让新鲜的血液加入。现实中也经常听到，文明的发展都是喜新厌旧，年轻成为时尚，成为有前途、有创造力的意思。老子说：看你怎么理解文明。上古时代也是一种文明，人们在其中是尊重长寿的，仁者必寿，大德者必寿，自由者寿，有道者寿。高寿是一种成就。

但在今天这种你争我抢的世界里，在这种自我中心的差序格局里，很多人都短命了，即使人们争着想长寿，但很多人连下寿的天命都没享受到就死了。这真是可笑啊，一方面追逐现世的生活，一方面因为游戏死、无礼死、苟且死、发狂病死、发冷漠症死、病入膏肓死、掉茅坑死、自缢死、被饿死等，反倒不能尽其天年。在这种情况下，长寿就多半是一个耻辱。朝廷尚爵而不再尚齿，社会推崇的是成功者，是权势熏天者。长寿者确实少有同伴，更失去了社会基础。长寿者难以参与社会的发展，难以像夕阳发挥余热和黄昏的灿烂一样，给社会提供有效的善和美。

当然，那种为享百年寿而刻意回避人世的做法也不可取，但要记住，修身养性的成就是不可思议的，也是真实不虚的。人的一生本来应该这样度过：青春年少时过好学子生活，敬畏这个世界，学习一切可以学习的，当然重要的是闻道，所谓朝闻道也；青壮年时过好成年人的生活，立身处世，尽自己的责任、本分、义务；到老时淡出家庭，退出权势，把一生的积累归还给世界，去云游四方传道解惑，或者，清修自守，去发现身体的秘密和可能性……

但直到尹喜离开王城，他都不知道老子的全部学说，也不知道无射钟的秘密。老子想，人要获取真相，看似容易，其实也难啊。

庚寅也让他的孙子庚桑楚到王城来，跟我学习。我问了很多家乡的人物、故事，庚桑楚恭恭敬敬地做了回答。我很高兴故人之后也能有志于学问大道，庚桑楚性格沉静，确实也适合问道求学。

据说庚桑楚以前并不像老朋友那样沉稳，他少有大志，要做一个圣哲。岁月一年年过去，他什么也没有收获，唯一的收获是周围不少人知道他要做圣哲。穷苦人向他求助，他以为事小而不为。灾民们向他求助，他以为自有官家考虑。他要做的是大事，是为未来设计的。日月一天天过去，他为大家疏远，他自己也感到没有成为圣哲，大家更不认为他是圣哲，一些人还以为他是疯子，是病人，他心里很苦闷。

我想起常枞老师的话，教导庚桑楚说，一个人要独立应付生活是难的，但两个人、三个人就容易了，也出现取巧了。从这种人的互动关系中来说，投机取巧之事不可避免，但要于人于己有益，还是应该朴实一些，哪怕笨拙一些。

我说的是："合抱之木，生于毫末；九层之台，起于累土；千里之行，始于足下。图难于其易，为大于其细；天下难事，必作于易；天下大事，必作于细。是以圣人终不为大，故能成其大。"

老子记得在家乡有过几次短暂的游学，无论是春暖花开时师友们的踏青，还是二三好友去百里外的名胜古迹的远足……都是难得的人生经历。老子记得，河水、济水等大小水系的形状；老子记得，丘陵、山林的美景。当然，在游学中，跟自然风光一样重要的是人，有人，自然就活了。

在家乡生活，那些短暂的游学经历中，老子对文子、蜎渊、孔丘的印象较深。文子内向，蜎渊张狂，孔丘忠厚……

文子也到王城来拜见老子，一来尽师生之道，二来请教老子有什么吩咐，老师有事弟子服其劳。文子并不关心老子为官如何，只是跟老子谈一些师友的信息，说李宗少年老成，秦佚是大家的中心，蜎渊到楚国去了，孔丘在鲁国收有门徒了……老子听着这些话，既欣慰又无奈，世事可为，世事又不可为。关键是天下明白人太少，能做事者太少。因此，无道的天下只能让位于人们的本能折腾，所谓的本能，不过是三四流的人物统治了天下。天下也因此成了麻袋，人们被迫在里面乱动、动乱……

老子让文子把《德经》《道经》记下来，文子答应下来，很快记熟，然后就因家事离开了老子。

老子在周都生活得越久，内心越苍凉。老子注定是一个生活的看客了。在此恶浊的时世里，老子注定只能守着自己的清白了。

老子并不甘心，得把收获传给那些可传的人才是。现在传得还少、还不够，老子得把道告诉天下人才是，至于世乱世治，自有天道，天道好还。世人乱动、动乱，只不过向天道交答卷罢了，最终推动天地自然前行的，是天道。

孔子来到洛阳
拜见老子

第三十二章

> 只要人们带着问题来学,
> 就是有收获的啊;
> 如果不是别人的问题,而强行灌输,
> 那效果必然适得其反。

当我在周都度过了知命之年时,孔丘在鲁国正雄心勃勃地开始他一生的事业,年轻的孔丘已经以礼闻名鲁国。孟僖子临终要儿子跟随孔丘,鲁公也听说孔丘好学博识,身边收的弟子贤明多能,准备起用孔丘。孔丘在欲仕将仕之际,对自己的学问还不够自信。他的学问,是问来的,是学来的,是在实际行动中得到的。孔丘自承:"吾少也贱,故多能鄙事。"人们传说,孔丘入太庙,每事问。在孔丘青少年时,他在一个丧礼上遇到了我,那次发生在鲁国巷党的丧礼,因为有懂礼的我在场,人们以我为主心骨。当时忽然发生日食,我要年轻的孔丘帮忙把灵柩停下，靠着路的右边停放，建议大家都不要哭，静以待变。因为君子行礼，不能让死者亲友披星戴月而行，不能让其惹上危险。少年孔丘跟着我，帮忙完成了丧礼。孔丘厚道，他多次说："昔者，吾从老聃助葬于巷党，及埧，日有食之。"

当我年过花甲时，孔丘也过了而立之年，但他心里并不踏实。因此，在鲁国上层对他多赞誉并怀抱期望时，他决定利用这个条件，游学列国。孔丘早就听说我任职于周王室，是周王的史官，名闻天下的柱下史，肩负守藏史——国家档案馆、图书馆馆长的重任。孔丘得到鲁公的准许，千里迢迢到洛阳，希望到我这里来做客、考察、问礼。

我对孔丘的印象一再加深。光阴似箭，岁月如梭，世界给我们贡献的人物就那么多，有的就像沙丘一样，突然拱起，又突然消失了，能够如山脉峰峦一样拔地而起，成为时代社会最坚实的风景者并不多。孔丘已经牢牢地立起来了。

我也还记得这个有为青年对礼似乎特别感兴趣。事实上，天下虽大，有心人并不多。就像多峰并峙，这些有心人相互之间是可以一眼识别的，此外，不过是酒囊饭袋，是求田问舍者，是干君食禄者，是游戏者，是喧哗与骚动者。果然，孔丘除了问一下道德仁义在当下和未来的意义外，就是问礼，过去的礼仪是如何有着三百三千的丰富的。

我想把自己所知的大道告诉给孔丘，话到嘴边又咽回去了。不是说有闻来学，不闻往教吗，只要人们带着问题来学，就是有收获的啊；如果不是别人的问题，而强行灌输，那效果必然适得其反。何况我已经明显地感受到了孔丘的变化，他不再像青少年时期那样笃信世界及其人物了，他相信的是自己，是他能解释并改造这个世界。我因此只是本着不愤不启的态度对孔丘的问题知无不言。他想要观天下，我就做他登山的石阶；他想要感受春暖花开的美妙，我就做春雷或一粒普通本分的种子……我应该是他成为他自己的必由之路的一段。我要铺平他的道路，他是后来者，他会有所成的。

但我还是忍不住谈论了一下我所理解的仁义，我知道，仁义正成为一个撄动人心的新名词，如同礼乐在过去几百年左右了人心一样。德治、礼治的时世看来是过去了，接下来就会是仁治？我并不以为然，以仁服人跟以德、以礼服人，都一样是虚妄的，它们必然坎陷到以法治人、以孝治人、以忠治人之中。

我跟孔丘说，我很担心提倡仁义的后果。如果把谷糠扬起来眯了眼睛，那么看天地四面八方就不会清楚了；如果让蚊虫咬了手臂肌肤，那么人们晚上睡觉就睡不踏实。如果仁义也撄动了人心，乱子就会大得不得了。你想使天下不要失去淳朴的风习，你也想放风而有所作为，为天下人建立一个总体性的价值体系，既然如此，又何必去倡导仁义那样的工具，那不就是敲锣打鼓去寻找强盗、野兽吗？

我跟孔丘说：像鸿鹄并不每天洗澡，但它的身子看来洁白得新鲜；乌鸦也没有每天涂墨，它的身子却总是漆黑一团。这种黑白的道理，不必去解释；就像名誉一类观念，不必去流广一样。泉水干涸了，鱼儿们在陆地上互相吹气获得湿气，互相鼓泡以当水沫，这种做法不过是自欺相欺而已，不如它们在江湖大水里自在自游，哪怕忘掉了对方。

孔丘对老子的教诲只是点头。孔丘想的是，老聃毕竟老了，年龄不同，心态也就不一样，什么年龄说什么话。孔丘明白对不同年龄的人说的话要有不同的学习方式，老聃的思想他能够理解，但他孔丘还年轻，风华正茂，用世、涉世的意气没有消沉，反而在众人的推波助澜中日益高涨。孔丘想，是的，老先生是对的，从道理的角度，他完全同意老先生；

但人既然还有心气,就要拼搏一下,他是要知其不可为而为之的。听说京城的人称老聃是圣人一样的思想家,看来人家的意思是说老先生虽然贵为图书馆馆长,但只是书呆子一样的思想家啊,他孔丘不同,他不仅要做思想家,还要做行动家,做不是王的王。

孔丘听完老子的教导后,见老子不再说话,就问老子,周公制礼时的历史背景是什么,当今天下谁懂得周公的礼乐。

老子明白,孔丘是想知道他提倡仁的可能性,老子详细解释了从古公的德治到周公礼治之间的过渡。周公以为他当时的姬周位势跟先祖时的位势不同,时移势易,从弱势到强势、到统治天下,故对外的说法也需要有所改变。对周公来说,古公的话已经属于过去时了,而且小小的姬周并没有足够的人才去治理殷商丢失的偌大天下,他不得已给了殷商后人那么高的爵位和接近中心地带的封国,不得已让亲戚功臣们散居东海之滨、幽燕之北、汉水广南,以保护周的天下。至于用什么思想来统一,他已经没有条件来考虑了,他只能像看风水、占地、画卦一样,做一个封建等级和普遍等级之间的关系模式,以此来统一人们的言行方式,这就是周公的制礼作乐。

孔丘听得兴奋起来,他敬服周公的智慧,礼乐确实是可以统一认识的,他的复兴礼乐并非不可能;至于他的仁义思想,也是有时代意义的。既然时代变了,对社稷江山、人们关系的说法也需要有所改变,那么他加入仁义的标准,不正是恰逢其时吗?

老子看孔丘跃跃欲试的样子,就不再说话。老子想,愿大家都能成全孔丘吧。老子指点孔丘改天去看苌弘。老子没有对孔丘说,苌弘是三代以来少有的先知、知天数者,也是跟他孔丘一样有山东硬汉精神的圣徒。

过了几天,游学请益差不多了的孔丘也把洛阳的历史文化名胜看完了。听说他参观了天子宣明政教的地方——明堂，他还参观了周天子祭祖的太庙等地方，他甚至沿着周公当年在洛都的行迹走了一遍。我听说他在参观游览时指指点点，有人说他年轻气盛，自视甚高，据说他说过："道之不行也，我知之矣。"有人还说他说过一句更狂妄的话："若圣与仁，则吾岂敢。"

孔丘来馆舍向我辞行。我听他称赞苌弘的音乐博学和天才，明白苌弘并没有展现他那深不可测的学问、智慧和担当精神。我想起老朋友的心思，明白苌弘跟孔丘仍不是同一道上的人，道不同不相为谋，苌弘是大周的；而孔丘要灵活得多，他虽然还在试验，但他是时代的，是天下的。

我准备尽礼尽到底，我要送孔丘出门，我还要送孔丘一段路程。孔丘一再惶恐于面、受宠于心，他一再说：不敢当啊，老先生！来京畿打扰多有失礼，就不敢劳动先生送了。我说，不送你才叫失礼啊。我说，走吧，我送你到洛水，到黄河。

在路上，我跟孔丘说，我们以前说过的那些历史事实，那些制定周礼的先王，如今他们的骨头都已经朽了，唯独他们说的话还在。对君子来说，得到机遇可以好好地施展自己的抱负，如果不得其时就要适可而止，哪怕一生的道路都艰难困阻。我听人说，一个有经验的商人深藏不露，就像他穷得什么也没有一样；一个有大德和大学问的人，也是深沉稳重，貌似愚鲁的。要防止有人认为你骄傲，不要使他们感到你志气太大、太刺激，这些东西对你没有什么好处。我能勉励你的话，大概就是这些了。

孔丘感激地点头，其实我说的也是他懂得的废话，一切都要看在情境中当事人的反应。

我们走到了黄河之滨，孔丘知道我们就要分别了，他看着滔滔河水，波浪翻滚，忽然感叹：过往就像这河水一样，昼

夜不停。黄河之水奔腾不息，人生岁月也稍纵即逝，河水不知何处去，人生不知何处归？！

当孔丘在黄河岸边感叹"逝者如斯夫,不舍昼夜"的时候,老子劝勉他说：人生天地之间,人跟天地其实一体。人生也是天地自然之物,人的童年、少年、壮年、老年变化,就像天地有春夏秋冬一样,这用不着悲哀。人们生于自然,死于自然,任其自然,他们的本性就不会受到破坏。如果不得自然自由,而去奔忙于世间的功利之中,比如我们不知道却要人为设定的仁义规范里,那么本性就会受到束缚。功名在心中,人就会产生焦虑情绪；利欲在心中,人就会增添无穷的烦恼。

孔丘解释说,他忧虑的是大道不行、仁义不施、战乱不止、国乱不治,所以才有人生短暂,不能有功于世、不能有为于民的感叹。

老子劝勉说：天地无人推而自行,日月无人燃而自明,星辰无人列而自序,禽兽无人造而自生,这都是自然的力量,何来有人去帮忙才成功的？人们之所以生,所以无,所以荣,所以辱,都是有自然之理、自然之道。顺自然之理而趋,遵自然之道而行,国则自治,人则自正,又何必去强行灌输个别人的意志呢？

听说孔丘是庚戌年生人,那是土命啊,土是喜欢克水的。那么孔丘喜欢教化民众是顺理成章的事。但老子认为他更应该向民众学习,不要到头来再感叹回到民众中去。道不行,乘桴浮于海。老子手指浩浩黄河,对孔丘说："汝何不学水之大德？以水为师？"

孔丘问："水有何德？"

老子说："上善若水。水善利万物而不争,处众人之所恶,这是它有谦卑的美德啊。江海所以能成为百谷之王,就是因为它的谦卑。天下莫柔弱于水,但水滴石穿,攻坚强者莫之能胜,这是它有柔弱的美德。所以说柔之胜刚,弱之胜强。因其弱势得无有,故能入于无间之地,由此可知不言之教、无为之益也。"

孔丘确实聪明绝顶，当我说过那番话后，他马上举一反三："是的，众人处上，水独处下；众人处易，水独处险；众人处洁，水独处秽。水居处的地方，都是人之所恶，没有谁跟它争抢，这是大善啊。"

我说，要多观察山水，仁者乐山，智者乐水。你要用世，只要用心、用智慧，就可以从水的生存中吸取所需要的智慧。

孔丘点点头，我不知道他是否记住了。我知道他也是矛盾的，他提倡仁，他爱山，他其实也是爱水的。他年轻，需要闯荡、建立。其实正如贤者会思辨世界的本质是水一样，贤者也应思辨世界的本质是火，是山，是风，是雷，是泽，是天，是地。孔丘大概还没开始读《易》，还不知道万物并育而不相害，道并行而不相悖。等他理解易理了，就明白他既爱春风，也爱秋水，他身上既有仁者的胸怀，又有智者的头脑。

临别了，我说了这么一番话："我听人说，有钱的人会送人钱财，而仁义之人会送人至理名言。我不富不贵，没有什么资财送你，愿意送你几句不一定中听的话。现在这个世上，那些聪明有才的人，他们之所以命运不好甚至死掉了，很大程度上是因为他们露才扬己，好论是非；那些口若悬河的人，他们遭到杀身之祸，也在于他们好揭人的短处，揭露时世的阴暗面。所以为人之子，不要以为自己多么高明；为人之臣，不要以为自己多么高贵。希望你能记住我这几句像出自乡巴佬之口一样的话。"

孔丘郑重地点点头。

我不知道孔丘是否读懂了我，多年以后，我在总结水的德行时又想到了跟他说过的话：水滴石穿。天下最柔弱的东西，穿透了天下最坚硬的东西。没有形体的力量，穿透了没有空隙的东西。再坚厚、再无间隙的东西，也充满着道的能量。可见，凡事都有道在管着，无须人们去操心、干预或管制。善被人欺，恶人自有恶人磨，真相不是这样的，真相是善恶都有道来管着、打磨、成全。我由此知道了无为的好处。这是自然界无声的教导，但无为的好处，天下人没有能够懂得，没有能够实行的。

我想，上善若水，水善于滋润万物而不争。处于大家都厌恶的境地，就几乎达到道的境界了。圣人善于处在卑下的位置，内心保持渊流那样的深静，跟人交往善于给予，说话保持信用，处理政务无为而治，做事情不逞能而能成事，行动起来正是好的时机。这种善，因为不争，所以不会犯错误。

天下之至柔，驰骋天下之至坚。无有，入无间。吾是以知无为之有益。不言之教，无为之益，天下希及之。

《道德经》第43章

上善若水，水善利万物而不争。处众人之所恶，故几于道。居善地，心善渊，与善仁，言善信，政善治，事善能，动善时。夫唯不争，故无尤。

《道德经》第8章

老子不知道的是，孔丘在回鲁国的路上，几乎一路无语。

当弟子问他，对老子有什么印象时，孔丘承认没有读懂老子，他由衷地佩服说，老子是无所求而全求，无所为而无不为的。当孔丘明白过来，老子的无为跟他的知其不可为之间有某种共通之处时，不禁深为老子和自己而感动。

孔丘对弟子说了这么一番话："像鸟那种生物，我是知道它飞行的限制的；鱼，我也知道它在水里游弋的能耐；禽兽，我知道它跑路的可能性。对那些跑路的可以用陷阱之网来捕捉，游动的可以用纶网来把握，飞翔的可以用箭来猎获。但对传说中的龙，我跟大家一样见首难见尾，我不了解它乘风云上天的踪影。我这次见到了老子，他就是传说的龙啊。"

人名事典

知命之年：即五十岁。
孟僖子：姬姓，孟氏，名貜，谥僖，故史称孟僖子。
而立之年：即三十岁。
吾从老聃助葬于巷党：事见《礼记·曾子问》。
道之不行也，我知之矣：语见《中庸》。
若圣与仁，则吾岂敢：语见《论语·述而》。
道不行，乘桴浮于海：语见《论语·公冶长》。

第三十三章

周王驾崩，王子斗争白热化中的苌弘和老子

> 世事如棋，形格势禁，
> 有些人注定不会去想解脱，
> 而是要去当过河卒子了。

孔子走后，老子有些怅然自失。老子好不容易遇上一个有志于复兴大道的圣徒，心里的话还未说完，人生经验还未全部表达清楚，就再次失之交臂。这是天命，还是天道呢？

时局不容老子伤感，被病痛折磨的姬贵终于解脱，驾崩了。根据姬贵生前的特点，大臣们从谥法里找到一个"景"字来称道他。什么是景？由义而济曰景；耆意大虑曰景；布义行刚曰景；致志大图曰景；繇义而成曰景；德行可仰曰景；法义而齐曰景；明照旁周曰景。比起文、武、德、定、成、康等谥号来，"景"字差强人意，但对姬贵来说，已经相当客气了。姬贵临死前没有解决继承人的问题，也没有动单家、刘家一根毫

毛。据说他死时只有心腹大臣宾起在身边，但宾起几乎没有实权。王室的两派斗争白热化，老子开始为苌弘担心起来。

在跟苌弘的最初交往中，老子只知道他是刘公手下的一名大夫，是一名精通音乐的乐师。在王室两派中，苌弘是只能站在刘公一边的，也就是世子姬猛一边。但老子听苌弘称赞过王子朝的锐气，不免疑惑苌弘的心思。后来才明白苌弘是一位执掌天数者的先知，他不仅为刘公家族服务，也为周天子观测天象、推演历法、占卜凶吉，对周王室的出行起居、祭礼战事等事先预测，对自然变迁、天象变化进行预报和解释。据说苌弘对天地之气、日月之行、风雨之变、律历之术，几乎无所不通。虽然在外人眼里，苌弘是周王室的乐工。

老子后来也听苌弘讲过他的预言。在位十四年（公元前531年）时，姬贵密切关注诸侯国的兴衰，当晋、楚崛起时，姬贵问过苌弘，现在的诸侯国，哪个国家会有危险。苌弘回答说，蔡国会有亡国之难。果然，那一年的冬天，楚国大举攻入，灭掉了蔡国。还有在位二十年时，晋国派使臣来王室，负责接待的是刘献公，苌弘见过使臣之后，对献公说，这个使臣的表情凶猛，说明晋国正准备大事，他来谈的只是小事。主公可以做好应变的准备。果然，由于晋楚争雄，晋国的陆浑氏背晋而亲楚，为晋国所灭。刘献公事先做好军事准备帮助了晋国，让刘家和周王室都从中受益。

三四年前，即姬贵在位的第二十一年，春二月，毛伯得杀了毛伯过，苌弘预测说，毛伯得必亡。这个预言现在还未实现，但老子相信朋友的话。不过，眼下要紧的是姬贵驾崩了，老子可以不偏不倚，但苌弘却只能站在其中一边，吉凶未卜啊。

苌弘对两派白热化不以为意，也无可奈何。他对我说，他欣赏王子朝的朝气，却也只能站在世子姬猛一边。在他看来，姬猛也不是没有优点，他没有主见，反而可以采集众善，

让臣子们发挥特长。苌弘设想过,要是二人同德同心就好了,或者姬猛为王,姬朝为执政。

苌弘说,他在王室待得久了,也深知执政机制的症结,那就是执政跟君主之间的关系没有解决,使得二者永远是相互提防的。他认为周公制定的这种制度很奇怪,本来让君臣发扬其善,结果产生的只是各人的恶的一面。苌弘说,最可怜的是人们都天然地依赖一个主公,这种依赖,表面上用忠、恩来维系,其实也是激发了人性之恶。最可笑的是,人们没有主子的时候,会推举出一个主子来。人们只能做主子的二把手、三把手、四把手……当然,有野心的人就会想办法让主子当自己的二把手……这个人主因此既虚幻,又阴毒;既威福,又不满足、不安全……人人需要他,贤才需要他给予机会施展抱负,小民需要他施加恩典生活下去,阴谋者需要他作为对手实现自我……

我想,苌弘的天才找到了三代以来的社稷漏洞,如果不解决这种一国一邦一乡的权柄和执政问题,恐怕任何尚贤的举措,任何军政合一的办法,都无济于事。权柄和执政的归属并不重要,是景王这样的中等人才还是子产、管仲那样的人才并不重要,权柄和执政的本质才是重要的,它跟大家的规矩和关系才是重要的。因为说到底,那些枝节都不涉及本质,都只是混、敷衍、拖时间。即使尚德、尚爵、尚齿、尚贤、尚礼乐等,能够治理几百年上千年,还是一种混的策略、凑合的办法,最终会被别人取代。

圣王治吏不治民,给万民自由吧,因为治道在官吏之间,在贵族之间。治道就是贵族们的游戏、规矩。不立规矩,不成方圆。把规矩立好了,任何人,不论他是官是吏,是哪一家名门之后,都会明白自己的天命。

我想起了孔丘,要是他能听到苌弘的洞见该有多好啊。

这不就是我年轻时想过的自立自由精神吗？人不应该依附，不应该当老二，人应该属于他自己。但我已经顾不上孔丘了，我要知道苌弘怎么办。苌弘惨笑，还能怎么办？他不像我来去自由、出入自如，他的命运已经注定了。我明白苌弘说别人容易，解决自己困难，说不定他也跟他说的主子构成了难以解脱的关系。

这让我悲哀。

还没等老子从对老朋友的难过中回过神来，王子朝派人来找老子了。按照天子七日殡而七月葬，诸侯五日殡而五月葬，大夫庶人三日殡而三月或逾月葬的一般规定和习俗，此次姬贵去世须在家住七天再行殡埋。姬贵驾崩好几天了，王室一直没有新王登基，听说丧礼到现在还没有让姬贵入棺停殓。

王子朝召见老子，让人觉得他当仁不让地要主丧。他对老子说，他父王的丧事，他决心办得像个样子。按礼说，父母去世，"交手哭，恻怛之心，痛疾之意，伤肾干肝焦肺，水浆不入口，三日不举火，故邻里为之糜粥以饮食之""痛疾在心，故口不甘味，身不安美也"。因此，三天之内，亲人只顾痛哭，家里就不动锅灶，有邻居送饭吃吃就算了，但现在流行的做法是可以在家里烧火动灶。他想知道，父王驾崩，他是动锅灶合礼，还是不动锅灶合礼。他问过丧礼司者，丧礼司者也说不清楚，因此只好请问懂礼的老子先生了。

老子回答说，是举火为孝还是不举火为孝，这要看周礼的精神实质。按礼说，父母去世，子女痛哭，"袒而踊之"，要袒胸露怀地哭，就像顾不上衣着了，呼天抢地地哭。但礼又说，"妇人不宜袒""伛者不袒，跛者不踊，非不悲也，身有痼疾，不可以备礼也，故曰，丧礼唯哀为主矣"。就是说，妇人和有罗锅残疾的人不适合袒露胸怀，腿瘸的人也不宜呼天抢地。可以说，礼的规定是很顾人情的。父母去世，子女怎么做才算孝,最关键的还是看他们是否哭得真心、哀得真切。至于天子驾崩,大家心中都很悲痛,这就很合乎周礼,依他个人的意见,王子在三天之内不动锅灶为好。

王子朝听完,点点头,动不动锅灶其实都无所谓。他关心的是老子的立场和影响,他问老子对父王崩逝后的王室有什么建议。

老子说,姬贵生前对王子很宠爱,现在姬贵不在了,希望王子跟世子之间团结一心,兄弟友好。如此是社稷之福,天下之福。

王子朝反驳说,老先生应该知道他父王有意更立世子,再说现在的时世,如果不争的话,他就是弱者败者,兴者王而败者贼。他不能不争,因为他不想当贼。

当我听完王子朝的心思离开时,似乎已经麻木了。世事如棋,形格势禁,有些人注定不会去想解脱,而是要去当过河卒子了。王子朝那倔强的面容也模糊起来,我对他的怜惜也迅疾地转化为对天下人的怜惜。

我后来想起王子朝的故事,认识到,如果人们要想治理天下,而去干预事变的进程,那就会是非常被动的。天下,就是政权,不可用干预的办法去治理、去把握。那样做必然坏事,强行把握必然丧失。因此,圣人不去干预而任其自然,不会坏事,不去把握也不会丢失。人们做事,常在几乎要成功的时候而陷于失败。做事如果能够始终如一地小心谨慎,就不会失败了。就像大禹和父亲鲧对待洪水的不同态度。鲧是多想跟洪水一较短长啊,严防死守,围追堵截,效果适得其反。而大禹似乎做了很多事,他做的事都不过是顺其自然,无心跟洪水较量,不过是顺着洪水之性而已,治得了洪水就治得了天下。这种方法和结果的差异,说到底是谁更接近于大道的差异。

《道德经》第29章

将欲取天下而为之，吾见其不得已。天下神器，不可为也，不可执也。为者败之，执者失之。是以圣人无为，故无败；无执，故无失。故物或行或随，或嘘或吹，或强或羸，或载或隳。是以圣人去甚，去奢，去泰。

　　一切事物或先行或后随，或极热或极寒，或强壮或衰弱，或胜利或失败，左冲右突不得安宁。我们只能站在其中的一极，但我们能因此嘲笑对立的一极而自得于并强化自己的极端吗？我们能轻视自卑于自己的一极而想成为对立的极端吗？所以圣人摒弃过度，摒弃奢侈，摒弃极端。

　　因此圣人跟世俗之人不同。世俗不想要的，正是圣人所想要的，他不媚俗，不看重难得的珍贵物品。世俗不想学的，正是圣人所要学的，他因此可以补救众人的过失。一如天道，依赖万物自己成长，而不干预自然的进程。

人之从事,常于几成而败之。
慎终如始,则无败事。
是以圣人欲不欲,
不贵难得之货;
学不学,复众人之所过,
以辅万物之自然而不敢为。

《道德经》第64章

人名事典

陆浑氏：晋国豪族。

毛伯得、毛伯过：人名,周王朝大夫。

鲧：姒姓,字熙,大禹之父。

中年之退

与世子交流，对天下和王者有了更成熟的思想

第三十四章

以身为度，
可以度量一切政治、礼仪。

但当时，还没等我从中思索出什么，又有使者召唤，说是世子猛请我商议要事。等我到达时，看见姬猛穿一身重孝，面无表情（这是他一贯的表情）坐在那里。姬猛对我点头示意。

世子的侍从说，世子是已故天子的当然继位人，天子驾崩，世子和大家一样满怀悲痛。对于丧事，世子决心办得像个样子。关于灵前设烛和哀杖，有一些疑问想请教：灵堂设火烛的问题，堂上堂下是一烛还是二烛，大家不太清楚。有人说堂上一烛，堂下一烛；有人说应该是堂上二烛，堂下二

烛；还有人说应该是灵堂上设一烛，灵堂下设二烛。关于哀杖，有的说用竹杖，有的说用桐杖，有的说用柳杖。这些问题，究竟做何选择才算是符合周礼。

我听到侍从的话一时头大，但也只能耐着性子解释，按礼说，"君堂，上二烛，下二烛；大夫堂，上一烛，下二烛；士堂，上一烛，下一烛"。这其中是很清楚的，不需要争议。至于哀杖，按礼，"为父苴杖，苴杖，竹也；为母削杖，削杖，桐也"。但现在大家用的都是柳，所以不必拘泥用什么材料，你用了什么东西，它就是哀杖，就是合礼的。

侍从点点头，姬猛也点点头。看来这个世子学会了最后表态，他请我来的意思也不只是问礼吧。

果然，侍从看了姬猛一眼，就问起王子朝的事。我向世子讲明了见王子朝的经过，我如何劝王子朝的，当然，我没有说兴者王而败者贼的话。

侍从说，感谢我能够劝王子朝以和睦为重，但事情恐怕不会这么简单，人人都知道王子朝的野心，他不会甘心为世子的臣子。但老先生放心，世子也不会拱手让人的。

老子看到，姬猛一副宠辱不惊的样子，其实是很紧张的。姬猛听到王子朝召见过老子，心里直打鼓，所以也要见见老子。姬猛听到老子说劝解过王子朝，欣喜若狂，却装作不动声色。这样的世子似乎也靠不住，即使坐了天下，也非人臣之福，更非天下人之福啊。

老子后来总结说，对于宠辱，人们总显得惊慌失措。他们有大患是因为他们有自己。什么是宠辱若惊呢？人们把受宠看得高高在上，把受辱看得失败卑下。所以他们受宠时惊慌失措，失宠时也惊慌失措，受辱时惊慌失措，洗刷耻辱时也惊慌失措。这就叫作对于宠辱惊慌失措。

什么是大祸患在于有自己呢？我之所以有祸患，是因为还有身体，还有自己；如果没有身体，没有自己，我还有什么祸患。所以把身体看得比天下还贵重的人，就可以把天下托付给他；把身体看得比天下还可爱的人，就可以把天下托付给他。

> 宠辱若惊，贵大患若身。
> 何谓宠辱若惊？
> 宠为上，辱为下；
> 得之若惊，失之若惊。
> 是谓宠辱若惊。
> 何谓贵大患若身？
> 吾所以有大患者，为吾有身；
> 及吾无身，吾有何患？
> 故贵以身为天下，若可寄天下；
> 爱以身为天下，若可托天下。
>
> 《道德经》第13章

姬猛和王子朝，如果真让他们自己选择，他们并不愿意以自己的双眼、四肢去交换一个威震天下的名位。但仅仅因为隔着错综复杂的利益，他们愿意选择去毁灭对方，要置对方于死地。他们没有想到，一旦做出了这种决定，不仅是生灵涂炭，不仅是对方付出血的代价，就是自己也将把命搭上去了。他们强取豪夺，其实就是控制和毁灭别人的乃至自己的肉体生命。这样的人，怎么可能托付以天下之任呢？即使他们争到了天下之主的名分，他们也让天下之主的权威大打折扣。

老子想，以身为度，可以度量一切政治、礼仪。

老子想起了对孔子的教导，江海所以能够为百谷之王，因为它处于江海之所以能为百谷王者,以其善下之,故能为百谷王。是以圣人欲上民,必以言下之;欲先民,必以身后之。是以圣人处上而民不重,处前而民不害,是以天下乐推而不厌。以其不争,故天下莫能与之争。

低下地位,善接各个山谷流出之水。由此可知,圣人要居于民众之上,必须以谦下之言行对待民众;要居于民众之先,必须把自己摆在民众之后。

所以圣人居于民众之上,民众不以为那是自己的负担;居于民众之前,民众不以为自己会受害。天下之人都乐意拥戴他而不厌弃他。正因为他不争,所以天下没有人能够跟他争夺。

周王室内乱，有了机会考察用兵之道

第三十五章

富贵而又骄傲，那更是自寻灾殃。

功遂身退，这是天道。

对世子一派人来说，姬贵去世前的心腹大臣是宾起，顾命大臣也是宾起，宾起迟迟不来找世子商议丧仪大事，说明姬贵临终前可能另有遗命。拥戴世子的刘献公、单穆公决定先下手为强，他们突然抓捕了宾起而且将他杀掉，占领王宫，立世子猛为王，就是后来被谥为悼的不幸的悼王。什么是悼？年中早夭曰悼，肆行劳祀曰悼，恐惧从处曰悼。

老子听到这个消息，明白战争开始了。老子既悲哀又激动。悲哀的是，经此一战，周王室在诸侯国面前再无声望可言，普天之下莫非王土的大周不比一个小诸侯国更好。激动的是，他可以实地考察战争了。

果然，王子朝得知情况后，立即联合召庄公、尹文公、甘平公，起兵争位。召、尹、甘三家各出一部分兵力，三方面兵力会合在一起，向刘献公发起进攻，最后把王宫团团包围。双方展开拉锯战。

老子观察到，姬猛一派在踞守无援的情况下仍坚持作战，死伤惨重。而进攻无效的王子朝，则想出了到百工中招募敢死队的办法。一时之间，兵士们全红了眼，人人拼命地砍杀，人头和血手扑扑通通地落地。进攻的敢死队什么都不顾，黑压压地向前硬攻，终于，不知道宫门如何打开了，宫外的兵士跟在敢死队后面，拥进了王宫。败退的一方打开宫后门，护卫着姬猛、刘献公、单穆公等王公大臣逃走。王子朝的军队乘胜追击。

老子后来总结说，古代兵家说过这样的话："在战术上，我不敢固守城池而被动挨打，而要积极进攻以取得主动。在战略上，我不争一寸的得失甚至会放弃一尺的土地。我不敢因固守城池而去耗尽力量，我要主动退却以后发制人。"他们用兵慎重，看待自己有如无阵可摆，无臂可攘，无敌可就，无兵可执。这样才能以无形钳制有形，出其不意，攻其不备。

用兵是诡道，同样也是天道，必须像天罗地网一样从各个方面网罗住敌人。不能轻敌，因为祸患没有比轻敌还大的，轻敌相当于丧失自己的生命。因此，如果敌对双方的兵力相当，那些慎重的先让者就会获胜。

用兵有言：吾不敢为主而为客，不敢进寸而退尺。是谓行无行，攘无臂，扔无敌，执无兵。祸莫大于轻敌，轻敌几丧吾宝。故抗兵相若，哀者胜矣。

让我萦怀的不仅有战争，也有朋友的安危。苌弘没有打招呼，他也不可能来跟我打招呼，他不得

不被姬猛一拨儿裹挟而去。但愿老朋友能有自全之道。

王子朝占领了洛都，一时得意忘形起来。多年不打仗，那些参战的军士一下子暴露了他们的残暴本性，姬贵的一个儿子，众多的妻妾，单穆公的一个女儿……都在这场战争中被侮辱、杀死。人们杀红了眼，杀狂了心。王子朝大肆庆祝，以示他将成为新的周王。

我不看好王子朝，但对我来说，重要的是要总结战争的规律，真正使军队成为天下人能接受的王师。就像商汤时征讨无道诸侯，天下都接受，而且迫不及待。东面而征，西夷怨；南面而征，北狄怨。曰："奚为后我？"轮到解我们于倒悬之境时，为什么来得这么晚？这才是王师，才是民众愿意送汤、送水、送猪、送羊的王师。

但即使如此，王师出征也是不得已的行为，杀戮没有荣耀可言，破坏更不会有什么正当理由，除了结束，战争中没有可称为美好的事物。至于无道之军队，更等而下之，更是一种罪恶，其中的将士不过是行凶的刀子，不仅民众不欢迎，就是将士们也多半看不起自己。就像人们常说的，好铁不打钉，好男不当兵；兵器，本是不吉祥的东西。人们也经常对其表示厌恶，故有道者不接近它，也不依靠它。它是不祥之物，非君子之物，只有万不得已才起用。用兵时也以恬淡为上，胜利了不把它当什么好事，如果有人把它当好事，那就是喜欢杀人了。那些喜欢杀人的人，是不可能在天底下实现他的志向的。

所以君子日常以左为贵，因其为阳气通道，象征吉祥；用兵时以右为贵，因其为阴气通道，阳生而阴杀。吉利事以左为贵，凶事以右为贵。偏将军则处于左边，上将军则处于右边。这表示以丧礼来对待军事，说明全军并不好战，而是不得已而战。不好战，但不怕战。杀人太多，则要以悲哀的

二〇八

《道德经》第31章

夫兵者，不祥之器。物或恶之，故有道者不处。君子居则贵左，用兵则贵右。兵者不祥之器，非君子之器，不得已而用之。恬淡为上，胜而不美，而美之者，是乐杀人。夫乐杀人者，则不可得志于天下矣。吉事尚左，凶事尚右；偏将军居左，上将军居右。言以丧礼处之。杀人之众，以悲哀泣之。战胜，以丧礼处之。

心情吊唁哭泣。打了胜仗，要为死去的双方士兵举办一个丧礼，认真为死者送葬，为死难者哀。

老子不看好王子朝，虽然接连不断的消息对王子朝还是很有利的。成周百姓只能看热闹，他们把王子朝称为"西王"，把姬猛称为"东王"，两王相争，得有一个结果才行。但这个争斗太过漫长，城头王旗变换多次。

单穆公实行离间，挑动百工对王子朝反戈一击，一度占据王城。但单穆公也无道义，居然一口气杀了还、姑、发、弱、鬷、延、定、稠，这些人全是灵王、景王的子孙。这种对王子王孙的杀戮使得百工们认清了单穆公的残忍，再次反水，跟随了王子朝。东王一方败退，在扬邑、皇邑等几个小城池里苟延残喘。

接下来，元老重臣刘献公去世，做了几年世子，做王不到一年的姬猛也病死。献公的儿子刘文公不甘心，单穆公也不甘心，因为他们几大世家在争斗中立场最坚定，损失也最惨重。他们不可能向王子朝投诚。

人名事典

召庄公、尹文公：人名，周王朝权臣。
奚为后我：事见《孟子·尽心下》。
还、姑、发、弱、鬷、延、定、稠：人名，王子王孙名，在乱中被杀。
刘文公：刘献公之子。

第三十六章
战争中没守住典藏，被免职回乡

> 想要保持满盈的状态，
> 不如适可而止。

老子看着老朋友在一个悲惨的境地里无能为力，他知道，苌弘的生死跟刘公家族捆绑在一起了。到刘公、单公拥立景王的另一个儿子姬匄为王时，老子明白，战争将是持久的。西王大部分时间占据着成周王城，这让他不可一世，以至于在内部开了杀戒，杀召伯盈、尹氏固、原伯鲁之子。烧杀抢掠，仅仅火烧之事就发生了多次。一次战争中，单家俘虏了对方将官，用火把他烧死。另一次，王子朝的兵攻下刘氏的刘邑，纵火烧城。

老子很清楚，苌弘会发挥他的扭转乾坤之能，会随时变劣势为优势。果然，当王子朝手下的大将南宫极的封邑发生地震时，苌弘建议刘文公大造舆论说：历史上，西周快灭亡时，三川发生了地震；现在西王姬朝的大臣家里也发生了地震，这也是被老天爷抛弃的象征。我们一方必然取得胜利。但强势的王子朝在军力上仍占有优势，甚至坚持了近两年还看不到希望的世家大族甘公也向王子朝投诚。刘文公很沮丧，但苌弘安慰他说，那有什么关系，只有同德同心才能渡过难关，历史上商纣王的部队多，周武王只有十个臣子，但就靠同德度义，而夺了商纣的天下。

天下有道，却走马以粪；天下无道，戎马生于郊。罪莫大于可欲，祸莫大于不知足，咎莫大于欲得。故知足之足，常足矣。

《道德经》第46章

老子观察到，这场争位之战打得惨烈。双方短兵相接时，城郊、宫室、原野，都是战场。老子看到过这样的景象，洛邑的四野一片荒凉，曾经的房舍早已是断垣颓壁，曾经的井栏处已经破败摧折，阡陌错断，田园荒芜，杂草瑟瑟。田野里不见耕种之马，大道上的战马奔驰不息，有的马还拖着大肚子艰难地尾随其后。十年之后，姬匄在单公、刘公等人的支持下，终于打败了王子朝，在已经残破而且显得狭小的洛都安下身来。

老子想：天下有道，驱使战马去拉播种器和摩田器进行播种；天下无道，战争频繁，公马不足，母马上阵，马驹产于战场。罪恶没有比私欲更重的了，祸害没有比不知足更重的了，灾殃没有比贪得无厌更惨痛的了。所以说知足这种满足，才是真正的满足。

在我逐渐了解战争的真相后，我不禁对老朋友的愚忠产生了怀疑。献公死了，世子姬猛死了，在我看来，应该就是苌弘解脱的日子了。但他反而为刘文公出谋划策，为姬匄效力。要知道，这样做无非是把一两年的战争无限制地拖长。双方的争斗没有任何道义可言，老朋友那样做图的是什么呢？别说大周天下已经分裂不可谋了，就是摇摇欲坠也谈不上要为其谋划啊。

随着时日的流逝，老朋友的作用开始为大家所知，列国观察家们都注意到苌弘在这场争战中的重要性。由于他的努力，晋国派遣的使者士伯到周王室调查战争和王争真相，但士伯只到大门口问了大家几句就得出结论，王子朝一方不义，晋国全力支持东王一方。有此舆论和强晋的介入，王子朝的覆灭只是一个时间问题了。但我在为老朋友终不埋没的一生高兴时，还是为他惋惜。他那样执着地要发挥只手擎天的作用，究竟有什么意义？

战争打了十多年，苌弘才算取得了决定性的胜利。他们入主洛城。而王子朝在此前就把王室的典藏图书带走了一大批。我是守藏室之史，但我守得住吗？王子朝向南方逃跑了。在我看来，这样也好，大周的图典书籍是该散一散，公布于天下了。

我以失职而被免职，我也不愿意再生活在洛都了，我要回乡。

老朋友百忙之中，来给我送行。他说，先回乡看看也好，等洛都整顿得差不多了，他会奏明天子，再请我回来为王室效力。

我唯唯否否，没有应答。我看到老朋友舒展的神情，不禁劝慰他，观察了一辈子天道，还是要留心为好，人只能靠天道保全自己。

我说，勇于触犯、勇于一时血气冲动则死，勇于否定本能则活。这两种勇，恃气恃理，或者利多，或者害多，天道厌恶"勇于敢"者，厌恶那些张牙舞爪、不知收敛、不敢直面惜身惜生之勇的人，谁知道是为什么呢？天之道，不争而善于取胜，不言而善于应付，不召而自动来归，不作声而善于谋划。天网宽广宏大，虽然稀疏却不会有一点失漏。

> 勇于敢则杀，勇于不敢则活。此两者，或利或害，天之所恶，孰知其故？天之道，不争而善胜，不言而善应，不召而自来，繟然而善谋。天网恢恢，疏而不失。
>
> ——《道德经》第73章

苌弘没有回答老子的问题，他沉浸在一种力挽狂澜的悲壮中，沉浸在能够施展才华的激情中。因为他必须尽快帮助文公、姬匄收拾破乱的成周，以避免王子朝的残余势力的打击，从而腾出手来变被动为主动，彻底消灭王子朝的残余势力。而现在，百废待兴，要命的是，王室没有钱。姬匄，真的像乞丐一样啊。

老子说了些什么，他似乎听到了，却又全然忘记了。老子最后还跟他说了一句临别赠言，但他忘掉了。他跟老子告辞后，立刻想到了加固扩展城墙的办法，这个办法可以一劳永逸。没有钱，他可以出使诸侯国去借钱。

刘文公对苌弘已经非常信任了，听了苌弘的计谋后，他们一致想到可以去晋国，向晋国的执政魏献子化缘。名满天下的苌弘出使晋国，让魏献子大为高兴，见识了苌弘的谈吐，魏献子决定支持周王室，这使得洛都城墙的扩充巩固计划顺利完成了。

老子在返乡路上，再次对战争的创伤有了深刻的印象。道路破坏，田野荒芜，人民流离失所……老子听说老朋友献给周王室的方略不是与民生息，反而也是压榨民力，借力于诸侯。老子看到强壮者死于战争，老弱者又被迫服役于建设，不免叹息，现在的周都连破落户都不是了。

老子想，以道辅佐人主的，不靠兵力在天下逞强。伊尹、姜尚何曾有一兵一卒，但他们能够辅佐君王，因为他们有道。或者姬猛、王子朝身边的人不认为他们有道，只以为他们有术而已。

战争这件事好悬，危险得很。战争杀戮，看着刺激，也容易返回，要付出代价，所谓血债要以血来偿还。军队驻扎的地方，民生被破坏，百姓流离失所，田园荒芜，遍地长满荆棘；大战之后，必定有凶灾之年。所以善于处理战争的，用兵果断，有好的结果就要停止，绝不以兵力逞强。胜利了不骄傲，胜利了不夸耀，胜利了不趁机进攻，胜利了视其为不得已。这就叫胜利了不逞强、不霸道。

以道佐人主者，不以兵强天下。其事好还：师之所处，荆棘生焉；大军之后，必有凶年。善有果而已，不敢以取强。果而勿矜，果而勿伐，果而勿骄，果而不得已，果而勿强。物壮则老，是谓不道，不道早已。

事物的壮盛总要付出代价，多受创伤，因此常见的现象是人们刚到壮盛就很快衰老了，这就是人们不懂得道的原因。而人们往往不思养生之道，反而变本加厉地去欺压弱势，所谓强壮的贼害老弱病残，那就更不合乎道，这种霸道即不道，不道必定完蛋得也早。

我后来听说，苌弘的作为已经引起了各国的侧目。苌弘和年轻的刘文公从晋国借来力量为洛邑王城修建基础设施，大功告成，并想因此大会诸侯。卫国的大夫彪傒见到周王室的单穆公时，明确地说："苌弘其不殁乎！"苌弘快要死了吧。彪傒知道单穆公和苌弘、刘文公算是一党，但他仍引《周诗》佐证说："天之所支，不可坏也；其所坏，亦不可支也。"天支持的东西，是不可能被破坏的；而老天要毁掉的东西，也是不可能强撑的。现在苌弘、刘文公要强撑老天正毁掉的东西，不是太难了吗？

彪傒说出了我想说的话，他对单穆公说，苌弘这个人会完蛋得早一些，他想让天下的资源都来维护一个朽木般的小政权，他又不是世家名门。在这个衰末的时代，天道是要大家疏导来保全自己的，但苌弘反而欺诳刘公，他就犯了三大罪错。违天一错，反道二错，诳人三错。所以，如果洛邑周王室暂时还没有危机，苌弘必然遭到杀害。

我听到人们传说彪傒的话时，长久无语。我已经太老了，早过了古稀之年，跟世界物我两忘很久了。但听到世间传来的消息，我的内心是崩溃的。天下的明白人还是有的，尤其是当政、有权有势的单穆公、彪傒们，只是他们要么自私，要么看戏。那样一个没有出身的老朋友，在王公大臣、世胄望族都对大周的国运、国柄袖手旁观时，在他们甚至像蛀虫一样贪腐时，却要挺身而出，用尽心力去挽救政权。他以为挽救了政权就是挽救了大周。

坐而论道时，老朋友似乎也对社稷、政道、治理等看得明白,谈得头头是道。但现在一头钻进去,反而也热衷于非常手段了。他的精力完全消磨在支持那个姬匄上去了。他为什么不听我功遂身退的话呢?难道用权真的那么美妙,竟可以以生命相搏?

刘文公家族跟晋国的范家世代为婚姻亲家,范家曾经英雄智者辈出。随着晋国的强大,晋国六卿所代表的大家族也日益膨胀。外敌一时屈服了,六卿之间开始战争了。听说苌弘通过刘文公给范家出了不少主意,这让我极度震惊。随即明白,苌弘并非想帮刘、范两家,他是想加剧强晋内部的争斗、削弱晋国的国力。这样愚蠢的行为居然出于我的朋友,实在让我惊异于人心为欲望所蒙蔽。削弱了晋国,周王室就能强盛吗?痴人哪,愚人哪!

我听到晋国内乱的消息,不禁为天下悲哀。周王室之乱长达一二十年,晋国之乱也许不会这么长,但会比这个动乱更变本加厉。在漫长的等待里,我听到了这样的消息,晋国的内乱十九年后,赵氏获胜,这种惨胜使得赵氏寻求报复,他指责周王室卷入晋国的内争。姬匄为了获得赵氏的支持,就将为他立过大功的苌弘杀掉了。

我听说,杀掉苌弘的时候,正是炎热的六七月。我的老朋友在最后一刻应该是明白了,传说他请人把自己的血保存下来。而当他就死的时刻,天降飞雪,令所有目睹的人都惊异、叹息。

三年以后,人们传说,苌弘的血化为一块碧玉。

我给苌弘的临别赠言正是我的格言诗篇:想要保持满盈的状态,不如适可而止;锻打利器使之尖锐,不可能长久保持;追求金玉满堂的成果,也没有能够守得住的;富贵而又骄傲,那更是自寻灾殃。功遂身退,这是天道。

持而盈之,不如其已;揣而锐之,不可长保。金玉满堂,莫之能守;富贵而骄,自遗其咎。功遂身退,天之道也。

《道德经》第9章

人名事典

姬匄:人名,周景王之子,史称周敬王。匄,音 gài,古同丐。
召伯盈、尹氏固、原伯鲁:人名,周王世臣。
士伯:人名,晋国大夫。
魏献子:人名,晋国执政。
彪傒:人名,卫国大夫。
苌弘化碧:苌弘,字叔,又称苌叔。周景王、周敬王的大臣刘氏家的大夫。刘氏与晋范氏世为姻亲,苌弘在晋卿内讧中帮助范氏,晋卿赵鞅为此来声讨,苌弘被周人杀死。神话传说其血三年后化为碧玉。

孔子千里迢迢赶来求教

第三十七章

他就像方正之物一样不会割伤人，他有棱角但不刺伤人，他直率而不放肆，他明亮而不炫目。

生命的泥委弃在地面上，不生乔木，只生野草，这是我的罪过。

我自钟爱我的野草，但我憎恶这以野草做装饰的地面。

当我从周都回到家乡，看到一路上满目疮痍时，不禁悲从中来。那些乱离中的生活，真的是猪狗不如、禽兽不如啊。人们聚在一起，组成了家乡、邦国、天下，本意是为了过一种比山野、丛林生活更好的生活，更自在、更神性。生命赋予了人们，本来是要让他们成就出如同乔木一样的人生，向天地致意。但人们却只能如野草一样地活着——土地贫瘠了，人们活得荒凉；土地肥沃了，人们活得热闹。无论如何，都只是那些豪门巨室为地面所做的装饰。

因此，就是我看到了那些还没被战乱、苛政所侵略的乡野，也会感到难过。那些生活在幸福中的人，他们知道那幸福不过是繁华一梦吗？大周要完了，列国在争抢了，王、公、诸侯、卿、士、大夫、家宰……都要上场表演，你争我夺，明争暗斗，最终要波及那些边远的幸福的人。他们只是野草，他们无能为力。

如今在晋国的内乱中，国君制止不了六卿的厮杀，结果会是什么样子？想起少时常枞老师说，神派君王代表他来治理世界，但君王临世就像"将在外，君命有所不受"一样，君王们对神意也有所不领。我当时问：神为什么不造一个领命的君王呢？如果君王不好好治理了，那么神为什么不来治理呢？现在我明白了：世道人心的治理也好，引导也好，既是君王的事，也是众人的事；他们的相处共和之道一旦出了问题，神就现身了。一百多年前的内史过就对周惠王说过，国之将亡，神降以观其恶。一国上层的罪恶会像传染病一样传播开来。我不想象结果，但我不得不想象人命的卑贱、民生的艰难、人心的愚昧、人欲的贪婪和虚妄。

老子听说，晋国国君其实是乐意看六卿厮杀的，他对六卿的坐大早就如坐针毡，故对六卿的相互残害推波助澜。如果不是碍于国君的位子，他早就要上场亲自去角逐了。老子出生前十几年，晋国著名的大夫、贤良而好直言的伯宗先生就劝谏晋君不要强争，要懂得含羞忍辱："川泽纳污，山薮藏疾，瑾瑜匿瑕，国君含垢，天之道也。"

老子想，大家其实都明白晋君的心思，就看晋君如何让大家心服口服了。但晋君自以为精明，用阴谋诡计，用挑拨离间，用自己要夺到最高权力的办法，实在是愚蠢至极。他以为自己精明，不知道天外有天，人外有人，要比赛精明，轮到他了也只有一时而已，会有更精明的人出现的。老子发现，千秋万岁、流芳百世的说法太害人。什么黄帝活了三百年，生而人得其利百年，死而人畏其神百年，亡而人用其教百年，这些话只是巧言令色。周朝会有八百年，西周、东周、成周等，这些说法只是数字的游戏。一个人、一个朝代的鼎盛都是有限的。

以人来说，人生百年，但用世的时间只有一世，这一世三十年里，能够发挥才华的时间也就十年左右，其他时间要么是学习、做准备的时间，要么是成功了垄断社会资源的时间，甚至是心智狂悖、收获罪恶和耻辱的时间。所以老子才提倡退场，一个人的用世是有期限的，成功了，期限到了，必须退场，这是天道。老子在哀叹老朋友的遭遇时也明白，苌弘知天数而未能行天道，实在是不义。用二百多年前郑庄公的话说，行不义而自毙，不亦宜乎？

老子和天下人都看到了周王室、晋国和诸侯国的笑话，比起他们先辈的文治武功，他们的言行实在是不肖，是跳蚤，会有更多更大的笑话。可悲的是，用乡亲们的话说，他们仍在螺蛳壳里做道场，争于眼前，患得患失。老子还记得二三十年前，景王的父亲周灵王临死前几年，鲁国的叔孙豹出使晋国说出的"三不朽"的名言。当时晋国的范宣子迎接叔孙豹，问他何谓"死而不朽"。叔孙豹没有回答。范宣子自己猜测，他们范氏家族"世代为官受禄"大概就是古人所说的"死而不朽"。叔孙豹回答说：以豹所闻，此之谓世禄，非不朽也。我们鲁国有位先大夫叫臧文仲，死了以后，他的言论还没有被放弃，大概所谓的不朽就是这个吧！豹听说，大上有立德，其次有立功，其次有立言，虽久不废，此之谓不朽。至于说保持家世，守住宗庙，世世不断祭祀，没有一个国家不是如此。因此说，禄之大者，不可谓不朽。官儿做得大的，不能说是不朽。老子曾经为叔孙豹的话击节赞叹。世道人心中重要的是立，而不是尚，不是争。老子反对时尚、反对竞争，更不用说反对争抢、战争，就是时尚也会带来伤害。尚齿、尚贤、尚朋、尚爵、尚才……都会带来无休止的伤害，如同江水后浪推打前浪，新的人物对旧人物的推打是一种伤害。人类只有意识到平等,那种推打才在自然中而非起哄伤害中展开。

老子对晋国的君臣不抱希望,老子想,他们貌似忠厚,似乎传承了唐尧、唐叔们的美德,在争斗中他们会用各种方法把最自私的心思藏起来,但他们其实会变得失去正常的人性、人情。值得忧虑的不但是这些所谓大人物的缺德,而且是缺德使其成了大人物。大家看到身边不起眼的某个人迅速蹿升成大人物,就会从其劣行中寻找原因。纯朴的生活、平和的社会就开始出现混乱。老子后来总结说:一个国家的朝政无事,沉闷无味,这个国家的民众也就浑厚淳朴;一个国家的政治明察秋毫,控制一切,这个国家的民众就会奸猾狡诈。

灾祸啊,幸福就隐藏在其中;幸福呢,灾祸也潜伏在里面。祸福相互转化,谁知道它的极限?它的变化没有固定常态的吗?正常的会变得怪异,好事会再成为坏事。人们迷惑其中,这样的日子由来已经很久了。

所以圣人懂得此道。他就像方正之物一样不会割伤人,他有棱角但不刺伤人,他直率而不放肆,他明亮而不炫目。

其政闷闷,其民淳淳;其政察察,其民缺缺。祸兮,福之所倚;福兮,祸之所伏。孰知其极?其无正也。正复为奇,善复为妖。人之迷,其日固久。是以圣人方而不割,廉而不刿,直而不肆,光而不耀。

《道德经》第58章

我已经随遇而安。在路上，我经常受到风景的蛊惑。在渺无人烟的山谷，在不受污染的水边，我经常流连忘返，欲行又止。美的云朵，精神的祭品，就像一些自由的野花，孤独地生长、凋落。我在内心里等待日出，像老人的初恋。

像是殊胜的缘分，我听从一只鸟的教导，来到温国的一处鱼米之乡。那美丽的鸟儿对我鸣叫三声，像是要我注意这世间的奇妙遇合。我跟着它转过一道河湾，眼前就是一道开阔的田园风光，男耕女织、牧童摇鞭，一二炊烟袅袅，鸡犬之声相闻，何其甘美，何其自然。

我随缘来到的是济水支流，据说叫猪龙河，河绕山抱，人民繁衍，安居乐业。我不顾庚桑楚回乡的急切心情，决定在这里停留一段时间。

这个地方比家乡更集中了自然的奇观，河水跟河水之间，山与山之间，山与水之间，有着妙不可言的冲突、爱恋。我明白这其中也有道理，只是一时难以言语。

我返乡的消息传到各国，多有人关注我的行踪。孔丘打听到我卜居温国，千里迢迢地赶来求教。我们在村里相逢，我没有感谢他来看望一个落魄的老人。看到厚道的孔丘一脸恭敬而优雅，我开着玩笑说：丘啊，我提醒你，如果你去掉仪态的矜持和容貌上的智慧，你就是君子啦。

孔丘不好意思，低下头来。但他随后仍坚定地切入正题："我自认为研修《诗》《书》《礼》《乐》《易》《春秋》六部经书已经很久了，熟悉了旧时的各种典章制度，用违反先生之道的七十二个国君为例，论述先王治世的方略和彰明周公、召公的政绩，可是一个国君也没有取用我的主张，实在难啊！是人难以规劝呢，还是大道难以彰明呢？"

我说：那是你的幸运。如果真遇到了治世的明君，你就现眼了。六经,乃是先王留下的陈旧遗迹,哪里是先王遗迹的本原!如今你所谈论的东西,就好像是足迹;足迹是脚踩出来的,然而足迹难道就是脚吗?真正得道的人,无论去哪里都不会受到阻碍;失道的人,无论去哪里都是此路不通。

孔丘闭门三天,再来印证说:是的,乌鸦、喜鹊在窝里交尾孵化,鱼儿借助水里的泡沫生育,蜜蜂自化而生,生下弟弟后哥哥就常常啼哭。很长时间了,我没有能跟万物的自然变化相识为友。这样,我怎么能教化他人?

我说:好啊,你算是闻见大道了。你看这暮色苍茫,听着晚风吹过树林,苍松应和着自然的琴声,我们都将咏而归啊。

人名事典

温国:国名,姬姓小国。

温国不可久居，苦邑是我的家乡

第三十八章

知道满足
就不会遭到侮辱，
知道适可而止就不会有什么危险，
这样就可以长久地生存。

王子朝投奔楚国后，居然满口称道老子为当世圣人，劝说楚国请老子为官。老子拒绝了楚国的使者，楚国的名士士成绮随后来见老子，大不以为意。

士成绮说："听说先生是个圣人，我就不辞路途遥远来求见你，走得脚上的老茧长了一层又一层，没舍得休息。现在我看到先生，太失望了。地上都有剩菜，一片杂乱，不懂得收拾，枉费我不远千里迢迢来此，看到的竟然是一个糟老头子！"士成绮喋喋不已，还说听说老子六亲不认，聚敛钱财，为老不尊，浪得虚名。他以为圣人住华堂，着锦衣，居高位，没想到老子如此清贫、朴素。这让他失望，做圣人做到这种地步，实在有些不值啊。

老子木然以应。士成绮说完就走。

看到好的雨落到苗田里，我就赞美；看到石头，它无知无识，我就默默流泪。现在，一个贵族，红尘中的名利之徒呼我圣人或牛马，我无言以应，或将闻声作答？我沉默，我干活，我行走。不骄傲，也不谦虚；不平静，也不喧哗……

士成绮在这个温国的小村镇停留了一天，居然态度来了一百八十度的大转弯，他恭敬地来向我道歉并请教："昨天我说了很多无礼的话，你一句话也答不出来，我应该颇有胜利之感才对，但为何我心里若有所失。今天我心中有点开窍，觉得自己可能哪里有什么不对。这是什么道理？"

我说："什么圣人不圣人，无非是人心理上的一时情绪而已。我自认为多少获得了驻身心于大道之中的成绩，饱经人世风霜，任凭人情冷暖、世态炎凉，对一切的毁谤赞誉无动于衷。即便人们呼牛唤马一般地吆喝，我也会点头的。昨天你叫我牛我就称作牛，叫我马就称作马。假如真的是那种样子，人们也那样评价我而我不肯接受，就会错上加错，罪上加罪。""如果你以名声来称量我，以形象来思议我，那就走入邪道，你会跟我失之交臂。我也并不是你给我安个什么好的名，我就要按你的模子做成合乎你的那个名。"我顺应万物总是自然而然的，并不是因为要顺应而去顺应。

士成绮面现愧色，他像雁一样斜着走，好像是要避开自己的影子。他侧身退了出去，但很快又折返回来，他甚至忘了礼节，连鞋也忘了脱，蹑手蹑脚地走上前来请教："要如何才能真正体悟大道？"我说："你昨天来时摆着架势，高傲自负，两眼露出凶光，好像要和人家打架一样，这就像一匹奔跑的野马，突然被人捉到，便心气浮动，完全失去了它的本性。虽然暂时有所压制，但你自恃高贵，自以为聪明而外露骄恣之态，这些都不能说是人的真实本性。你并非真的想学道，你只是听说有一种叫大道的好东西，你想据为己有，并不是你想肉身成道。你的行为就像偷越边境的人，这种人叫什么呢？叫作窃贼。想偷东西，可以直接叫作窃贼！你如果要修道的话，就请恢复自然的本性吧。其实，清净的本性就存在于大自然间，如果你要学道，就要赶快回归自然的本性，这就是道。要知道，自以为很了不起，傲视他人，只喜欢与人辩论，你的心念必然不得自在。"士成绮说，他总算知道心高气傲的王子朝何以称赞圣人了。

除了这些访客，我也接到家乡人的口信，庚寅、秦佚们都有怨言啦。是的，温国不可久居，苦邑是我的家乡。

我回到了故乡，受到了朋友们的热情欢迎。庚寅感谢我把他的孙儿庚桑楚教育成人，让另一个老同学徐任听得若有所思，而秦佚也嚷嚷说要给我推荐一个叫杨矩的好门徒……

大家谈起周室内乱，说当初都为我捏了一把汗。毕竟身居高位、名满天下，在东王、西王的争斗中，一不小心站错了队伍，说不定大家就再无相见之日了。这下子好了，丢官了也没什么，这年头，不做官最好，大家正好可以在一起讲学论道。

我也很高兴，并把我的祸福思想告诉了大家，大家念诵着"祸兮，福之所倚；福兮，祸之所伏"，都若有所思。庚寅说，这似乎跟老师讲的大易理论一样，大易也是要我们注意变化，要白日乾健晚上惕警。徐任点点头。

秦佚忽然开口说：这是偷来的话嘛，你们没听说这个故事吗？大家一愣，听秦佚讲故事。

我知道他要讲什么。果然,他说起燕国北部有一个老人家很有智慧。有一天,老人家的马丢了,家人和邻居都很担心。老人说不要因为可惜而扰乱了自己正常的生活,大家该干吗还是干吗。有一天,丢失的马回来了,还带回了一匹野马,大家祝贺他失而复得而且增添了财产。但老人说,这也没什么,说不定是坏事呢。果然,他的儿子在训练野马时,从野马背上摔下来把腿摔折了。大家为他惋惜,他说,这也没什么,说不定是好事呢。过了一个月,燕国跟北戎国开战,征兵征到他家,儿子因为腿伤没有参军,坏事变好事。大家佩服老人家的先见之明。老人就说了这么一句祸福相倚的话来。"是不是啊,老聃兄?"秦佚很得意。

我说是的,我的话是从民间来的,但也总结了我们身边的经验教训。而且同样一件事,我们还可以从中解读出很多道理来。比如这件事中,老人家的智慧不止于祸福思想,还有知足思想,我最近对知足有些心得。就拿名声跟身体比,你们说哪一个更可爱?拿身体跟财宝比,哪一个更重要?为名利而丧身,为身而丧失名利,哪一个更有害?所以,我说,过度的爱惜必然造成极大的耗费,财宝积累得越多必然丧失得越多。知道满足就不会遭到侮辱,知道适可而止就不会有什么危险,这样就可以长久地生存。

> 名与身孰亲?身与货孰多?
> 得与亡孰病?
> 是故甚爱必大费,
> 多藏必厚亡。
> 故知足不辱,知止不殆,
> 可以长久。

《道德经》第44章

大家点头称是。秦佚说,他最看不起那些守财奴了,整天只知道收藏、聚敛,他要一辈子两袖清风。徐任则对老子说,老同学啊,这个世道是变了,有权有势的在造孽,那么多的金银财宝本来应该是祭祀给天地神灵、自然大道的,他们却据为己有,任意妄为,日费万金还说没什么可吃的饭菜,没什么好看的衣服。你说他们不知道黎民百姓在受苦吗?他们没看到因为他们的渎职贪腐让田野荒芜了吗?他们不知道自己给人们带了一个很坏的头吗?

大家一时沉默下来。老子心里也很沉重,老子向大家讲起周王室的腐朽生活,那些曾经为天下景仰的世家,有过甘棠之美德的召家,有过平乱大功的刘家,还有单家、甘家,那些贵族,是如何堕落而残忍、荒淫无耻的。老子说,徐兄说他们带了一个坏头,这个说法好,他们早就不是什么贵族了,他们只是一个一个的、一家一家的强盗头子。

老子说:我坚信我对道的认识,使人行于光明大道之中,就是怕人入了邪道。大道是平坦的,人们却好走歪门邪道。王公贵族走上邪路,一样不得善终。甘悼公、毛伯过、巩简公等天下的名门望族,都是被人活活杀死的。

看那些精英贵族腐化堕落:朝政污浊,农田荒芜,国库空虚;他们还穿着绫罗绸缎,佩带利剑,饱食终日,占据着富裕的资财。他们这是大盗啊。他们的人生是在倡导一条做强盗的道路啊,这不是我们说的人生大道。

大家点点头。随后的日子,我们这些老朋友见天都在一起闲聊,拉家

> 使我介然有知,行于大道,唯施是畏。大道甚夷,而人好径。朝甚除,田甚芜,仓甚虚;服文采,带利剑,厌饮食,财货有余;是谓盗夸。非道也哉!

《道德经》第53章

常。有一天，老朋友们建议我，在家无事，正好可以把这些道理好好总结一下。庚寅看了秦佚一眼说，他觉得道理要从小处、细处讲起，要从身体讲起才好，这样才能让人们感同身受。秦佚笑着骂了一句：死寅子，你以为我玩世不恭就是糟蹋身体啊，我是以身为度，在替你们体验人生呢。

秦佚掉过头说，他比大家更有发言权，大家只是看到了别人如何山珍海味，老聃兄在首善之区大概也尝到了一二，但对权贵们的游戏、富人们的玩乐也不一定有真切的亲身经验。告诉大家吧，青、黄、赤、白、黑这些五彩缤纷的颜色看多了会让人眼睛失明；宫、商、角、徵、羽这些美妙的声音听多了会刺激得人们的耳朵失聪；酸、甘、苦、辛、咸这些美味也可以刺激得人们败坏了胃口；纵情于猎杀动物，会刺激得人心发狂；那些难得的珍宝，也可以败坏人的品行。钱多了不好，钱多了就会让人变坏。权大了也不好，不受制约的权力也会让人变坏。

秦佚还提到前些天讲"塞翁失马，焉知非福"的事，说那次本来想跟我说他的一段经历，但大家怕我激动就瞒下去了。他老秦浪荡一生，却也遭遇过大难。多年前，因为一个土豪看中的姑娘对他有好感，土豪追杀他，他一度被迫远离家乡，东躲西藏，前后五年之久。大家只知道他的这段经历，不知道他在这段经历中的收获。他在流亡中，也曾想豁出去算了，美食、美女尽情享受；但是流亡者的心情总是难以放开，似乎身体中的某扇门关上了。他经常饥一顿饱一顿地混日子，甚至一连十天半个月都只是饮水度日，欲望大大降低以后，他关注起身体的感受来了。突然有一天，他感觉到身体内部似乎有一股气息在动，从此以后，身体的展开妙不可言。

我确实有些激动。多年以来，对身心的探索只是我自己的事，没想到老朋友也无意中闯入了这一领域。秦佚说得好啊，关上一扇门，命运就会给你打开一扇窗。经一大难，增长智慧才配得上所经受的啊。兑就是眼睛，塞其兑，把眼睛闭上，关上欲念的大门，把眼前的东西暂时忽略，可以看到和体验得更多、更久。我心里一动，说不定秦佚比我还要长寿。

五色令人目盲；五音令人耳聋；五味令人口爽；驰骋畋猎，令人心发狂；难得之货，令人行妨。是以圣人为腹不为目，故去彼取此。

我总结说，所以那些圣人注意的是身体的实际，是让身体正常健全地运转，而不是外表的养眼炫耀。注重肚腹就清心俭朴，不注意虚荣好看就会去除奢华的消费。所以在肚子和眼睛之间，应该忽略后者，采取前者。我还说，大家注意到没有，所谓的视觉大餐、味觉的刺激永远比不上专注于肚腹之间的动静。对肚腹的关注归结到闭目养神上来，就既有视听的也有嗅觉、味觉的体验，有眼睛的、耳朵的还有鼻孔的全部体验，凝结一体，身心通泰，这就是神。

徐任说，这个道理人人都懂，就是有权势者不去听从。说起难得之货，也是天子最先丧失理智的。你们大家都记得，一百多年前，曲沃武公坐大篡夺晋国的正统，周天子不主持正义，反而在收了武公贿赂的宝器后，任命武公为晋君，将其列为诸侯，这是违背周公之礼的。结果怎么样，才两三代人的时间，现在的周王室不也穷得叮当响吗？而晋国发生了多少惨剧？亲骨肉相残，贵族厮杀，百姓遭殃……可笑的是，晋国如今还吹嘘崛起了，成为天下强国。

大家不免又沉重起来，庚寅看到后，洒脱地说，他现在同意我的说法，知足为好。在他看来，什么是富有啊，知足就是富有。世上说的那种富啊，成功啊，强大啊，还有其他说法都似是而非的。老聃兄可以做做正本清源的工作，让大家真正懂得什么是真的、尽善尽美的人生。姬猛和王子朝兄弟两人争了一辈子，他们了解对方吗？了解自己吗？太盲目了，也太不自知了。

> 知人者智，自知者明；胜人者有力，自胜者强。知足者富，强行者有志。不失其所者久，死而不亡者寿。
>
> ——《道德经》第33章

我由衷地感谢这些好朋友，跟他们在一起真是轻松愉快，他们真是自知而知足啊。我想，了解别人的人有眼光，了解自己的人有智慧。战胜别人的人，叫作有力；战胜自己的人，叫作强大。知足者富有；勤奋、自强不息者，其志向终有获得之日。不失其位置或立场的，叫长久；死而精神不朽者，叫长寿。

人名事典

士成绮：人名，传说是老子的弟子。其事见《庄子·天道》。

杨矩：虚拟人名。

以一人克天下，出风头可，未必有效

第三十九章

要让人们接受拔一毛利天下而不为，
就得让人们认可说，
只有最大限度地利己了，
才是最大限度地利了天下。

秦佚代收的弟子杨矩来拜见我，我发现他年纪轻轻的却对人世淡漠，他的淡漠不是真的无所谓，而是更极端地用世。他一无所有，却主张人人为我，而不能有任何利他之行；只有人人为我了，世道才会好起来。他的激烈让我吃惊，我告诫他说，人生在世，还是要报世的。但杨矩说：老师，我不要报，即使拔我一根汗毛能让天下人得大利益，我也不会去做的。

我赞赏地说：好啊，小子，就凭你一句拔一毛利天下而不为，你已经不是我的弟子了，我们是平等的，就算亦师亦友吧。但你要听着，人不想要报，报还会来的，报答、报应，非此即彼。你不想报答人世，人世就会给你报应。

看杨矩跃跃欲试的样子，我不禁为他担心。年轻人不是摆脱不了自己的虚荣。我知道他思想中那片面的深刻，我欣赏那深刻，从那一点发展下去将是一个壮观的大道运行轨迹。只是我担心他的生活，他一无所有，不通世故。生活一再证实，即使那些品德高尚的圣徒，也需要有些世故，才能得到世人的赞扬。我的老朋友长弘则是一个反例，他死得冤屈，但在贵族上层中，在主流舆论里，只是笑他活该做替罪羊，没有人对他的忠心德行肃然起敬，但愿后来的人们会给他荣誉。而杨矩这小子，却是一个浑不论的小子，如果没有人引导，他会骄傲，也会倒霉的。

我告诉杨矩，大禹为天下人治理水患，露宿野餐，粗茶淡饭，风里来雨里去，起早贪黑，兢兢业业，腰累疼了，腿累肿了，仍然不敢懈怠。经过十多年的艰苦劳动，终于疏通了九条大河，使洪水沿着新开的河道，服服帖帖地流入大海。沿河民众再也没有水患之忧。大禹为什么能天长地久被人们崇敬？那是因为，他的所作所为都不是为自己。"以其不自生，故能长生。"他三过家门而不入，把自己的私利置之不理，才赢得了后人爱戴；他不求个人名利，但是，他得到了最大的荣誉，这就是以其无私，故能成其私。他治水落下一身残疾，走路一瘸一拐，但人们尊重他，称其为禹步，并学习走禹步健身。

我告诫杨矩说，像王子朝这样的人比一般人更容易发挥影响，但他在败掉之前是骄傲的，他在跌倒之前是狂妄的。那么一般人要想发挥作用，更应该注意方式方法啊。踮起脚跟来是站不稳的，跨大步子是走不远的；好表现自己是不明智的，自以为是者是不会受欢迎的；夸耀者不会成功，自大

> 企者不立，跨者不行；自见者不明，自是者不彰；自伐者无功，自矜者不长。其在道也，曰余食赘行。物或恶之，故有道者不处。
>
> 《道德经》第24章

者不会长久。这些虚荣的行为，从道的角度看，叫作变质的剩饭、身上的赘瘤，是无用的废物。人们也是厌恶这些行为的，所以有道者不会陷入这种境地。所以圣人有自知之明而不好表现，自爱而不把自己看得了不起。所以说要舍弃后者，采取前者。

但杨矩说，他不做圣人，不做大家心中的大好人。

我说不出话来。

> 是以圣人自知不自见，自爱不自贵。故去彼取此。
>
> 《道德经》第72章

老子一直在犹豫是否要把常枞老师传授的大易之道告诉杨矩一二，关于人生世界，有规律可循，有轨迹可循。凡事有因有果，天地之间有力量或能量在流动，我们要的是认识它们，并参与其中。那种逆天行事未必不可,但要知时知位。易道最讲时位。不在其位,不谋其政;不得其时,则守位待变。君子得位得时,则可以逆天造势,创造出新的时世、新的流变。

在曲仁里住了一段时间,老子决定带杨矩到沛地去看看。杨矩需要游历,需要自立。老子想,他得帮这孩子一下。杨矩跟庚桑楚性格不合,同样是性格内向,木讷于行,杨矩是激烈的,庚桑楚是沉静的、恬淡的。但年轻终究年轻,杨矩做不到真正的激烈,庚桑楚也做不到真正的平淡。庚桑楚明显看出老子的偏心,本来就对杨矩的自私不满,对老师也就更不理解了。老子看到弟子争宠,只有苦笑,他不想解释,庚桑楚不笨,总有一天他会懂得老师的心意的。

当老子准备去沛地时,庚桑楚来向老子告辞。庚桑楚说,他想自己静静地修行一段时间,认真思考总结一下人生的经验,因此不能陪侍先生远游了。

老子看到庚桑楚哀怨的神情,不禁好笑。老子对弟子说,这样也好,他的学问、思想也传得差不多了,小子该自立了。老子建议弟子不必回家,老子知道庚家这么多年有些积蓄,家用不愁,人生短暂,还是要把精力用来问道、践行大道。

庚桑楚问老师还有什么教诲。老子说没什么了,不过他可以去北边的畏垒安身,在那里传道授业,为人解惑。

人名事典

禹步:传为夏禹所创,故称禹步。因其步法依北斗七星排列的位置而行步转折,宛如踏在罡星斗宿之上,又称"步罡踏斗"。

畏垒:地名。

万物蓬勃生长，我用此虚静之道观察它们的循环往复

第四十章

人尤其不应该以对未来、外界的预期来生活。

三年以后，我在沛地见了一个求学者南荣，原来他是庚桑楚的弟子。我早就听说，庚桑楚在畏垒住了三年，使当地的民风为之一变：男耕而有粟可食，女织而有衣可穿，各尽其能，童叟无欺，百姓和睦，世间太平。这让我坚信，时世风习三五年的时间是可以改易的。

我为弟子的成就高兴，据南荣说，当地民众很希望庚桑楚做他们的主君，成为他们真正的主心骨。庚桑楚打了很多的比方，辞掉了。他甚至坚定地跟当地人说，如果大家逼他出来主事，他就会搬家。我叹息，这小子是不会答应的，他只

知道养生，却不知道像孔丘一样去广收门徒。对有向上向善之心迹的民众来说，太平了还得教化才好，才能应对外界的风雨、世间的风云变幻。

据说，庚桑楚也对自己的弟子们说："你们对我的行为感到奇怪吗？春天，阳气蒸腾，万物生长；秋天，庄稼成熟，果实累累。春天与秋天，难道无所遵循就能这样吗？这是自然规律的运动与变化。我的老师常说，道德修养极高的人，像没有生命的人一样，虚淡宁静地生活在斗室小屋内，而百姓纵任不羁，全不知道应该做些什么。如今畏垒山一带的庶民百姓私下里谈论，想把我列入贤人的行列而加以供奉，我难道乐意成为众人所注目的人吗？我正因为遵从老聃的教诲而对此大不愉快。"

有弟子说，尚贤授能，从尧舜时就开始了，他建议老师顺从民众的心意。

庚桑楚嗤之以鼻，他说："口能含车的巨兽，孤零零地离开山野，那就不能免于罗网的灾祸；口能吞舟的大鱼，一旦被水波荡出水流，小小的蚂蚁也会使它困苦不堪。所以鸟兽不厌山高，鱼鳖不厌水深。保全身形本性的人，隐匿自己的身形，不厌深幽高远罢了。至于尧与舜两个人，又哪里值得加以称赞和褒扬呢！尧与舜那样分辨世上的善恶贤愚，就像是在胡乱地毁坏好端端的垣墙而去种上没有什么用处的蓬蒿……举荐贤才，人民就会相互伤害；任用智能，百姓就会相互伪诈。这数种做法，不足以给人民带来好处……我告诉你，天下大乱的根源，必定是产生于尧舜的时代，而它的流毒和贻害又一定会留存于千年之后。千年之后，还将会出现人与人相食的情况哩！"

南荣来的目的是，他听了庚桑楚的人生目的，很想知道养生全生之道，但庚桑楚说得清楚，他听不清楚。用他的话说，庚桑楚极为宝贵的经验，说出来也只是到了他的耳朵边，随风过耳。庚桑楚也意识到自己不足以感化弟子，建议他找老子。

据南荣说，他为老师的谦逊感动，也渴望拜见天下闻名的祖师爷，因此，拜别庚桑楚老师后，他顶风冒雪，步行七日七夜，来到沛地。

我确实有些后悔没有把养生心得告诉庚桑楚，但我想，他如今如此有成就，会在修身的经验中发现大道。大道是相通的。他既然能够以身作则，感化畏垒的民众，也会发现身体生命的大化之道。

我看着南荣，笑着问他："怎么跟你一块儿来的人如此多呢？"

南荣吓了一跳，回过头看看自己的身后，但是身后没有什么人呀！

我问道："你不知道我所说的意思吗？"

南荣低下头来羞惭满面，而后仰面叹息，请祖师爷指教。

我说："你来时，我察看了你眉宇之间，借此了解你的心思。你失神的样子真像是失去了父母，又好像在举着竹竿探测深深的大海。而你求学的样子又像是有众多迷途的兄弟，像是有数十种欲望。你确实是一个丧失了真性的人啊，是那么迷惘而又昏昧！你一心想返归你的真情与本性，却不知道从哪里做起，实在是值得同情啊！"

我告诉南荣，养护生命、亲近大道的方法之一在于追问自己：能够使身形与精神混一谐和吗？能够不失却真性吗？能够不求助于卜筮而知道吉凶吗？能够满足于自己的本分吗？能够对消逝的东西不做追求吗？能够舍弃仿效他人的心思而寻求自身的完善吗？能够无拘无束、自由自在吗？能够心神宁寂无所执着吗？能够像初生的婴儿那样纯真、朴质吗？

就像看见月亮一样，大道可以说是卑之无甚高论，但它却有永恒的魅力。就像庚桑楚做到了一部分，当地就会和谐繁荣，人们会以他为主心骨一样。大道无形但会示以形象，悬挂在世间最大的形象是太阳、月亮，日月之大象不自己吹嘘，但只要它悬在空中，人们日夜之间总会抬头观望。想象神在天上手持大象，万人翘首向往；民众的心思一旦吟诵日月，不仅彼此不会伤害，而且会身心舒泰。就像乡民节日聚会，似乎有一个无形的日月之象吸引大家前往，大家在乡公屋里相见、寒暄，不仅不相妨碍，而且有着不亚于独处安静的身心舒展。这就是大道的力量。掌握了大道，天下人都会归往；归往而不彼此残害，于是天下太平。音乐和美食，可以使过路的客人停步；而道，人们对它的讲述，却淡然无味，看也看不见，听也听不见，一旦运用起它来，却像是永远不会穷尽。

我很高兴南荣有这样的毅力，南荣向我请教时先问大道，再问养生，让我也觉得欣慰。我告诉这个后生徒孙，任何领域都有大道的作用，大道是不会废掉的，只要认真观察、把握，从身体、家族、乡里、邦国、天下，大道的作用是一以贯之的。

《道德经》第35章

执大象，天下往；往而不害，安平太。乐与饵，过客止；道之出口，淡乎其无味，视之不足见，听之不足闻，用之不足既。

我说，使精神达到非常虚寂无声的状态，固守着极为清静的状态。万物蓬勃生长，我用此虚静之道观察它们的循环往复。万物纷纷纭纭，仍会各自回到它们的本根。回到本根就是获得了跟大道合一的宁静，这种无形宁静的循环规律，可称为复命，天道好复还的命令。复命了就获得了恒常之道，就是宇宙间的永恒法则。理解了这一恒常之道才算是明白了。

知道永恒法则者就是明智的，不知者就会轻举妄动招致凶灾。知道恒常之道者，就包容通达了，通达就公平了，公平就周全了，周全就合乎自然了，合乎自然就合乎道，合乎道就能长久，一辈子也不会有什么危险。

致虚极，守静笃。万物并作，吾以观复。夫物芸芸，各复归其根。归根曰静，静曰复命，复命曰常。知常曰明，不知常，妄作凶。知常容，容乃公，公乃全，全乃天，天乃道，道乃久，没身不殆。

面对年轻人，老子明白，他们身体内的血液在翻涌，他们渴望表现、建立功业。南荣似乎是杨矩和庚桑楚的平均，但老子还是希望从道的角度告诫年轻人，不要以为在纷乱的世上可以做什么天为之造、地为之设的功业，可以由功业成全自己的高贵或富贵。

老子告诉南荣，不要以为王侯们命好，好些有成就的王侯可以说是一般人辛苦的十倍百倍以上，就是说，一个王侯等于十个百个百姓的生活。他们使每时每刻的生活都有内容，一生都致力于自己的目标，几十年如一日地奋斗，因此才理所当然地成为大家的主心骨。

老子说，人生短暂，人一生做不了几件事，因此要抓紧时间，要专心致志。要注意一啊，一是我们的起始，又是我们的结束。伏羲是以一画开天辟地，天下之动，兆头都是一。文明最重要的符号，天干十个符号，甲乙丙丁，甲也好，乙也好，都有裂缝一的意思，也是说明一切都从一开始。就像乡下人说的，要守住自己的一亩三分田。从前得到一的：天得到一，因而清明；地得到一，因而安宁；神得到一，因而通灵；谷得到一，因而可以满盈；万物得到一，因而生长；侯王得到一，因而做了天下的首领。它们的本质，是由一决定的。天不能清明，恐怕就要破裂；地不能安定，就要废灭；神不通灵，就要完竭；谷不能满盈，就要干涸；万物不能生长，就要死灭；侯王不能做天下的首领，就要被颠覆打倒。

所以说高贵以低贱为基本，虽高，必以下为基础。因此侯王自称孤独、少德、不善，这是他们以贱为根本啊，难道不是这样吗？人们厌恶

《道德经》第39章

昔之得一者：天得一以清；地得一以宁；神得一以灵；谷得一以盈；万物得一以生；侯王得一，以为天下贞。其致之也。谓天无以清，将恐裂；地无以宁，将恐废；神无以灵，将恐歇；谷无以盈，将恐竭；万物无以生，将恐灭；侯王无以贞，将恐蹶。故贵以贱为本，高以下为基，是以侯王自谓孤、寡、不穀，此非以贱为本邪？非乎？人之所恶，唯孤、寡、不穀，而王公以为称。故至誉无誉。是故不欲琭琭如玉，珞珞如石。

的,就是孤独、少德、不善,而侯王用它们来称呼自己。

所以说孜孜以求名誉反而没有名誉;至高的赞誉,就是没有赞誉;多次受到赞誉,不如没有赞誉。事情常常减损它反而增益了它,或者增益它反而减损了它。因此不要像珍贵的宝玉那样成为少数人的禁脔,脆弱易碎;宁愿像粗糙坚固的石头那样朴素无华,服务于大众。

我告诉南荣,其实仔细算一下人的一生,百年光阴,长大成人的时间就要占三分之一,衰老等死的时间也要占三分之一,壮盛做事、一举一动也不过三分之一。人们应该珍惜时间,使自己的生命活得更自觉一些,更自在一些。

人的一生,既是出生入死通向坟墓的道路,又确实多是放着安全的生路不走,却去走危险的死路。现世安稳,岁月静好,这样安全的生路,在人生世界的道路里不过十分之三左右,危险的死路也有十分之三左右。人们活着,往往自寻死路的机会同样是十分之三左右。这是什么缘故呢?因为人们求生心切,反而伤生伤身。

我告诉南荣,不少将军身经百战,从不带枪上阵,也不怕危险,却从不受伤。看似天意,其实也是他们善于把握生命的福报。我们总是听闻各种人世的悲剧,出门让车撞死了,坐在家里忽然屋塌人亡,走路让洪水淹死了,爬山跌落悬崖或让野兽吃了……这都是对易之时位把握不足导致的灾难。听说那些善于养生的,他们在大路上行走,不会遇见犀牛和老虎,他们在战场上也不会受刀枪的伤害。他们不在危险的时间地点,犀牛没办法用它的角,老虎没办法用它的利爪,刀枪也没有显示锋刃的机会。这是什么缘故呢?因为那些善摄生者没有进入死亡地带。

出生入死。生之徒，十有三；死之徒，十有三；人之生，动之于死地，亦十有三。夫何故？以其生生之厚。盖闻善摄生者，陆行不遇兕虎，入军不被甲兵；兕无所投其角，虎无所用其爪，兵无所容其刃。夫何故？以其无死地。

《道德经》第50章

人名事典

南荣：人名,庚桑楚的弟子。

第四十一章
来到南之沛，奇怪历史的变迁如此怪异

> 眼前的利益获得使得人心荒凉，
> 长远的利益争夺
> 使得人心狭隘。

老子到了南之沛，本来以为那里真是山清水秀的休养地方。去了才发现，那里并不如意。挨近周王的梁邑，跟郑国相邻。业主几经变换，一度是宋国的土地，后来不知怎么又回到了周王的手里。原来是黄河故道，是把沼泽湿地围起来后发展出来的一块土地，人们又称之为围泽，还有几个名称，什么市田、南郭、宋国沛地等。

老子也考证了一下，历史上是有一个小小的聃国，在梁邑，又称彭地。老子苦笑，说不定以后人们会称他为老彭呢。他的名字已经太多了，哪一个名字才是他真正要表达的意思？哪一个名字才是他真正的人生呢？

老子奇怪历史的变迁如此怪异，奇怪祖先要挤到平原上来。仅仅为贪求泽湿地带能多出产一点小利，他们就离开原来的地方。人们在这里精耕细作，精打细算，似乎全部的用心都在于把大地母亲的生产能力榨干。他们忘记了以前的生活，那种生活不必斤斤计较，不必压榨地利，而是天牧天放，而是用于想象、敬畏、祭祀、欢乐……

老子看到乡民那种勤勉的劲头，不禁摇头，是的，他们是付出了，但那种生活跟正当正大的人生相差很远啊。人是要活在天地之中的，要活在草木之中的，要活在山水之中的。但人们现在却为利益经营起一个个的小天地来，这种一马平川的泽地平原，会让人的视野单调、心灵荒凉。老子想，怪不得周人把商的后裔迁到宋国后，还要编派宋国人的笑话，那也确实有一些可编派的影子啊。什么守株待兔、揠苗助长……那么一个有着艺术天分的部族，其后人居然如此愚执，不能不说也是环境使然。

这里居然也是济水行经的地方。天下四大河流，只有济水得河水的丰富曲折，比起神性的江、河来，济水似乎更通人性。济水，济于人，几于道，似乎济水更有我们先民和三代以来的文明积累。

济水是奇异的，时常伏见不测，能穴地伏流，隐见无常，"一出为济源，再出为荥水，三出为山东诸泉水"。夏王朝的活动范围就在伊、洛、河、济之间，商代时则把济水列为江河淮济的四渎之一。

我听说，人们早就议论过河水和济水的高低。黄河，是众望所归之大河，它横行千里，浑猛如涨，无风时也会毁船杀人，得到支流之水并不见其更加深邃，分为九河也不更加狭窄；而济水，行不了大船，"尽济水之力，载数石之舟，广不能横，深不能浮，而日与河同灵等秩"。人们说，真不知道老

祖宗怎么想的,居然把济水也列于祭祀的尊贵行列。

其实,多观察济水,就明白这条河水更像是人的老师,无言地教导了人生。有黄河的强大在一旁比较,济水并未有丝毫气馁,"别河而潜,积沙连块,千里不压不翳；益壮其流,帅汶而东,终能发山输海",此其所以为四渎之一。像黄河那样自负强大,胁迫泾、渭、沣、漆、汾、洛、伊、沁之水以滋其暴,决愁民,中土患,势逆曲多,穷始归海,这都是济水所羞于作为的。至于济水,出地则有舟楫灌溉之利,遇河而不与泥沙混杂,入地则不争不躁,发泉则膏腴除疾。这样百利而无一害的水,诚为"上善"。济水实在是水中至贤,世间大善,是水中真君子。济者,齐也,齐其度量。济水才近于我的大道啊。

老子想起了孔丘,仁是和名相连的,义是和利相连的,提倡仁义跟提倡名利没有区别,前者有道德的外衣,后者直接承认人的食货欲念、人的经济理性。眼前的利益获得使得人心荒凉,长远的利益争夺使得人心狭隘。老子想象得出来,无论尚贤也好,标榜仁义也好,无非是要走上朝廷,无非是要走到人上人的地步,无非是要以下人、他人为牺牲而图一个热闹、虚幻的名利罢了。

听说齐鲁的儒生已经公开宣扬食色为人性了,这真是荒唐啊。人的头脑、心灵、精神就这样从性命的主体中被删掉了,被遮蔽了；人生的幸福、价值和意义就这样被饮食男女填充了,被欲望的满足取代了。这种似是而非的观念最易蛊惑人心,将食色当作人性,那不就等同于禽兽了吗？那不就离提升人、完善人的神性生活十万八千里了吗？换句话说,如果食色真的是人性,真的值得标榜为之思考和奋斗,那为什么不全面地思考睡眠、情感、自我保护、自我实现等人性呢？

老子承认,食色的说法比他的大道更易为人们承认。但这种背离大道神性的生活将要付出什么样的代价啊？老子想象得出来,将来,人们越来越集中，彼此绝缘而同居，轻视、敌视而隔离。从散居自然到集中在一起，就像现在的乡下人羡慕城里人的生活一样，人们会创造出特大型的都城来。

尽管南之沛风调雨顺，人们生活得安逸、自足，老子却看到人心的荒凉、短视。老子想，这里是靠不住了，只能算是暂时栖身而已。老子再一次为人类设想，将来的人们不仅会有荒凉之心，也会得幽忧之症。

当我在南之沛胡思乱想时，禁不住对先民的生活有一些神往。但我警惕自己的想象，时移世界，我对先民的生活是否神话了？他们也是有烦恼的，生活也是有不方便的啊。我怎么能说他们是生活在乐园之中呢？

想象先民的生活，我的心怎么也穿越不进去。唉，以我现在的一颗俗心怎么能理解他们呢？如果我跟大家一样，只是把他们那种又唱又跳的生活，把他们那种装神弄鬼、祭祀天地神灵的生活看成煞有介事，看成少数能够执掌祭祀、招呼大家、掌管大锅饭的分配，看成少数人对大家的欺骗，我怎么能够理解他们呢？

我在曲仁里度过了我的童年、青少年时期，那个时候不理解乡亲，甚至否定乡亲，现在又能理解其中的意义了。那里的乡民生活跟先民生活有相似之处，我在其中，完全理解他们那种公益心，那种不存私的人生内容，对节日、天地、山川、神灵的祭拜。他们是相互成全、一起成就的。我必须公正地说，他们也有烦恼粗俗，也有无聊，也有生活的不便利，但他们的大部分生活是快活的。他们量入为出，并把最好的东西奉献给神灵、给客人、给四时。我相信这里面仍有需要我们同情理解的大道，仍有我们饥渴的心灵所必要的大道。

我想，如果人们仍散居在自然的怀抱里，国小，民少，那么那些十倍百倍于人力的先进工具就会被弃而不用。人们看重生于斯长于斯也应死于斯的地方，不会到千万里外的地方去讨生活。上至君王，下至公卿大夫，都明白土地和人民的重要性，但治理大地上的人民应合这种自然之道，而不能人为地控制。

我还记得，乡亲们对自家田地的热爱，有讲究的男人每年春天都会种下一棵果树苗，几年之后，果木成荫。只要教化得当，每一农家，都是大地上自然之美的建设者。印象中常枞老师说过，如果一国的国民每人每年至少种植一棵树，并且照料它扎根成活。那么五年八年后，整个国土就会为森林所覆盖。没有灰尘，水量充足，绿树成荫，食物与材料丰富。任何人都可以计算出来，这样一种事业，抵得过诸侯国的执政者所许诺发展民生的事情。

是的，人们自求多福，天真自然。虽然有船有车，却没有必要去乘坐。虽然有武器，也没有展示的余地。还有发明文字、发布诰令的必要吗？人们生活着，不用知道是哪一个具体的人物在管理他们，仅仅知道有事时可以找谁去解决就可以。这是治理的最高境界。发展民生，鼓励人们生活着，把自己的一亩三分地维护好就可以，不应该丢掉自己的财富，不需要羡慕别人甚至想方设法猎取遥远地带的财富。遥远时空的财富只是寻常日子的调剂，不能取代日子本身。这是治理的最高境界。像上古"结绳记事"时代一样，民众结绳就能知道并解决彼此的互利互惠关系，人们处在那种纯真而自在的状态。这是治理的最高境界。

让人们自立、自足、自尊。民众各以自己的饮食为甜美，以自己的衣物为漂亮，安居乐业。他们跟邻国相互看得见，鸡鸣狗叫的声音相互听得见，但相互之间到老死也不必来往，以免改变自己的风俗习惯。人是要合群的，我还记得乡村集市的热闹，那是多么新鲜、生动而亲切的人文景观啊。人们打扮得漂漂亮亮的，自我欣赏，相互欣赏，各美其美，美人之美。赶集后回到自己的家，回到自己的身体，回到自己的一亩三分地里，精勤不已，不受邻乡邻居的影响，专注于自己的存在本身。

小国寡民，使有什伯之器而不用；使民重死而不远徙；虽有舟舆，无所乘之；虽有甲兵，无所陈之；使民复结绳而用之。甘其食，美其服，安其居，乐其俗。邻国相望，鸡犬之声相闻，民至老死，不相往来。

《道德经》第80章

想啮老的杨子，从躺平到阔少之间

第四十二章

求道者会跟道一样，
有品德者跟德一样，
而丧失道德感的也就失去了道德。

老子跟杨矩相处得越久，越能理解又不能理解这小子的心地，他们算是新的人类吗？他一无所有，确实一毛而不能拔。但一旦他有了一点时，他会立刻变一副神情。

老子决定考验一下杨矩。老子问杨矩，假如老子把南之沛，这个因老子名伯阳而得到一个阳子居地名的乡邑，让渡给杨矩，杨矩会怎么办。

杨矩止不住地一脸兴奋，他谦辞几句后就说，可能他跟老师的风格不一样，他不会任其自然，他要大干一番："购置房产，修饰梁栋，招聘仆役,整治家规。"

老子说:"有卧身之地、饮食之处则足矣,何须如此张扬?"

杨矩说得头头是道:"先生修身,坐需寂静,行需松弛,饮需素清,卧需安宁,非有深宅独户,何以能如此?置深宅独户,不招仆役,不备用具,何以能撑之?招聘仆役,置备用具,不立家规,何以能治之?"

老子笑而不言。

我注意到,杨矩自此以后,像变了一个人,就像是阔少爷一般。他是不是觉得我欠他一个阳子居呢?

有一次,我带他远行拜见一个朋友,经过一条河流,大家渡河而过。在船上,很多人看见白发苍苍的我,都主动跟我打招呼、让座,我也跟大家聊起家常。大家谈笑风生,杨矩却昂首挺胸,像个少爷。人们看到他给他让座,他毫不客气地坐下;船主看到他像有来头的人,给他递上茶水,他也大大咧咧地接下了。

我实在忍不住了,过了河,见只有我和杨矩两人时,我告诫杨矩说:你知道"骄"字怎么写吗?你是上了桥的马吗?头抬得高高的目空一切,你眼里还有人吗?杨矩不好意思地说,他习惯成自然了,今后一定改之。

我说:君子跟人相处,就像冰释融于水中;跟人共事,就像仆人童子一样谦处。洁白无瑕的玉看着却像含垢藏污一样,那些怀抱玉一样德行大道的人看起来也是稀松平常的。你要在天下人面前宣扬你的理论,理论的周密完整、理论的尖锐坚硬是重要的,更重要的是你不能自外于天下人。你不能是一个一毛不拔、跟人绝缘不能沟通的铁公鸡,即使你有一两个朋友,但若你不能跟天下人沟通,你以为天下人只有听你讲道的资格，只配给你让座端茶，那你就大错特错，你就是一个用理论给自己遮羞的竖子。

我的话说得极重。我还说，一毛不拔，应该更积极地影响人。要让人们明白依靠外界的虚妄，管理好自己才是生存要事。你骄狂，不也是拔了骄狂之羽毛强施于天下吗？只有管理好自己，像大自然一样，虽然也有狂风暴雨，但大部分时间是自足得让人相处几乎没有察觉，甚至任由人们予取予夺。这种不拔才是现实的。杨矩似乎听进去了。

杨矩说，他会改的。他甚至改得很快，他很快跟沛地的人打成一片，不讲做派，没有架子，以至于仆人都敢跟他嘻嘻哈哈地争席位了。

有一天，杨矩兴冲冲地说，他发现他的理论跟老子的理论是一样的。老子说过："天地不仁，以万物为刍狗；圣人不仁，以百姓为刍狗。"这就是人人为我的证据。

老子哭笑不得，这小子的改过原来只是改给他看的。老子说：小子，思考要全面一些，即使要取其碎片，也要看到其他的碎片；要取其一面，也要从对立的一面入手，那样才能得到深刻的片面。

老子对杨矩说，在历史上，暴力永远不可能成为神圣的权力。有人对暴力的运用以为不得已，以为只是权力的一种手段，但它永远不可能成为权力本身。除了从历史中吸取教训，就是自然界也有着无声之言教啊。

诰、誓、令、政，要稀少，才符合自然之道。历朝历代的君主颁布的诰令可谓多如牛毛，他们发表的重要讲话和最最重要讲话也数不胜数，但现在人们仍只是记得文武周公有数的法令，只有那些法令才简明而传之久远。就像乡民，对于礼法、刑法不需要记得那么多的条条框框，希言自然。故飘风不终朝，骤雨不终日。孰为此者？天地。天地尚不能久，而况于人乎？故从事于道者：道者同于道；德者同于德；失者同于失。同于道者，道亦乐得之；同于德者，德亦乐得之；同于失者，失亦乐得之。

《道德经》第23章

约法三章不就可以了吗，这才符合自然之道啊。狂风不会飘刮一个早晨，暴雨不会下一个整天。是谁刮起狂风、下起暴雨呢？是天地。天地生起的风雨尚不能持久，何况人呢？

所以那些追求人生之道的人有这样的情况：求道者会跟道一样，有品德者跟德一样，而丧失道德感的也就失去了道德。人并不孤独啊。跟道相同者，道也乐意得到他；跟德相同者，德也乐意得到他；跟丧失成空白相同者，丧失也乐意得到他，他的人生将是一片空白。

建议孔子整理春秋史书

第四十三章

燥热可以克服寒冷,
冷静可以克服热情,
知清知静可以用来匡正天下。

老子在向杨矩传授学问的时候,越来越怀念起孔丘来。老子听说孔丘已经成为齐鲁一带的大贤大圣。跟杨矩不同,孔丘是自信如谦,儒雅如懦懦无能,在很多方面跟自己有相似之处。

杨矩是大傲如谦,孔丘是大信如谦,老子是大情大愿如谦。

老子在总结自己的经验时,越来越觉得,年轻时没有在文字方面下一番功夫是一个失误,多少想表达的东西苦于无字,只能烂在肚子里了。而已有的文字,又太宽泛,几乎包罗万象,将同类的各种意思、矛盾、元素全包括了。比如儒,跟需、跟濡、跟懦之间有什么样的联系呢,儒是懦弱还是人世的刚健呢？人跟需一起是儒，那儒就是有所求有所为了。人有所为是刚强，但心有需要心就虚弱了，儒又成了懦弱。老子回味自己的格言诗篇时，有时候觉得正面理解可以，反面理解也可以，全面理解也可以。可以，可以，都可以。

还有道。与话语同在，与路径同在，与宇宙上帝同在。老子在不断地回味自己关于道的说法时，通过道也一再打量先民的生活。从最具体的说话、走路，到最抽象的精神意识，都是道，都属于道，都为了道，都服务于道。大道多歧，但大道无多歧，这才是大道。

老子想，要是有典籍的参考，有师友在一起切磋交流就好了，那样，文字作为工具会不断得到改进，人们对人生世界的认识也会越来越清晰。所谓清晰，正是接近了道。鲁国是有条件的，那里有先进的文字，有守护礼仪的儒生阶层，现在还有了信心满满、愿意担当的孔丘。

老子的一个假想就是，无是万物之母。"无"这个字可能也是先民的关系之母，人们齐心协力地祭祀天地、大道、神灵，大功告成时手舞足蹈。这种人类的活动产生了一切。呜呜作声，作唱，作歌，呜的是气息。呜是无，无就是气。当人们说起那个祭祀的首领时，呜是巫。当人们说起从什么中间产生了人神的盟约、人间的约定时，呜是舞，也是无。无中生出有来，生出万物之始来。

呜为而无不为。

人生就是呜呜如歌，人生就是一个无。

但我并不想去齐、鲁一带游历了。太阳跟万物一样，东升西隐，我已不再壮盛，我不想去东方了。有时候想，我所谓的三分之一其实并不准确，人生其实是四分之一、五分之一甚至十分之一啊。人生百年，真正用世、真正有创造力及其与世界互动的时间也许只有十年左右。在三十到五十岁左右的时间内，只有十年左右的遇合称得上有效传递自己的机会。我的机会也就是游学、入仕的那几年啊。这以后，我只能更加旁观了，我一生注定旁观。

投入旁观也是有意义的，毕竟旁观之我卷入了上层生活。我的思想、我的人格给上层社会添加了内容。因此，虽然旁观，但我的人生已经传开。我的思想传得差不多了，不同的人从我这里得到了不同的东西，虽然支离，但合起来正是道的丰富。我希望能够到西边去看看，中原华夏部族都是从西边来的，我要回去找找根源。

我本来是做梦的，却深入现实的旋涡，有时候寂寞地回首，看见了花开花落。

是的，现在我该放松又专注于花实的开结了。

令老子意外的是，在他更自信于自己的道时，见到了孔丘。孔丘说年过五十了，仍有疑惑，仍有根本究竟处不得通达，他听说老子从温国回到苦邑后，又在沛地隐居，故携弟子特来拜会。孔丘还说，他也有成绩要向先生报告，他办私学很成功，有教无类，"自行束脩以上，吾未尝无诲焉"。只要给十条干肉以上的，无论富贵还是贫贱，他都会一视同仁地教育。现在鲁国上下，甚至周边的国家都知道付费了即可求取知识，这大大降低了获取知识的门槛。长此以往，他会改变传统的知识只在师徒之间、只在少数人那里秘传的状态，更多的人会享有知识的。

老子有一种莫名的感动，老子想，这一次得好好跟孔丘讨论一下了。这是盛会，殊胜的缘分啊，老子不能让它错过。老子客气地对孔丘说：别来无恙啊，听说你已经成了各国有名的贤人了。传统的知识传承确实只是少数人的事业，我一生也就只有几个人来求道问道。看来，你的弟子会成百成千的，会有贤良者。这次到来，真是稀罕。你看我，都快入土的人了，能在此前见你一面，真是幸事啊。

老子客气地跟孔丘谈话，心里不免后悔礼仪害人。老子本来想跟孔丘放开印证的，从人生到自然山水。听说孔丘也是活泼的，他神往于大同，也神往于跟成人五六、童子六七人一起歌咏着生活。老子好不容易盼来了一个可以莫逆于心的宁馨儿，却自己先庄重严肃起来。老子想，这个调子一定，以后的谈话就只能认真许多了。老子得让孔丘明白，人生当志于道，也当游于艺啊。

老子最后悔的是失去了跟孔丘探讨文字的可能性。讨论文字的过去和未来，是一切智力活动中最纯真、最平等的活动了。权威可以对旧文字的用法滔滔不绝，但关于文字的趣味、日常感受，每个人的权利都是平等的。说到底，一个人会写鲁国的虎字，会写楚国的虎字，并没有什么了不起，因为一个人能熟练地用鲁国话或楚国话来描述老虎才是重要的，才是有意义的。说到底，话语才是一个人的家啊。

我们需要的是把不同的文字符号进行比较，找出同异来，这样既了解了过去，又能够使未来的人们受益。只是老子开口就把跟孔丘的会面定调为严肃的问道了，但愿孔丘能明白跟老子的这次见面也许是人生最后一面了。

想到常枞老师，老子觉得人一生的事业还在于历史的传承，它若有若无，但当老师、孔丘甚至杨矩、文子、庚桑楚、南荣们的面容浮现出来时，老子知道，这根文明事业的线索清晰地存在着。老子想，旁观者的意义也许就在于如此积极地介入了历史。老子温和地看着孔丘，就像是看到了道不行于这个世界后的庄严国土。

> 孔丘见我客气，也很客气地说，他真是榆木疙瘩，虽然勤奋，不遗余力地宣扬他的礼和仁的思想，甚至把仁和礼联系在一起，把克己复礼当作仁，但成效甚微不说，就是他自己，也很迷惑。因此想问问我人世的根本究竟。
>
> 我告诉孔丘，要想获得根本，真正理解仁和礼，得回到历

史的源头、万物的开始。比如，对历史的理解，不能只停留在对尧舜的想象和感叹里，还要往前追溯。在他们之前，还有黄帝、炎帝，还有伏羲……

孔丘惊讶地说，先生，炎黄的说法是无可征考的啊，伏羲氏，还有有巢氏、燧人氏，那更是怪力乱神呢。

我觉出了这个北方大汉的质朴，他太需要想象力了，但他失去了想象力。也许这是他一生的限制吧，对于他学过的东西，他都自信得很，只知硬着头皮勇往直前。我得点拨他啊。他青年时期致力于礼学，中年阶段用心于仁学，现在也该涉猎易学啊。何况大易之道，图册多在鲁国，观象系辞，舍他又能指望谁呢？易道阴阳，在这个纷繁的阳亢阴盛的时世中，正需要文字、语言的同步发展啊。"君子居则观其象而玩其辞，动则观其变而玩其占。"

我说：丘啊，你看，因为人们记录历史的文字工具简陋，上古的历史只能通过故老口耳相传，是为传说。传说有夸张的成分，但传说是史啊。当周公以不世之才从夏商的祭祀文字中选取若干来，成为我们的金文、甲文、简书时，我们就可以把传说的诗、书、易、乐、礼记录下来，成为经书。经书也都是历史啊，也都是传说啊。就像百姓说的，你走得越多越远，你就会知道得越早。这个"早"字是什么意思？是知道未来事吗？是又不是。早还意味着知道历史上的事、源头的事。要知道传说的真伪，如果走得不多不远，怎么能下判断呢？

孔丘点点头，若有所思。但我知道，他的年龄也过了收获的季节，他不大可能从中有真正获得。人的思想在青壮年定形后，就只顾结识听闻那些对自己有用的人物思想了。

我想了一下，建议孔丘：听说鲁国的文字就在周公、史籀的基础上更进一步发展了，要对先王之道有所继承，最好能把先王的东西整理好啊。我老了，无所谓了，你有条件的话，可以做做这个工作。

孔丘苦着脸说：先生，鲁国的史书我也看不大懂的，往往一年只有一两个字，还不如商人们的流水账呢。猜谜是很费工夫的。

我说，就是要把那些无效的文字变成有效的文字，人们记录的工具才会成为活的。丘啊，你已经做得很好了，对人有教无类，因材施教。文字是死的，文字的书写传承有一套语法、秘法，所以那些文字对不知情者无效。我们要努力让文字有效，言为心声，书写得浅白如话才好啊。

人名事典

有巢氏：华夏文明史上发明巢居的英雄。中国上古人少而禽兽众，为防御野兽侵害，有巢氏教人构木为巢，白天采摘橡栗，夜晚栖宿树上。

燧人氏：华夏文明史上发明用火的英雄。中国上古人"茹毛饮血"，他钻木取火，教人熟食，是人工取火的发明者。

游心于万物之初

第四十四章

人最难处理的不是别人、外物，

而是自己的身体、心灵。

老子期望三代以来的文字能在孔丘手里迈一个新台阶。看看孔丘行年五十，一副老气横秋的样子，比老子还显得苍老，老子不禁觉得有些怜惜。老子也知道，孔丘未必能完成这些工作，孔丘说过的话可能也需要一两代人才能消化，才能变成可传的文字；但老子觉得，只要孔丘的人格力量和道学力量足够，就会有足够的弟子向他请益。师徒们合力，是可以完成华夏经典的整理工作的。

老子明白，孔丘还是希望有所作为，孔丘是希望获得一个现实的平台的。老子对孔丘说，平台也是自己争取来的，不是别人施舍的，施舍的平台不是自己的平台。老子说：你希望变化时世，自己因此必须在变化之中,这个想法是对的。但有为也好,道也好,变化也好,都不是物品;如果它们是物品,你当然可以周游列国进献给君主。不仅你那样想,就是天下人也会那样想,他们会把大道献给父母君主。同样,有为也好,道也好,变化也好,都不是通过言说就可以传给对方的,假如是的话,人们也会传给兄弟姐妹、子孙后代。了解别人的想法,在道理上是可能的,但对身体感受和心理感受,我们是不大可能了解别人的。事实上,我们也未必熟知自己的身体和心理。

老子说:不要争着去兜售什么东西了,当年要你以水为师,就是要你注意水的曲折、不争的盛德,与其争着表现自己,不如努力表达自己。老子说,暂时曲折了,因此终会获得全部;被压得弯曲了,因此会有笔直的时候;洼虚了,因此会被充满;东西旧了,就会有新的出现;少了,就会容易获得;多了,则会因此困惑。因此圣人会守着大道而作为天下人的法则。

不自我表现,所以明智;不自以为是,所以众所周知;不自我夸耀,所以能够成功;不自高自大,所以能够长久。正因为不跟人争,所以天下没有人能够跟他争。

古人说曲则全者,岂是虚假不实的?他们确实获得了全部,所有的荣耀都归属于他们。

孔丘一脸无辜,他似乎要表白什么,欲言又止。

老子笑了。

曲则全,枉则直,洼则盈,敝则新,少则得,多则惑。是以圣人抱一为天下式。不自见,故明;不自是,故彰;不自伐,故有功;不自矜,故能长。夫唯不争,故天下莫能与之争。古之所谓曲则全者,岂虚言哉?诚全而归之。

《道德经》第22章

老子说，不要辩解什么东西了。可信的言论多不华美，漂亮的话多不可信。就像小商贩们在市场上叫卖，你是听还是不听呢？

孔丘问：那么话语是否多余呢？

老子说：是的，我们对可知的事物以及不可知的事物必须沉默，言语在此多余。事物可知，何需要语言；事物不可知，言语又有什么用。言语道断，一经表白，原初圆满周备的大道就断裂了。在相当大的程度上，言语只是我们在晦暗中照亮并辨别方位的工具，它是有用的，但一旦我们在黑暗中习惯了方向并熟悉周围，烛火也成为多余。说到火，老子想到曾以为刚健有力的孔丘是火，但孔丘更像是生发的树木，更像是树木之间的太阳，这是一个"东"字，孔丘是东方之象啊。老子既是水，也是火；既在木前，又在木后。孔丘得懂得水火之用啊，得懂得木之体用就在于从水取法、成为精神之火，得懂得精神之火郁而不明、引而不燃之妙用。

老朋友在黑暗中行路是多么有趣啊，不需要工具，都能够默契于行、莫逆于心；即使点亮了烛火，或天亮了，他们一定相视而笑。丘啊，这是人生所能创造的美妙境界，也是人们回馈天地的创造啊。

孔丘的颜色开朗起来了。

老子说，说到底，话语只是最粗浅的工具，在知识学问的终端，人们得借助各种文明成就，甚至人自身也将作为工具来完成人生目的。一旦人们接近了大道，那么那些粗浅的工具及其表现就是多余的了。一看天地、圣贤，就知道浑然一心的力量。

善良的话不巧辩，巧辩的言论多不善。善者也不会只赞美他人而不指明他人的过失，只选择赞美他人的人不是善者啊。大智慧者不博杂，博杂的人多无智慧。有真知识的人，并不博学；那些看似什么都懂的人，其实没有真知灼见。圣人不积累，他尽为人服务了，自己反而更能获得；他都给别人了，自己反而更多。天之道，利而不害；圣人之道，为而不争。

信言不美，美言不信。
善言不辩，辩言不善。
知者不博，博者不知。
圣人不积，既以为人己愈有，既以与人己愈多。
天之道，利而不害；
圣人之道，为而不争。

《道德经》第81章

孔丘就这样默默地听着，我喜欢这个人的智慧。他真是一个有礼貌的人，来时会默默地行拜见先生一样的大礼，走时向我请安，躬身行礼而退。

有一天，我洗好头不久，孔丘就来了。我的头发未干，我的眼睛微闭，我的心也处于极静寂的世界里。孔丘一时手足无措，不知是否行礼，然而他就那么躬身静静地站在那里。

我将我的精气神带走，剩下我的身体干枯地坐在那里。

等我长嘘一口气，孔丘躬身作礼。他说：先生，是我眼睛花了呢，还是真有其事呢？刚才先生形体直立不动犹如枯木，好像超然物外而独立自存。

我笑说：那是我游心于万物之初。

孔丘似信非信。我说，丘啊，人最难处理的不是别人、外物，而是自己的身体、心灵，如果自己的精气神合一了，那就人身成道而弘道了。道不远人啊。

孔丘在此才松一口气，我知道自己说到他的心坎上去了，我增强了他的自信。道不远人，道就在自己这里。果然，孔丘感慨地说，谢谢先生，他三十而立，四十而不惑，现在五十多了才知大道造化。他天天求道、传道、寻道，不知道道

大成若缺,其用不弊;
大盈若冲,其用不穷。
大直若屈,大巧若拙,大辩若讷。
躁胜寒,静胜热,
清静为天下正。

即自身。他算是懂得性命了。

我告诉孔丘,人身是人生的忧患,但也是难得的国土。跟大道相连,跟大道一样守一守静可以用之不尽。我说,人一生下来就以为自己的身体有残缺,总要外界提供饮食才能支撑下去。但很少有人明白,生活、性命、圆满、清静等,都是人身具足的。也正因为身体显得有缺陷,它的作用才绵绵不绝。这是道的作用。最完备的东西好像残缺,它的作用不会完竭。正因为有残缺,天、地、人、物等才会发生作用。如果人不能抱残守缺、自视缺然,而是自以为完美、漂亮,他就失去了作用、意义,他活着,但在周围的人眼里已经死寂。

同样,最充实的东西、最大的满足如同虚空,它的作用不会穷尽。最大的直线好像弯曲,最巧的好像笨拙,最善辩的好像木讷难言。

燥热可以克服寒冷,冷静可以克服热情,知清知静可以用来匡正天下。

> 孔丘走了，不知道他最终领悟了多少东西

第四十五章

我的国不在你们的世界！

孔丘走了。

我不知道他最终领悟了我多少东西，但我相信所作不失，我示现于他的最终都将是成全他的线索。让我铺平他的道路吧！他比我后来，但他比我更用世。我只会安顿人心，但他会统合人心。

听说孔丘对人说老子犹龙。龙似乎是中国人的专利，而非我乡土习惯的符号。我年轻的时候虽然受过常枞老师的教诲，但是骨子里仍属于吾土吾民，面对中原，我们还是化外的南方。中原的文明教化还不能跟荆楚人的地理环境、成长环

境的影响相提并论。但谁说得清中原、南方、北方的优劣呢？据说北人质朴，楚人好巫。但好巫不就是对无的亲近吗？万物生于无，南方人的口头禅就是"凡事开心就好"，心事重重的人哪里比得上心开天籁的人。也许我们需要超越一方水土的限制，包容他方，获得更高维度的人生，然后再返璞归真。就像孔丘少年老成，而我却老而犹童。是的，我是悲悯于人世的罪恶、苦难，却绝不缺少童心一样的单纯、快乐。

中原总是以蛮子称呼我们，我们终生未脱"南蛮"的一根筋、偏执、神秘，似乎他们才是理性的、有教养的。他们的教养似乎又是有条件的，"汉东之国，随为大"，把随、邓、申等汉阳诸姬放在中原的南边，也是为了防范南蛮啊。我们有时不免以蛮自居自傲、自做证据。当初楚国进攻随国时，这个中原国家的君王居然在两军阵前说："我没有罪啊。"楚王也直通通地说："我，蛮夷人也。俺就是大老粗，想打你。"

但实际上，我们都有交流分享的愿望。对土地、财宝、人民、思想、精神、生活方式，只要是我们人类，我们都有分享、占有、集成的冲动，这种冲动就是个人的自我完善和集体的文明自新。南蛮绝不是大老粗，南蛮有着一整套精致的生活和文明。南蛮也有着参与各国社会的愿心，"饮马黄河，问鼎中原"。

孔丘还不理解这一切，听说他周游列国，学习了不少东西，也疏忽了不少东西。他看不懂我们的蛮、巫和自有家法，在文武周公外别有一套道理。他的聪明处在于求同，求大同。他可能懂得大同小异，但未必明白同而不和，和而不同。对他熟悉的他称道得不遗余力，比如他对秦国就赞不绝口，以为秦国虽处西戎，居周地以来中原化了。

对不熟悉的存而不论，他说我犹龙，他明知道在南方的国土里有一只凤。那只凤在尧舜时就出现过了，他称道尧舜却疏忽了有凤来仪、羽可用仪。凤凰才是美和礼仪的典范，至于龙，则是见首不见尾，可望而不可即。他想从精神上、思想上压倒我、超过我，却没有自信心。他在一切人那里有自信心，但在我这里却只能沉默、敬而远之。我有自己的大道，有别于文武周公之道，他不可能消灭这个大道，他不可能驳倒，因为他所具有的我都具有。我谦虚如道，使他无从下手，我不喜欢周礼却比他还要熟悉礼数。

这个孔丘，他说我犹龙，也是聪明至极啊。我是庚辰年生人，我本来就是一条龙啊。我同样是来自南国的凤凰。他不说我犹凤，就是想告诉大家我已经中原化了。

老子当然是中国人了。

但老子又何止是中国人。

老子是中原之中国人，是江河之中国人，是自然之中国人，是世界之中国人。宅兹中国，中国就是天地间的文化结晶。

遗憾啊！孔丘游遍诸国，空间感足够强烈，比老子还见多识广，却只对三代以来的死知识牢记于心，集成于大。他不知道空间的扩大也带来时间感的变化，空间感的强大正是时间无始无终的明证之一。同样，世的变化也带来界的变化，宇的通泰跟宙的光芒相连。岁月感的强化给予人生最高的价值：自由高于生命的苟活、乡愿、犬儒。纵然生生之为大德，但自由才是大道。道极高明而近中庸，中庸就是自强不息的、朝气蓬勃的生命，就是至广大而尽精微的生命。在三代以上，在尧舜以上，还有炎帝、黄帝，还有伏羲大帝，还有太一、太极，还有无……在天地之间，还有人心；在人心之间，还有惟危惟微的自由大道。他见多识广，却不如老子的心智更开放、更集宇宙于道。

孔丘有举一反三之智能，却总是知其一而不愿知其二。他集三代以来之大成，下开百代，却不能集辽阔的空间之大成，下开人世的独立自由。只是他知龙而不知凤，竟不知道龙凤呈祥，一阴一阳之谓道啊。

老子一直没有跟孔丘探讨家族、本源的问题。老子知道，孔丘本商人后裔，他如此崇周，会不会有心理纠结呢？他的祖先正考父长年做宋国的上卿，三朝元老，但正考父在家庙的青铜鼎上刻下的铭文却是："一命而偻，再命而伛，三命而俯，循墙而走，亦莫余敢侮。饘于是，鬻于是，以糊余口。"他在一人之下、万人之上的位子上如履薄冰。不知道孔丘是否懂得这种做人的道理？他似乎也确实恭顺，但又在恭顺里加入了刚健的成分。

老子跟孔丘，都从宗族走向了世界。只是孔丘还有分别之心，对大道的体悟不够。记得有一年，楚国的君王丢了一把宝弓，不让手下人去搜寻，他很豁达地说："荆人遗之，荆人得之，又何索焉？"咱荆楚人丢了弓，在荆楚大地上，就有荆楚人捡到这把好弓，干吗去搜寻呢？君王的话在诸侯间一时传为名言。听说孔丘发表评论说："去其'荆'而可矣。"要是这名言中把荆楚字眼去掉就更好了。老子为此说："去其'人'而可矣。"把孔丘话中"人"字去掉就更好了。遗之，得之。这就是大道啊。

孔丘的道很大，没有一个国家能放得下，但他不会"乘桴浮于海"的，他知道自己离不开三代以来的华夏，他也知道新世界的中国用得着他的道。

老子的道更大，放在哪里都适宜。

老子的道是自然的，孔丘的道是现实的。

老子的道是用心的，孔丘的道是用世的。

人名事典

随、邓、申：即汉阳诸姬，周王朝的亲戚国，用以堵截南方的楚国。
正考父：春秋时期宋国大夫，他是孔子的七世祖，辅佐戴、武、宣三公，地位愈高行为愈检点。
荆人遗弓：事见《吕氏春秋·贵公》。

回乡

离开南之沛，回到家乡

第四十六章

人们出走得越远，
越热衷于走马观花，
懂得的真知大道越少。

孔丘走后，我怅然若失。

像我这样的年龄，人似乎本能地知道了自己的归宿。历史任务已经完成得差不多了，该有自然任务了。

杨矩也似乎改变了他的傲气。他和孔丘两人没有交流，但孔丘也给了杨矩无言的教诲。杨矩帮我迎来送往，感受到了孔丘这样一个列国间如日中天的大贤的德行，他更能理解我以前告诫他的话了。但愿杨矩能够有一些改变，君子恶居下流，天下之恶皆归焉，但也只有承受天下之恶，才能像大道一样发挥作用。他如果只是给人世提供极端自私的形象和主张，悲剧不仅属于他的主张，也属于他自己，说不定后人根本不知道有一个叫杨矩的人。他希望每个人都管理好自己的主张更会为人误解。

在南之沛已经无事可做，我估摸着该寻找归宿了。放眼天下，明白人、有心人也就那么可数的几位。天下的英才我也会了不少，自己的所有也尽托付给了他们，我该独自跟天地自然对话了。每一个老年人都是一件随风飞舞的破衣，需要他自觉地悄然离开依恃过的时世。每一个生活在羁绊中的人到老都应该是自由的精灵，需要他离开世俗的家而到大地上漂泊、栖居、安息。我自然也该与世隔绝，干干净净地跟大家告别。

我和自然有个约会。

我决定回曲仁里住一段时间再走，阳子居看来是可以交给杨矩了。他跟孔丘不同，他收不了多少有钱有势的弟子，但他又需要一定的财力来传播自己的学说。但愿他有福分能让天下人明白他的主张跟主流之间、他的为人跟势利之间的亲缘关系和平衡。

老子走一路看一路，心里有一种莫名的感伤。那些熙熙攘攘奔走于大路上的人，那些在城边休息的人，那些在田野里脸朝黄土背朝天的人，那些执行任务的官吏……你们来吧，让老子看看你们是幸福还是悲哀。

老子想，自己在他们之中，他们又在自己的心里。曲仁里是自己青少年的家园，身体四肢是精神心灵的家园，语言是存在的家园。一切都在流变之中。由此扩大，百姓也是我们个人的身体、家园，自然是人类的家园。那么，我们也就是百姓的精神、思想和心灵了。我们是大家的精气神了。当百姓作为身体无知无识的时候，我们正在其中运行、生长、波动、受难，我们明白哪里通泰，哪里溃烂，哪里发炎，哪里受寒。

老子想，离开身体，精神无患，但精神也将散失。就是说，离开普通民众，我们不可能生活得更好。民众是水，是道。那些或轻慢民众或试图劝民众富贵、劝增长知识的人，都不曾理解民众的意义。即使那些以为民众愚昧可以使其更愚昧的做法，以为民众愚昧想使其开窍的做法，都不过是虚妄，是自欺。甚至说，除了尊重民众本身，一切激进的或乡愿犬儒的手段都证明是罪错参半，都证明了其带来的问题比解决的问题更多。我们只有跟民众相通，才能成全一切。

> 不出户，知天下；不窥牖，见天道。其出弥远，其知弥少。是以圣人不行而知，不见而明，不为而成。
>
> 《道德经》第47章

老子用心。是的，只要用心，就能体会百姓的喜怒哀乐，就能知道天下时世。不出家门，可以知道天下事；不看窗外，可以知道季候的轮转。人们出走得越远，越热衷于走马观花，懂得的真知大道越少。所以圣人不远行就能获得真知，不接触事物就能有其概念，不用行动就能够成功。

但老子觉得亲眼看一看大家也没错儿。这让老子对大地上的生灵更同情，也觉得他们活得努力，更新鲜、生动、亲切。尽管人们活在这样一个时代——一个衰世，一个黑暗的时代，一个黄金时代之后的铁器时代！

老子本来是可以不用看这些民胞物与的，老子不是总结过这样的格言吗？

让我无话可说的是，姬匄坐王位年头不短了，但周王的土地还是乱得一团糟，当年苌弘说百废待举，过了这么多年，一切还是荒废得很。道路上杂草丛生，无法行走；池泽不修堤坝；河道不架桥梁；田野里的谷物露天堆放着；打谷场没有修整完毕；路旁没有种植作为标志的树木；田里的庄稼长得像茅草；百姓被征调去给周王室修建高台。

根据周朝的礼制，道路两旁应该种树来标示道路的远近，在边邑大路上应该设立供应食宿的房舍来守护道路，国都的郊外应该有牧场，边境上有宾馆和接待人员，湿地上要有茂密的草，园林中有林木池塘，这些都是用来防御灾害的。同时，要不耽误农时，不浪费民力。这样才能国富民强，物用充足。但周王和他的大臣并没有遵守周礼，没有组织农事，民生凋敝，国力虚弱。

我见到的人们却像熟视无睹似的，而且人们的表情多是得意和失意，多是聪明和愚执，多是自负和自卑等简单的几类。千人两面，最多能见一些为虎作伥的官吏，以及獐头鼠目的小偷、小盗贼而已。至于百姓，他们心思的麻木从面上都看得出来。

这样明显的荒诞、混乱，人们似乎习以为常。大周的虚礼也无孔不入地支配着人们的生活，人们不觉得其中的不合理。从生命的角度来看，有不同的思想，穿奇装异服，听爱情歌曲，学习异端神秘……都是最正常不过的了。但在礼治社会里，这一切生命的言行都显得格格不入，官吏随时随地可以处决当事人的生命。作淫声，杀。行伪而坚，杀。假于鬼神，杀……他们有什么理由把这些生命一笔勾销呢？然而在这样的时世里，人们居然接受下来，忍气吞声，或作奸作滑。

我想起上古黄金时代的人类，他们一生辛劳，却也没有全部投入生计，投入到媚俗媚世的活动中。劳动是外表，心却是幸福的、喜乐的。大约三分之一或四分之一的时间在成长、学习，三分之一或四分之一的时间在尽家族世俗的责任，三分之一或四分之一的时间在传道、献祭、清修。是的，在尽了世俗的责任后，他们的生存就是投入到给自然、神灵献祭，身体静修的责任中了。而现在，人们自年少懂事开始即投入生计中，一生不得安宁。换来的不是责任和幸福的平衡，而只是一种苟活。

> 天下多忌讳，而民弥贫。
> 民多利器，国家滋昏。
> 民多伎巧，奇物滋起。
> 法令滋彰，盗贼多有。
> 故圣人云：
> 我无为，而民自化；
> 我好静，而民自正；
> 我无事，而民自富；
> 我无欲，而民自朴。

《道德经》第57章

天下的禁令越多，民众就越贫困。民众的新工具越多，国家也越混乱。民众的生存技巧越多，新奇的产品也就越多。法令越明白示众，盗贼也就越多。所以圣人说，我无为，民众会自动归化。我好清静，民众会自己端正。我无事，民众自己富足。我无欲，民众会自己淳朴。

我再一次想起自己总结的这些格言。

老子也看到了局部的繁荣，就像温国的小村镇，就像南之沛、曲仁里，都还算是一个小小的世外乐园。人们在其中生息，因为交通不便，人们很少见到外人,一切自治,有宗族、族长、德高望重的人调解纠纷,官吏也少去滋事。田家衣食无厚薄,不见恶吏恶棍就是人生乐事了,原因就在他们自给自足,自己承担。

还有一些地方,因为地处交通要道,人物繁盛,商贾往来贸易,使人人都有发财的机会,人人都充满了希望,眼睛里呈现追求幸福的神情。老子观察到,这些地方的人是最不可一世的,虽然他们在具体的人事面前,比如在一个商人或官吏面前也唯唯诺诺,但转脸就得意非凡,似乎生活在一个治世里,更准确地说,他们是生活在见多识广的感觉中,他们生活在一种可能性中。他们一生不仅永远在期待而没有生活,甚至他们虚荣得以为拥有生活大道。他们就像乡亲们讽刺的半桶水,满桶不荡半桶荡,一桶水不满,半桶水晃荡。

其出弥远,其知弥少啊,但他们没有这种意识。他们的参与感也那么强烈,人人都像是在赶集,赶人生的盛大宴会。他们在旋转,在舞蹈,在彼此取暖。但他们很少静下来,靠自己的身体皮肤抵御风雨饥寒,靠自己的心平衡孤独寂寞。

老子想,人的一生究竟应该怎么度过?是过那种淳朴的大道神性生活,还是过那种飞扬的随波逐流的生活?他再一次想起自己跟众人的异同来。

顺从与反对,相差多少?美好与丑恶,区别多大?人们忙于获得此一时彼一时的成功与失败的标准,忙于分别幸福与悲惨,在驯良和敏感之间下功夫,势利而本能,有什么意义呢?服装一定要分出正装、便装等多种形象吗?住房一定要分出人生层次和等级吗?行路一定要讲究名车和次车吗?如果人们都势利,那就是共同种下因果,大家造成了某种时尚,这种时尚逼迫自由的心灵就范。是的,对于人们所害怕的,我们也不得不畏惧啊。

众人熙熙攘攘争名夺利,就像在享受最丰盛的宴席,就像春天登台观看美景。是的,他们都千方百计地显示自己的聪明才智和富贵成功,他们懂得唯与阿的区别,明白美与恶的差异,懂得如何在国宴般的场合表现风度,懂得在赏春观光时合乎礼仪。他们的言谈举止,都咄咄富贵。但我并不害怕,我独自视之无所谓,不去分辨什么征兆。

有你们所谓的人生成功行列,我不愿加入;有你们的太牢宴席,我不愿参与;有你们的声色犬马或礼乐欢乐,我不愿拥有……我的国不在你们的世界!

那广大的胸怀啊,它没有穷尽,混沌得像还不会笑的婴儿。站在众人的高端,就像无所归属。众人都有余,我独像是有所不足。难道我是愚昧之人吗?我真的像是混沌无知啊。大家都明白,只有我昏聩;大家都清楚,只有我昏昧。我的心静得像天池一样没有波澜,又如高风飘逝而无止息。大家都有所作为,我却独自愚顽而鄙陋。大家都喜欢别人拥戴自己,我却独自以为得道最贵重。

《道德经》第20章

唯之与阿,相去几何?美之与恶,相去若何?人之所畏,不可不畏!荒兮,其未央哉!众人熙熙,如享太牢,如春登台。我独泊兮,其未兆。沌沌兮,如婴儿之未孩;儽儽兮,若无所归。众人皆有余,而我独若遗;我愚人之心也哉,沌沌兮!俗人昭昭,我独昏昏;俗人察察,我独闷闷。澹兮其若海,飂兮若无止。众人皆有以,而我独顽且鄙。我独异于人,而贵食母。

儿子到外面闯世界去了

第四十七章

难道流水、日月的轮转
不曾教导人们生活的道理吗？
人们一定要人为地构造出一种
作伪的生活吗？

家乡变化也大了啊。

苦县本为陈国的一个邑，多年前为楚国吞并时，设为县。楚国率先在列国里改革行政制度，县制是其一。县下设乡、里，还有专门管理治安的亭，这种制度大大加强了君主的集权，使得最高权力一竿子插到底。老子想，不仅上古的大道神性生活被消灭殆尽，就是近代的宗法礼乐生活，在这种政权面前，也将不堪一击，无任何还手之力。

随着楚国问鼎中原的北进战略实施，苦县不仅为楚都的风尚同化，而且人力、物力等资源也源源不断地流出。老子回到故乡，看到曲仁里多了不少新奇的楚式建筑，人口也多了不少，但总觉得骨子里虚弱了许多，不再有当年那山清水秀的自然富足了。

老子倡导不争，其实儿时的教育也是要人们不争而活，蛮夷荆楚也曾认命于自己没有文化教养。老子还记得家乡人劝人息争时常说的"好咬架的狗子落不到一张整皮""两败俱伤""属狗的好咬人"等。但年老回乡，却听到人们说：不争就要落后，所以要争先恐后。老子想，这是什么逻辑呢？人们多在谈南方的崛起，楚国的繁盛和问鼎中原，大周王朝的霸权、危机和衰落……难道流水、日月的轮转不曾教导人们生活的道理吗？人们一定要人为地构造出一种作伪的生活吗？

老子想，老师要自己不忘故乡，但这已经不再是老子心目中的故乡了。老子童年那阔大的王国，那充满灵气神秘的风水宝地，如今是可怜的贫乏弱小。那让老子流连多时的几座大山，如今看来只是一个个的小馒馒而已。那让老子以师礼问教的河水，也不再清澈明净了。甚至家乡的月亮也似乎蒙尘，不再美丽圆满。大地乡土本来是圣洁的。在乡亲和老子的记忆里，每一根晶亮的松木、每一片河滩、每一丝山林里的气息、七月流火的田野、中午鸣叫的蝉声都是神圣的。大地是人的母亲，母子连心，互为一体。绿意芬芳的花朵是人的姊妹，鹿啊，马啊，鹰啊都是人的兄弟，山川大地更是相亲、相互效力。但现在，这些都被财富化了，都被算计成资产了。人、动物、树木都有权利分享空气、阳光和水，这是大道。大道维持着所有的生命，它的灵力，人人有份。春天的草香、五月的槐香、中秋的桂香，这些都是大道的一部分，人人有份。但现在，人们在算计大地，也就是在唾弃自己和大地了。人和自己的关系不再圆满。

圆满，家乡人曾爱说"转弯"。这个人很会转弯子，是说他会劝架，会平息纷争。转弯就是为了大家都达到圆满。老子会转弯吗？老子的道不就是转弯吗？但现在的人却不会转弯了，他们径直地扑向自己的欲望、被调动起来的名利。

我回到了曲仁里，没有见到儿子李宗，家里人说，他到外面闯世界去了。嗯，乱世不见也好，只要他能牢牢记住我的话，勤修我传给他的静寂抱一功就可以全身了。

乡音近怯。听着熟悉的乡音，我的心像是一下子有了现世的安顿之处。这是我儿时就被围裹、被呵护的力量，是我的精神和血脉啊。如今再置身于乡音嘈杂中，如同一只鸟儿回到了森林，鱼儿回到了河水，亲切、温馨。

"哦，是您老！您老几载回来的？"

我听到乡亲们这么远远近近地问候，真是好啊。

"夏曰岁，商曰祀，周曰年，唐虞曰载。"

什么时候回来，几载回来。时空尺度以年以载表示，什么时候以载表示。可见家乡在上古时代是四通八达的，是唐尧虞舜的范围，不是封闭得以日月计量，不是封闭得一辈子住在村子里，而是以年载，以日月之外的宇宙运行轨迹计量。

没想到文子在曲仁里等我好久了。而庚寅、徐任变得老态龙钟，见到我自然十分激动。他们说，文子等我快半载了吧。他们说，这次回来得住个三年五载吧。他们说，再不回来，他们就要入土了啊。他们说，老朋友啊，天道是不是变了啊。

他们还没有理解我说的宠辱若惊，大喜之下的激动也是对身体不好的。天道变了吗？变了的是人事。天不变，道亦不变。天道只是转弯，是一个圆满。人们不能因为天道运行在弯处就以为变了，就以为大道不必要了。就像乡亲们在《诗》中不断恨天，他们求天："老天爷，你不长眼啊，你睁开眼睛啊。"如果他们懂得大道，闭目养神才是可行的。人也如此，回到自己的身心上来，才是值得的，那样才能生发出真的、善的、美的气象来，而不是怨天尤人，为戾气、仇恨、竞争、贪婪所绑架。

庚寅、徐任的思维似乎也封闭了。他们只记得熟悉的人物，他们两个老头儿争先恐后地告诉我，秦佚等我等不回来，就说不见了，要去西游秦国长见识。这已经去了半载多了，不知道他在秦国能长什么见识。

　　我心里一动，他也去了西边。话到嘴边，我还是忍住了，我要是说也会到西边去，他们可能又会吃惊、激动的。

　　老子回到家乡的时候，看到了多年不见的弟子文子，很高兴。文子似乎比庚桑楚更有文才，和这样的弟子切磋，关于大道的思想可以提炼得更精彩。文子说，他这些年以老师的话为生活指导，收益很大。最重要的是，他在这个混浊的时世里守住了自己的清白。清白就是道。

　　老子为文子的话很感慨，他既高兴，又觉得这些门人、弟子、朋友中，没有一个能有孔丘那种大成。孔丘会跟他的道渐行渐远。一个依赖人主，一个效法自然；一个要走进朝廷、庙堂，一个要走进流沙、无限的时间空间。就像眼前的文子，在修道中不能扩展，而自觉守成，这样也好。孔丘有孔丘的大用，文子有文子的高洁。老子想，孔丘的儒会光大起来，但也在道的面前淡薄得不值一提。儒门需要道的校正，道会推出自己的天才人物。

　　老子想，众人皆醉我独醒，众人混浊我清白，众人为肉身我为头脑、精神、心灵，这就是道。年轻的朋友们要奋斗，直取逆取皆为自己的圆满，那么老子呢？

　　老子想，看来家乡人把转弯说成圆满也是不符合真相的。真相是，转弯就是不圆满的圆满。转弯是天道的表现形式，天道好还，天道若缺。老子就是来抱残守缺的。

　　只有抱残守缺了，才不会封闭自己。就像老朋友们，思想不转了，封闭起来，日渐封闭，如今不过是等待最后的时光，或者说是吐还世界赐给的气息。而抱残守缺，跟世界、大道同一，就像星云、树的年轮、流沙的形状、冰河结晶、河水涟漪，永远是抱残守缺，永远对世界敞开。

但现在要让文子明白这一切还很难。天之道，损有余以补不足。天道是不圆满的圆满，无目的的合于目的。

文子说，他一直把老师的话记在心里，苦于没有足够的文字都记录下来。因此，他这次来是想再跟老师印证一下，他记得的话是不是准确的。

不愿意世人清楚自己的一切

第四十八章

如果张开我们的嘴巴和眼睛,
去做饕餮之徒,去成就什么众人眼里的事业,
我们一辈子也摆脱不了危困境地。

　　在接下来的时间里,我跟文子二人温习了我的《德经》和《道经》。文子很认真,他会挑出重点的话来,请我发挥,我也乐意为那些格言式的句子做展开。光有经典不够,经典只是书写的文字,那浅白表述的文字,背后隐性的书写哲理是什么,以及为什么会这么想这么写,必须口耳相传。有经,有传,有记,才是完整的,传记就是纬书啊。经书的格言简洁,高度抽象;纬书要繁杂,涉及大量的人和事。

　　在格言中,我基本上拒绝提现实中的人、事和物,最多用一些自然界的现象来做比喻。我要人们记得,我虽然活在一

个具体的时空中，这个时空却未必是我所喜欢的，未必是我所认同的。这个时空中的大人们，更是为我厌恶。我要做必要的清理，让他们活着，自己淡出。究竟谁活得好，就让大道本身来评判吧。

我要让后人们难以捉摸我的身世、我的交往、我的喜怒哀乐，我要让当时后世的人们清楚：有你们所谓的繁荣盛世，我不愿随喜；有你们所谓的崛起，我不愿参与；有你们所谓的新生活、新格调、新时、新意，我不愿介入……我记得自己在周王室的典策中，写下"柱下史老聃恭撰"一类的字样时，曾经将我的履历也写了进去：老聃，李耳，伯阳，楚苦邑厉乡曲仁里人……我那时就知道虚虚实实，我不愿意世人清楚我的一切。

我将抱残守缺。

但在跟文子的谈话中，我用了大量比喻，也提到了历史和现实中的人物。常枞、苌弘、师旷、叔向、孔丘、彪傒、景王、王子朝……我要让文子明白，这么广众规模的人口，只有这有数的几个人物活出来了，有人活得卑劣，有人活得悲剧，有人活得焦虑。无论如何，这些人物的存在都证明了百姓万民的卑微，证明了百姓的朴素。时世如此，夫复何言？是用世还是用心？是为道还是为学？是为人还是为己？据说达官贵人跟民众打交道，他们不明白民众是大道，反而嫌恶，甚至诬蔑民众，说什么民众是刁蛮的、未开化的等。他们跟民众打交道时要做很多准备，听说有的君王甚至不敢微服深入到民众中间，他们一定要威服，要清道清场。这不就是为学日益？真正信任大道的人明白，到民众中去，无须设防，简单得不能再简单，跟民众打交道越简单，越直截了当，效果越好。这不就是为道日损？

我问文子：能全部记住我的话吗？他说，大概能。

我告诉文子：我的学问和大道有柔、后、不争这样的关键词。因为我师从常枞，老师辞世前让我观察了他的牙齿和舌头，所以我知道柔弱的重要。就像孔丘，孔武有力，刚健有为，但更多的时候却展现了懦懦的神情，也是从我这里得到的启示。我曾经仰观高屋、乔木，在太阳底下退步看山水，见到了自己的身影而悟出后来者的重要。就像堆柴火一样，后堆上去的居上。

有一天，我坐在院子里入静休息，听见文子在屋子里喃喃自语，说什么"老子学于常枞，见舌而守柔，仰视屋树，退而目川，观影而知持后，故圣人曰无因循，常后而不先，譬若积薪燎，后者处上"。我不禁感叹一个人只要用心，真的可以做到博闻强识。

《道德经》第52章

天下有始，以为天下母。
既得其母，以知其子；
既知其子，复守其母，没身不殆。
塞其兑，闭其门，终身不勤。
开其兑，济其事，终身不救。
见小曰明，守柔曰强，用其光，
复归其明，无遗身殃，是为袭常。

老子给文子再一次强调了大道的作用。按老子以前总结的，天下万物是有开始的，创始者就是道，万物那伟大的母亲。道术将为天下裂，一旦天下人私心自用，那大道将裂缺。守住大道，如爱情，连错误都是美丽的；但一旦大道残缺，或者说在大道作为母亲死后，凡母亲的孩子，只不过各执自己的一份。他们或者相爱、寻爱、造爱，或者死去。

所以，以道立身的人，能够把握其母，就可以去认知其子，即天下万物。既认知了其子，又能够守护其母，这样一辈子也不会陷入困境。这是一个人生认识自觉的循环过程。在源和流之间，在母和子之间，在爱和情之间，在统一和差别之间，循环往复，螺旋上升。

老子说：堵住我们的嘴，不要多嘴多舌，不要多吃多占；闭上我们的眼睛，不要惑于缤纷五彩；守护我们的天命和身体本分，我们一辈子也就不会疲困。如果张开我们的嘴巴和眼睛，去做饕餮之徒，去成就什么众人眼里的事业，我们一辈子也摆脱不了危困境地。

能看清微小的东西叫作真正的聪明，能守住柔弱叫作真正的坚强，收敛我们的光芒，回复到真正的明亮，不给自己留下灾殃，这就是因循道——伟大的常道。

我想起了那些繁华尘世中得意的人，那些迷途的羔羊。我告诉文子：天地圣人不仁，以万物百姓为刍狗，是天地圣人的至爱啊。文子一脸迷惑，他说，他以为老师的道是回避情感的，天地不仁，分明是天地无动于衷的意思啊，所以才把万物当作草把子。我笑了，不能这么机械地理解啊，不然，怎么理解我说的"道生之，德畜之"呢？怎么理解我的"以百姓心为心"呢？我是贬低过仁义，那是因为有大道大德的存在，但并不因此否定仁义的价值啊。

文子更迷惑了。我说，天地不仁，圣人不仁，诚然，天地对万物一视同仁，圣人对万物一视同仁，太阳的光既洒向善者，也照耀恶人，但这正是天地博爱、大爱、至爱的明证啊。所以，仁者爱人，天地不仁，也可以说是天地不偏私，而是博爱。以万物为刍狗，也可以理解为以万物为小狗小猫小羊羔。

文子仍然迷惑。我叹一口气，就拿我们普通的人情世故来说吧，我们一般对孩子说养你也就养一条性命，像小猫、小狗一样的性命，这话里的怜爱多还是冷漠多？我们一般对自己的爱人叫到亲热至极时，不也是将其当作小猫、小狗一样吗？这是天牧天放的博爱精神，是真正的大爱啊。

文子总算明白过来。他说，看来要理解老师的话，就不能坐实每个字的字面意思。我看着这个多少有些畏难的弟子，不免担心他会把文字写成一团糟。

在大道和世故之间，在智慧和俗人的知识之间，是有微妙区别的。我告诉文子：即使那些用世的贤明智者，也不应该热衷于去做一个知道分子、一个两脚书柜、一个信息的跑马场。用世，也要以清静来应对世间的热闹，以无事无为来应对突如其来的事件，那样才能成功。为了不倒下来去拼命地跑步，不如气定神闲地安步当车。

《道德经》第48章

为学日益，为道日损。
损之又损，以至于无为。
无为而无不为。
取天下常以无事，
及其有事，不足以取天下。

所以说，去学习世俗的知识，汲取世间的信息，一天天都有增益，但世俗的欲望烦恼也会增益。去求道，如有我来求道之心，那么道高一尺，魔邪会高一丈。这仍是为学的方法。而若无为于道，世俗的欲望烦恼则会一天天地减少。减损又减损，以至于"无为"，不想争夺什么功名利禄了。这种无为也就会无所不为。

> 以正治国，以奇用兵，以无事取天下。吾何以知其然哉？以此——

治理天下，也应当采取自由放任的无事态度，若是采取有事应对的方针，就不足以治理天下。

以正道治理邦国，以奇诡指挥战争，以无事治理天下。我怎么知道这个道理的呢？就是求道无为而无不为。

老子在跟文子研讨的过程中，喜欢上这种人生省思的感觉。老子像是回到了跟常枞老师问学的状态，只不过师徒易位而已。老子想，这种同气相求、一起问道证道的生活是美好的，但愿孔丘能把这种形式发扬光大，但愿未来的人们都能把人生休闲的时光用于这种问道清修。这种传道、授业、解惑，不是如周礼规定的，贵族子弟、王公大臣才有机会享受，大道也不应该继续秘而不宣，或只对所谓的聪明人、有地位者、有朋货者宣讲，而应该对所有人敞开。

如果孔丘只是看到有实力者给他送来钱财了才高兴，那就不是真正的有教无类。在大道的教化里，没有鄙人、小人、女子、世家、贵胄一类的分别，没有人会被抛弃。大道不对任何人关闭，只要人们有心，就能看到大道的敞开。那些听闻大道的求道者也将如是，他善于把大道真义传递给他遇到的每一个人，因为他遇到的人都是他的精神意识，是他大道的肉身，是他的人格形式。他不会有分别心地看待那些听闻他的人，或者说，他不会只跟这一个人如胶似漆，对那一个人形同陌路。

善行者如浮云过眼，不见辙迹。善言者如轻风过耳，无可指摘。善于计算者如四时运行，不见筹策。善于关闭者如夜幕降临，不见关楗，集众志为城，不见门墙形式。善于系结者如星辰系天，不见绳约，如圣众相连同心，牢不可解。

因此，圣人善于救赎人，而没有被抛弃者；善于拯救万物，而没有善行无辙迹；善言无瑕谪；善数不用筹策；善闭无关楗而不可开；善结无绳约而不可解。是以圣人常善救人，故无弃人；常善救物，故无弃物。是谓袭明。故善人者，不善人之师；不善人者，善人之资。不贵其师，不爱其资，虽智大迷，是谓要妙。

《道德经》第27章

被抛弃者。这就叫因循常道，最大的明智。所以说，善人善于学习，他也会是别人的老师；不善者是善人的依托、资材。不尊重善人，不以善人为师，不爱不善者，不以不善者为依托，貌似聪明却是大糊涂，这个道理深远而微妙。

把自己的思想都告诉了文子

第四十九章

心安了,
身体的四肢百节即安。
身体健康的人,
关节们像相互遗忘了对方一样。

　　老子开宗明义地告诉文子,道是先天地而生的。以我们所知的形容词来形容道,都只能勉强得到道的表面意义,它高不可及,深不可测,包裹天地,禀受无形。

　　道就像水,原流泉浡,冲而不盈,浊以静之徐清,施之无穷,无所朝夕,表之不盈一握。

　　道就像一个玩把戏的,约而能张,幽而能明,柔而能刚,含阴吐阳,而让日月星三光发光。道是天地万物之为万物自己的原因,山以之高,渊以之深,兽以之走,鸟以之飞,麟以之游,凤以之翔,星历以之行。

道是天地万物的起源。

我告诉文子：日月不停地运转，时间不陪人游玩。我告诉文子：人类尽管对自然界雕之琢之，仍要回到自然状态。我告诉文子：如果只听任一人的才智，三亩大的家业都未必治得好；如果顺随自然，六合之大的世界治之还有余力。我告诉文子：占山为王的强盗跟都邑里偷摸扒窃的小贼不算什么，大盗不操干戈，善贾无假财货。

我告诉文子：天地广大，人走路用于踏足的地方很少，其余者并非没用，正由于不用，人才能走得很远。心所知者不全，正是借助了其他不知道的东西，一个人才能精深于所学而明哲。这就是假不用能成其用的大道。我告诉文子：真正看轻天下就不会累坏自己的精神，看小万物就不会迷惑自己的心智。那些齐生死者沉静，而那些追逐名利的人必须生出事端，做局，编故事。

我告诉文子：那些纹理灿烂的动物，它们的皮必然有人剥夺；那些角美好的动物，它们必然会遭人杀戮。我告诉文子：那些甘泉的命运是枯竭，挺直乔木的命运是被砍伐。我告诉文子：石头里有金玉会伤害其山，树木养育了虫子反而会被蚕食。

我告诉文子：有所得在于时机，不在于争斗；治理天下在于大道，不在于英明。我告诉文子：人如果饮食不节制，轻贱自己的性命，那么疾病会来杀他；人如果贪得无厌，索求不止，那么刑法会来杀他；人如果以己敌众，以弱傲凌谦强，那么不祥的兵器会来杀他。

我告诉文子：须臾之间都不忘他是个贤士者，必然束缚了他的本真；走一百步都不忘表现容仪者，一定会给他的身体带来麻烦。我告诉文子：人们把死者的骸骨埋在旷野里，而到明堂里去祭祀他，正是因为精神贵于形体。

我告诉文子：以有限的生命来忧虑天下的衰败，就像通过哭泣用眼泪来帮助干涸了的黄河。我告诉文子：世道太平了要以道护身，世道乱了要以身卫道。我告诉文子：那些地位高的人必然招人忌妒，那些官做得大的人必然招更大者讨厌，那些富豪必然招人怨恨。他们的出路也非常简单，以贱为本，以下为基。我告诉文子：以浅薄的智慧而能满足广博事物的需要，这样的事是没有的。

我告诉文子：世俗之人认为自己喜欢的东西是对的，讨厌的东西是错的。我告诉文子：那些追求道理的人，并不是追求大道，而是寻求跟己意相合的说法。那些改正错误的人，也不是在去除真正的谬误，而只是在去除不合心意的东西。我告诉文子：志趣相投者，说话得当就更亲近；那些疏远者，计划得当反会被猜疑。

我告诉文子：不着意追求虚静而自然虚静无为者，乃得道者所为，为一般人所希望而不能达到。我告诉文子：车轴在轮子中间，它不转动却能跟轮子一起远至千万里外。我告诉文子：积水成海，积石成山，积怨成亡，积德成王。

我告诉文子：心安了，身体的四肢百节即安。身体健康的人，关节们像相互遗忘了对方一样。我告诉文子：清的明亮，一杯水就可以照见眸子；浊的害处，以黄河之水也不能照见巍巍泰山。我告诉文子：芷兰不因为没人佩戴就不芳香，船只也不因为没人乘坐而沉于江海，君子不因为无人知而不行大道。

我告诉文子：川广者鱼大，山高了树修长，地广了能够生养万物。山里有猛兽，林木就不会被破坏；园子里有毒虫，菜蔬就不会为人采走；国家有贤臣，就能破敌于千里之外。我告诉文子：向鱼施恩，不是拿着鱼放到大海里去；给猴子施恩，不是背着它爬上树木。只要把它们放到对它们有利的环境中就行了。

我告诉文子：河水干了，山谷自然空虚；土石堆到山上去了，河水自然深了；土石堵住了河谷，就会有堰塞湖；嘴唇破掉了，牙齿就会感到寒冷。我告诉文子：水火相憎恨，但把锅放在中间，就可以调和五味；骨肉相亲爱，但有人在父子间挑拨，二人就危险了。猪狗不择器而食，只顾把自己养肥，反而接近死亡。凤凰飞翔于千里高空，没有人抓得住它。椎木可以敲紧很多榫头，却不能自我敲击。眼睛能看到一两里外，却不能看见自己。

我告诉文子：沧浪之水清兮，可以洗我的帽缨；沧浪之水浊兮，可以洗我的双足。我告诉文子：一块布可以做成帽子，也可以做成袜子，做了帽子被戴着，做了袜子会被脚踩。我告诉文子：金能克木，但一把刀不能克制一片树林；土能胜水，但一捧土不能堵塞江河。

我告诉文子：伞盖没有骨架不能遮挡阳光，轮子没有辐条不能奔驰，但仅仅靠骨架、辐条，就不能遮挡阳光、奔驰于大道。我告诉文子：悬挂下垂的东西，有坠落的时候；树木枝条一类的东西，有掉下来的时候。我告诉文子：农夫勤劳，君子因以得养；愚者千言，智者择其善者而用。

我告诉文子：蛇不能再给它脚了，猛虎不能再给它翅膀了。我告诉文子：那些帮助祭祀的人会跟着尝到食物，那些劝架的人会受到误伤。我告诉文子：日月想发挥自己的明亮，但浮云会遮蔽它们；河水想清澈，但沙土会让它混浊；兰草想长得茂盛，但秋风会败坏它；人想平安静好，但欲望诱惑会害了他。

我告诉文子：去救落水者，给他金玉，不如给他一根绳子。我告诉文子：重新发芽生长的植物不会有收获，过早开花的植物不待秋霜来就凋落。我告诉文子：冬冰虽坚，但会消融；夏木虽茂，但会凋零。

我告诉文子：哺乳的母狗敢咬老虎，孵蛋的母鸡敢与野猫搏斗，因为它们有爱，所以不量其力。我告诉文子：见善事急切地去做，就像赶不上一样；见善而稍缓未做，就会有感到不祥的时候。我告诉文子：同声是自己招来的，同类是自己求得的，名誉是自己争取的，既然操过武器攻击别人，又何怨别人对自己的伤害？

我告诉文子：泰山再高，背对着也是看不见的；秋毫之末，注目而视也清清楚楚。我告诉文子：走一步棋不能显示智慧，弹一根弦不能表达悲哀。我告诉文子：种瓜得瓜，种豆得豆。种谷子的不会收获玉米，结怨的不会有善报。

我告诉文子：道不直接涉及日常事务，但可用于日常事务；山林没有现成的木材，但可以产出木材。我告诉文子：天下之物，本来没有绝对的贵贱。人们觉得它有值得宝贵之处而宝贵它，天下之物就没有不宝贵的；人们觉得它没有价值而轻贱它，天下之物就没有不轻贱的。

我告诉文子：圣人没有什么想要得到的，也没有什么想要躲避的。我告诉文子：知道本质者，不去做本性办不到的事；了解实情者，不忧虑无可奈何的事。

我告诉文子：不可过分依赖人才，世道的立足点在于大道制度，而不是出类拔萃的人才。不需要像古代英才一样的人出现，人才自然够用，因为充分利用现有的人才。我告诉文子：只要有千人之众，就不会断炊；有万人之众，就没有办不成的事。我告诉文子：只有用珍视自身的态度来治天下，才能担当起托付天下的重任。

　　我告诉文子：不知治道之本源者，虽循法而不免于乱。我告诉文子：贫富之间的悬殊，就是君主跟奴仆之间的差距都不足以比喻。我告诉文子：存危治乱这样的事，没有聪明才智是办不到的，而称道遥远的事，即使是愚笨的人也绰绰有余。我告诉文子：晓道根本者，不会在枝节上出错；懂得原则者，不会被疑难所惑。我告诉文子：自己有优点，不要指责别人没有；自己不能具备的东西，也不要求别人具备。我告诉文子：不论有余还是不足，都归结于自己。

　　我告诉文子：能叫得出来的名，就不是存在于宇宙间的真正之名。我告诉文子：凡是说得出来的道，都不是生化万物的真正的道。我告诉文子：礼乐不能使人无欲无乐，但能禁止人的欲望和喜乐。我告诉文子：欲望难以控制，堵塞与外界的通道，可以不受诱惑；如果开兑济事，就会因经受不住诱惑而终生不可救药。

老子的出现是道的旅程，将把一切惊动

第五十章

> 最好的礼仪就是不分彼此、视人如己，
> 最好的道义就是不分物我、各得其宜，
> 最高的智慧就是无须谋虑。

老子跟文子聊起自然之事几乎是一发而不可收，就像以前老子告诉徒孙南荣的：那些不下寿的虫类，爬行或飞走的，还有林间的猿和鸟以及水中的游鱼、陆地上的蟒和象，以自然之名，全得到自然的崇奉。世代繁衍生息的人们却也像无始无终，活在甚至窒息在难懂的梦里。老子的出现是道的旅程，将把一切惊动。

老子告诉过南荣：婴儿整天啼哭，喉咙却不会嘶哑，因为他的声音谐和自然达到了顶点；婴儿整天握着小手而不松开，因为小手自然地握着乃是婴儿的天性与常态；婴儿整天瞪着小眼睛一点也不眨眼，因为他的内心世界不会滞留于外界事物。行走起来不知道去哪里，平日居处不知道做什么，接触外物随顺应合，如同随波逐流，听其自然。

老子告诉过南荣：道德修养最高尚的人，跟人们一样向大地寻食而又跟人们一起向天寻乐，不因外在的人物或利害而扰乱自己，不参与怪异，不参与图谋，不参与尘俗的事务，无拘无束、自由自在地走了，又心神宁寂、无所执着地到来。

老子告诉过南荣：心境安泰镇定的人，会发出自然的光芒。发出自然光芒的，人各自显其为人，物各自显其为物。注重修养的人，才能保持较高的道德修养境界；保持较高的道德修养境界，人们就会自然地向往他，上天也会帮助他。

老子告诉过南荣：古时候的人，他们的才智达到很高的境界。有认为宇宙初始是不曾有物的，这种观点高明而完美。次一等的认为宇宙初始已经存在事物，他们把产生看作另一种事物的失落，把消逝看作返归自然。这样的观点已经对事物有了分别心。再次一等的认为宇宙初始确实不曾有过什么，不久就产出了生物，有生命的东西又很快地死去。他们把虚空看作头，把生命看作躯体，把死亡看作尾脊。谁能懂得有、无、死、生归结为一体，我就跟他交上朋友。这三种认识各有不同，但从万物一体、岁月长河的角度看并没有什么差异，就像楚国王族中昭、景二姓以世代为官而著显，屈姓又以世代封赏而著显，只不过是姓氏不同罢了。他们如能以对方的心态、以后人的心态来看待自己，就会知道彼此之间不过是大道给予了不同的姓氏名称，不过是借以展开大道的功业效用罢了。

老子告诉过南荣：最好的礼仪就是不分彼此、视人如己，最好的道义就是不分物我、各得其宜，最高的智慧就是无须谋虑，最大的仁爱就是对人不分亲疏，最大的诚信就是无须用贵重的东西作为凭证。

后来在函谷关，当我看到军士们听讲时总是喜怒无常，喜形于色，不免叹息他们中人世的毒太深了。他们生于自然，

必将回归自然,却不懂得自然,他们已经被污染得难以救药。

我遗憾,我不能像对待南荣和文子那样告诉他们人生的道理。

我给南荣、文子甚至杨矩、孔丘、庚桑楚……讲了那么生动具体的实例,给军士们讲只能大而化之。道为天下裂,能得几分就是几分吧。文明和本能,在发展中本来有着互动的均衡:文明是为了看护本能,本能是文明的原因和终点。人们往往要么矫揉造作,附庸风雅,要么放纵自己。

我以最简练的诗篇告诉了军士们。古代那些最优秀的军士并不炫耀勇武,不会以强力使人屈服;那些真正善于作战的人,持重沉静,而不会被激怒;善于战胜敌人的,不与敌人短兵相接;善于用人的,总会谦卑地对待他们。这叫作有着不争的品德;这叫作充分发挥大家的力量;这就叫作顺应天道,配得上亘古之极的宇宙法则。

善为士者,不武;善战者,不怒;善胜敌者,不与;善用人者,为之下。是谓不争之德,是谓用人之力,是谓配天古之极。

《道德经》第68章

老朋友们聚在一起议论时事、世道

第五十一章

本能和欲念里面有刺激、有快乐，

更有危险、痛苦、死亡。

文子要离开老子，说要花一段时间来消化老子讲解的道理。老子勉励了一番，劝他招收门徒办学，看见文子心不在焉，也就不再多说。

老子建议文子到北方游学，文子似乎没有太大的兴趣。北方是理所当然的中心，是人生建功立业的舞台。文子说，他更关注非中心的地带。人生的南方模式，边缘正是天道所补处，是天道显现处。甚至楚国也不是他有兴趣的，文子更神往于吴、越。

老子说，虽然天下就在当下，就在自己的心里，但如果人一定要游历来印证天下，那还是可以走一遭的。

老子就这样送走了文子。

老子在曲仁里住了一段时间，几乎见天就跟老朋友们一起，聊闲天，日头不烈的时候，靠着墙脚晒晒太阳，暖洋洋的。看着夕阳跟着落，这样的日子也不错。

看着庚寅和徐任日渐衰老，老子不禁有些后悔当初没有给他们传授养生的方法。老子被人称为鹤发童颜，是的，老子的须发皆白，肤色仍跟孩子一样娇艳，走路也快慢自如，动静自如，跟自然一样成为一道风景。但朋友们则是老态龙钟，走路都颤巍巍的。庚寅的皮肤像苍松树干，徐任则出行离不开拐杖。因为政令、礼仪、规矩不许没有爵位的老者使用拐杖，徐任只是随意捡了一根木棍而已，那摩挲得光滑的拐杖成了他形影不离的伙伴。虽然老朋友们跟其他人一样，本能地知道要活动胳膊、活动腿脚，但没有养成习惯，不知道抱一的原则，结果只能是事倍功半，甚至无济于事。

老朋友们聚在一起也还是要议论时事、世道。北方乱得不像话啊，鲁国甚至都有盗跖挺身而出，造反了。听说孔丘试图劝说盗跖非礼勿动，还被盗跖痛斥了一通。

楚国越来越盲动了，这个自成天地的大国沾染上中原的毛病，处处流露出暴发户式的嘴脸来。老子也听说，在楚国的南边，吴、越小部落也开始发展了。别看那里弱小，就是他们能培养出季札公子那样的人物，就不可小看啊。

嗯，季札，天地山川跟华夏文化结合的宁馨儿，造物的神奇，那才是大道钟爱的人子啊。老子想，对比起来，子产、叔向、孔丘太世故啦。他们活得形累心累，季札才活得自然呢。老子想，季札那样一个公子哥儿，在宫室的钩心斗角中，在各国外交舞台上，都能够应对自如，真是不简单。就像一个至真至纯的赤子，行走于刀枪林立、荆莽丛生的地带，却嬉笑如常，毫发无损。想起季札，老子不禁吟诵起自己的格言诗篇。

> 含德之厚，比于赤子。蜂虿虺蛇不螫，猛兽不据，攫鸟不搏。骨弱筋柔而握固。未知牝牡之合而朘作，精之至也。终日号而不嗄，和之至也。
>
> 《道德经》第55章

　　人总是这样，无事忙。坐着无事就会为他人担忧，我们也预感到列国争霸的局面要告一段落，齐桓和晋文的霸业，那种还带着礼节类似温文尔雅的时代一去不复返了。我们在曲仁里坐着，都似乎听见了大规模的争斗、喊杀声，那种凌犯天地的人祸正从未来、从四面八方传来。这是由于时代缺乏一流的头脑，或者说，一流的头脑没能获得圣王之名位，默默无闻，做了时代的看客，因此，社会在二三流人物的治理下，人欲横流，并为"食色性也"一类的欲念辩解，放任人们追名逐利，自造并共造罪孽。

　　我也曾经观察部族、国家之间的关系，在我看来，治理大国，就当如同大海一样，不分河流清浊，一体纳入。无论好事坏事，都要承担。而不能制造敌人，把坏事归罪于内部的反动分子，归咎于外部的颠覆势力。这样的国家，才是政治文化的大国。治理大国好像居于水之下流。在天下中，大国跟小国的关系好像川谷和江海。大国是天下文化汇合之所，是天下小国交会之中心。大国又如同雌性动物，天下雌性总是以其宁静胜过雄性。正因为静，善用别人的力量，所以处于卑下的位置。

但在二三流人物的引导下,我们的国家关系却多像好斗的公鸡,君王之间说什么要顺应一国人民的民意民气,其实是他们之间争气斗狠,自己好面子而已。吴国和楚国接壤的边城,两国的养蚕女为抢边界上的桑叶,导致地方上的械斗,挑起了吴楚两国的大规模战争。多大的事啊,但吴国的边城和楚国的两座小城都因此毁于战火。陈国的姐妹嫁给蔡侯和息侯,因为蔡侯见小姨子时有些无礼,导致息国的报复,把楚国引来,征服了蔡国。多大的事啊,但一个国家就此灭亡,人民更是流离失所。

所以大国以谦恭的态度对待小国,就可以把小国团聚在自己的周围;小国以卑下的态度对待大国,就可以被大国信任。或以谦恭态度团结,或以卑下态度归附。大国的欲望不过是做盟主,小国则不过是依附要得到保护。大国和小国各得其所欲,大国更应该采取谦恭的态度。

但这种国与国之间的关系有一定的适用性,如果列国之间不再有等级秩序和均势秩序,那么国家之间就通过兼并、争夺去寻求新的均衡。新的争霸战将是问鼎中原、逐鹿天下的战争,那种战争会比血流漂杵更血腥、残酷。

> 大国者下流,天下之交。天下之牝,牝常以静胜牡,以静为下。故大国以下小国,则取小国;小国以下大国,则取大国。故或下以取,或下而取。大国不过欲兼畜人,小国不过欲入事人。夫两者各得所欲,大者宜为下。
>
> 《道德经》第61章

我也无所事事地瞎想过，楚国有过自己的治国长处，可是现在坐吃山空，已经穷于应付了。秦国能够平定巴庸，将其归入自己的版图，生活习俗实现统一。楚国却一直未能清一清自己的大后方，这是大忌啊。前有强晋，后有新生的吴越，这样的格局只会使楚国疲于奔命，迟早被吞并。

　　我想着楚国的命运，不禁伤感：这样一个最有出位之思的文化，最浪漫、最得上古生活精神的艺术人生，将被华夏中原同化，而不能再有机会发扬自己的个性，校正中原的功利实用主义了。双方都被绑在欲望的战车上了，要是不争个高低，不争出你死我活，他们不会罢休。我想，如果他们能彼此相安，彼此欣赏、成全、参照，该有多好啊。

　　我甚至无聊地想过，中原之龙跟南国之凤结合，相互辉映，才会有好结果啊，龙凤相互成全才能呈现吉祥。

　　庚寅、徐任心善，在跟我谈论天下动荡时，最感叹的是民生的艰难。我说，其实不动荡又如何，活得像狗一样，乞讨着生活；动荡时，活得像蚂蚁一样，随时被踩死。没有本质的区别啊。

　　二人点头称是。庚寅说，就拿苦县来说，属于陈国时，要向贵族、国君交很重的税，名义上是要用来祭祀，其实是上等人要享受。跟楚国闹矛盾时，人心惶惶，人力、物力被征用来一会儿去攻击楚军，一会儿又变成友军去为楚军服务。属于楚国后，人力、物力还是要被征用，说是要保家卫国，说是要惩罚强晋的罪行。谁知道呢，说来说去，都是上等人的游戏。

徐任称道庚寅的说法，上等人的游戏、国君的游戏，就是愚弄民众，就是玩弄民众于股掌之上，就是让民众做牺牲。徐任说，老子所说的"非以明民，将以愚之"可要让人产生误会的。

老子苦笑，就让人误解去吧。老子想，跟文子研习的不也有这种矛盾和误解吗？人们啊，面对文字时要警惕，要得意忘言才对啊，不要让语言文字控制了自己的心灵。

老子说：其实，像我们这几个糟老头子，就是因为愚鲁，所以不争辩、不打听个明白，才是道的宠儿，才是世道祥和的象征。要是对世故时局一清二楚，就会忍不住参与显示自己的小聪明，就会把水搅浑，让社会乱上添乱。总之，此愚和彼愚不同，一句话难以说清楚啊。

庚、徐感叹说，民众的苦日子何时是个头啊。按说，大家摇身一变成了楚国的人，生存空间该大了一些吧。但是不然，楚国的地盘那么广阔，有权有势的人却还要驱赶百姓，这里圈地，那里圈地，说是土地王有，要恢复井田，要服从国家建设。山林川泽都被控制、封锁，不准人随便进入，对违反者处以极刑。这是逼得民众越来越没活路啊。这个世道还有道理可讲吗？

老子说，这要看人对天道的把握，只有人人都感觉到了天意，感觉到了天道好还，天道就来了，大家的日子就好过了。老子还说，其实民众是最驯顺的，但他们也不会任人作威作福，欺凌到底。民众不畏惧统治者的镇压，镇压就不起作用，更大的祸乱就要来了。

所以说，不要逼迫得民众不能安居，不要压榨得民众无法生活。只有不过分地压榨民众，民众才不嫌弃你。所以圣人有自知之明而不表现自己，爱惜自己而不贵重自己。所以说要取消后者，采取前者。

民不畏威，则大威至。无狎其所居，无厌其所生。夫唯无厌，是以不厌。是以圣人自知不自见，自爱不自贵。故去彼取此。

《道德经》第72章

人名事典

吴、越：国名，春秋后期崛起的诸侯国。
盗跖：原名展雄，又名柳下跖、柳展雄，相传是当时贤臣柳下惠的弟弟，为鲁孝公的儿子公子展的后裔，因以展为姓。他领导了九千人的起义，被贵族势力诬称为盗。他的名言："盗亦有道。"

天下没有不散的宴席

第五十二章

人如果不觉悟,
就会死于非命。

在跟朋友们研讨的过程中,最难为人索解的莫过于对死亡的恐惧。就像在函谷关,我面对十来个军士讲道,最难向他们表白的莫过于生命的可贵。人是多么值得骄傲的存在,他脆弱,但他有尊严。因此,无视他人自由和尊严的,也会漠视自己的自由和尊严。

我看着军士们,他们在民众面前是有威慑力的,但他们如果不把生命、死亡当一回事,那么民众也不会把死亡和生命当一回事。在跟死亡的短兵相接中,民众呈现的将是生命的尊严而非脆弱,是生命的自由而非苟活。

所以说，即使死亡，也并不能震慑民众。"国人暴动"那样的事件只是开了一个头，以后会更多。听说鲁国造反的柳下跖也是揭竿起义的英雄，只是遇到了孔丘，遇到了鲁国新贵如日中天的强盛，被镇压下去了。这个起义被诬为暴乱，这个英雄被诬为盗、暴民。

这种事，以后会层出不穷的。

所以说，民众不怕死，为什么要用死去吓唬他们呢？如果使民众经常怕死，对于为非作歹者，我们能够把他抓起来杀掉，谁还敢为非作歹呢？如果民众经常怕死，该杀的由执法部门去杀。代替执法部门去杀人，那就如同代替高明的木匠去砍木头。去代大匠砍木头，很少有不砍伤自己的手的。

> 民不畏死，奈何以死惧之？若使民常畏死，而为奇者，吾得执而杀之，孰敢？常有司杀者杀。夫代司杀者杀，是谓代大匠斫。夫代大匠斫者，希有不伤其手矣。
>
> 《道德经》第74章

谈起民众，老朋友们似乎有无穷的话题。老朋友说，只可怜，天下兴亡，总是苦了百姓。老子说，这也是天道啊，人如果不觉悟，就会死于非命。所以说，不经过反思的生活，不跟天道相合的生活，不值得去过。本能和欲念里面有刺激、有快乐，更有危险、痛苦、死亡。

但老朋友们问难说，老子似乎在教训民众。在这方面，老子似乎跟其他大人先生没什么区别，都鲜明地表现了一个有教养阶层的人跟百姓民众的脱节。

朋友们的话让老子陷入了沉思，是的，这是一切有教养者的毛病。

因为教养本身就跟自然有了距离。那些自然之子，那些百姓民众，因此被有教养者想象成单纯、无邪、朴素的。就像孔丘说诗篇"思无邪"一样，百姓的人生，在很多方面是有教养者望尘莫及的。

但是，自然之子又不及出位之思的有教养者完善，因为在文明眼里，民众百姓还是有很多可厌的、粗鄙的、野兽般的表现，连同他们的粗陋生活，都使得大人先生们怜悯他们而不爱他们。孔丘无邪，但他是鲁国人，他是中原之中国人，但他还不是黄河长江之中国人，他更不是中国人民。苌弘忠烈，但他是周朝人，是刘家人，他还不是中国人民。季札高贵，但他是吴国人，他还不是中国人民。自伏羲、炎黄、尧舜以来，大人先生们还未曾代表群体的精神、品质、个性，还未成为人民。

在回答老朋友们的问难时，老子说，他当然不会蔑视人民，只是他永远成为不了人民，因为他是人民的头脑和心灵，他未能成为人民的身体。他当然想象并相信自己是爱人民的，并希望人民得到美好的一切。那些有教养的大人先生中会有成为人民的，老子在多次入静入定中观想到了未来的人物，那个黑黝黝的、瘦而高大的、悲悯的人物是谁？他以自己的天才力量不仅沟通了天地，而且沟通了上层、下层，沟通了大人先生和黎民百姓。他以游士身份不曾依附上流生活，却把自己锻炼成了人民，从历史的黑暗中浮现出来。

老子告诉老朋友们，未来会有比大禹还要壮烈的人物出现，那个人物跟老子的弟子杨矩正好是两个极端。杨矩拔一毛利天下而不为，那个人物将实证摩顶放踵而利天下。所以他能够连续数天去制止一场战争，非攻、非乐、兼爱、节葬……老朋友们听得呆了，从我们周围看不见希望，一片白茫茫的空无，居然在未来会诞生出大有的精神人物，这不是老子的无中生有吗？唉，真希望活在他的时候，听听他的道理。这个人物发展下去，前途无可限量，他大概是有史以来最伟大的人物了吧。

老子告诉老朋友，三代文明有这样的结果，也算是正果。只怕天下之大，容不下这样的人。

民之饥，以其上食税之多，是以饥。
民之难治，以其上之有为，是以难治。
民之轻死，以其上求生之厚，是以轻死。
夫唯无以生为者，是贤于贵生。

想到这个人物、年轻人、未来，老子对民众的观察似乎无足轻重了。民众自有福分。但老子仍对老朋友们说，生命之于民众和大人先生是一个意义丰富的现实问题。民众被绑架到民生领域，大人先生则被绑架到威福做派领域，这是问题的所在。民众挨饿就是大道在挨饿。如果一国的税费太重，就说明这个国家是不道之国，这样的统治者是不道不轨之人。民众挨饿，是因为统治者收税太多，所以他们挨饿。民众难治，是因为统治者干涉太多。民众轻死，是因为统治者太过奢侈，逼得民众活不下去。只有对生命无所强求，不去纵欲奢侈，才是比贵重生命更好的办法。

老朋友们点头称是。

天下没有不散的宴席。

我跟老朋友坐而混天黑的日子该结束了。

再说下去，就是家长里短的陈谷子烂芝麻话题了，就是车轱辘话了。新的信息、人物不再经过曲仁里停留。或者说，在时世飞扬的过程里，没有什么可以在曲仁里沉淀下来。一切都浮躁、粗暴、简单。

我不能像村夫野老那样迎接太阳，那样的穷困或富足都不是我所能承受的。人们对这样的老人总是只关心一件事，他何时死亡。是的,老不死的,老劈柴,老糊涂……整个大而热闹的世界跟他无关,整个世界只是等待他的死亡。我自身是道,何必如此停滞于死。

我跟庚寅、徐任告辞,说是要离开曲仁里,到外面走一走。此去一别,不知何年何月相见,或者不见也好。

二人似乎感觉到了我这一去就再无见面的机会了,他们恋恋不舍,甚至眼睛长久地湿润。是的,我们在岁月里,已经互为肢体、头脑。人都是有情有心的啊,我们在世上最后的日子,就是通过这些日渐凋零的老朋友来给予意义的。而我,却要独自跟天地大道相往来,就像天上的龙凤、地上的虎豹一样,独自体味最后的时光。

徐任说,他想拜托我一件事,让他的孙儿徐甲跟随我,一路上他可以照应我,也让徐甲长点见识。我看看徐甲,一个憨厚的小伙子,就答应了下来。

人名事典

那个黑黝黝的人物:墨子,战国时期思想家。

隐

匿

告别家乡，想大道蒙尘时的世运民生

第五十三章

我愿意只是道，由你们踩踏；
只是黑暗，会消失于你们的白天；
只是虚空，
　　决不占你们的心地。

别了，我的曲仁里！别了，我的楚苦大地！

让我最后看见吧，让我看见这东土的时与道、民与人、爱与仇、生与死……

在徐甲的照顾下，我骑着青牛，在楚、宋、郑、卫、晋、周等国间徘徊，欣赏上古至三代以来最后的华夏自然，也猜想着大道蒙尘时的世运民生。诸侯国已经大同小异，没有了个性。发展、武备、崛起，丰富的大地山川被绑架到春秋序列中来，人们都在谈论，哪个国家强大了，哪个国家还落后得很。生活、视野被国野、都城、市井征用了，人生、宗庙、社稷被绳子一样的线索绑用了。个人呢，个人跟天地之间的联系呢？

　　一流的头脑在思索着如何救世，实力派贵族、地主、国君们却不得不卷入一场博取功名利禄，又是性命攸关的厮杀游戏里。在铁与火面前，伏羲、神农以来的部民生活结束了，三代以来的万国林立、小国寡民生活结束了，文武周公以来的五百年歌唱生活结束了，鸡犬相闻之声消失了……

老子试图以游玩的心态去走访山川大地，结果总是让自己郁闷、生气。山川确实秀美、壮阔，并不封闭啊，而是抱残守缺地敞开万里形势。但在这种无言的教导下，人们仍是自设藩篱，或者你争我夺。

一切的苦难、罪恶都为老子看见了，一切人道的灾难、天道的轮转都为老子看见了。

老子是来"转弯"的。

但这个弯转得多么艰难，这是一种痛苦、寂寞的人生事业。

悲凉之雾，遍布华夏，能于其中领略呼吸者，唯有老子数人而已。

什么是圣贤？老子为圣贤纠缠了一生。圣贤曾是大家的旗帜，却非当事人的目标和向往，但一为圣贤，就得承担圣贤所必须承担的。这个世道，王将僭越于圣贤之上。圣贤不得不退于个人，退居内心。

圣贤就是集众生喜怒哀乐于一身者，能负荷起众生的罪苦，能救赎众生的罪苦。老子纠结也领受了圣贤的全部形式。老子虽然有修身的本领，但仍为身体的僵硬而神伤不已。每一次身体的僵硬、酸痛，五脏六腑的苦涩，都需要老子以更专一的静修来化解。每一次化解都相当于脱胎换骨，都让自己跟天地自然间的情感新鲜如初。只是集众生罪苦的寂寞如故，寂寞变本加厉。

白天观察,老子见证所看见的;夜晚扪心扪身静修,在黑暗中陷入无可如何的忧伤。

哦,我的人民,我对你做了什么?

人们将整齐划一。由梦一般的楚国创新出的县制管理模式,将在中原边陲一带均衡展开,无远弗届。人们的衣食住行、生老病死、婚丧嫁娶,最终归因于王权,由王权来支配。

古典时代结束了。我们诚然想起羲皇上人的风光而心向往之,看见大禹的事迹、尧舜的德行而心生感动,但我们再也不能膜拜了。那些最富于神性从而也最富于人性的人生欢乐逍遥,跟黄金、青铜时代一样,过去了。

而对于眼前的铁与火,可鄙可咒的齐桓晋文,可敬可笑的宋襄,可怜可叹的管仲、子产,可期可望的孔丘……我将不再听闻思议你们的姓名了。我将离开你们和你们的土地了。

我也悲悯那些思考而帮权的头脑:你们的思考不仅仅是令人厌恶的,你们的说辞不仅仅是隔靴搔痒的,而且对那些无权去阅读、无能去思考,但想借此获得道理的心灵来说充满了毒害。你们已经毒害过那些不学有术的齐桓晋文,也毒害过做梦的楚庄,你们还会毒害那些暴发者、新贵者,毒害他们无知于人之本性和人类之本性的心灵。

你们明明知道这大地上成千上万的人失去了依恃,属于饥饿的子民,他们正饥渴地要求明心见性,要求进入另一种均衡。可是你们却像某些告诉小毛虫,它们的一切努力都是徒劳,从而把它们引入歧途的人。你们使它们永远不可能变成美丽的蝴蝶。你们声称所有的蓓蕾都不会成为美丽的花朵。你们把人性和人类本性的大道神灵偷换概念,声称人性和人类本性在于从世间的王侯所得，由王侯恩典，由官家做主；你们声称，世人只是而且只能是王侯的臣仆。

像你们一样，我也曾经是个得意忘言的志士，直到我自己发现了我的形体，发现了大道，并且确实按照大道在大地上生活。正因为如此，我才发现我存在着需要证据，我得把自己作为证据。我于是知道所有那些先前我们熟视无睹、见怪不怪、以为天经地义之物原来都有着非常的意义，它们都能被解读、被重新发现，从而生命可以获得希望和拯救。即使现在，我都仍在为那种残酷的生活和上千万的生命的沉沦而感到战栗，有时流泪、悲伤，有时生长一种羞耻的悲痛和愤怒。我已经为命运眷顾，并且从罪错中被拯救出来。我说过，一切以人生大道为依归的人，都须明了我们生活在当世这片土地上的意义。我相信，这同时也是为你们敞开的一条道路。

你们愿意去吗？你们愿意走那条道路吗？

来到函谷关

第五十四章

人世多不是在壮烈中结束，
多非在惊天动地中结束，
而是一种悄然回归，
是"嘘"的一声而非"嘭"的一声。

老子就这样看遍了中原山水，来到了函谷关。老子随便，老子愤激。老子天真，老子深沉。走到哪里算哪里，老子的道在天下，在宇宙间，又在当下。

老子想到了秦佚，是老子先他而走，还是他先于老子而走呢？至少目前秦佚先一步出关了，他会先一步辞世吗？

在静修中，在入定中，老子无数次意识到辞身辞世的可能性。但仅仅意识到还不够，感应没跟上来，重要的是，认知没跟上来。

但老子想，快了。老子是能够预知辞掉一生之大患的，那个时候，谁能够料理老子的后事呢？老子犹龙犹凤，谁能够抚慰龙凤呢？就像秦国虎狼之地，谁能够扶助风化使其真正中原化呢？就像故乡的槐树，能够移栽于那西部泥土里吗？

秦佚出关，亦将扶风吗？亦将建造一个西方槐里吗？老子想，但愿秦佚能够料理老子的后事。

老子就这样出关，被发现，被尹喜和军士们挽留。

老子给尹喜和他的军士们讲道。

跟文子研讨是自由的，想到哪里就讲到哪里。老子在函谷讲道却是有条理的，这是最后的教训，给人世最后的告白，必须尽可能完美。有着给景王整理先王令德的经验，老子按照那个初稿，把顺序、字句做一些调整就可以了。老子把跟文子切磋的话语再修饰一下就可以了。但重要的是，老子要讲得简略而权威，仿佛这就是亘古以来的道理，是王侯花上全部财宝都不能换来的秘密，是比箕子向武王传的"洪范"大法还要重大的宇宙法则。

是的，三代以来的文明经验落脚于天命，所以，那些王侯大人会以为天命可以交易，可以调情。纣王就这么自负过，周公就这么假借过。但老子的思想，将拉开天道的大幕。天命可以是少数人玩的勾当，天道却是人人可以见的客观对象，是日月星辰不灭的光芒。

老子看着军士们茫然的眼光，似乎看到了他们野兽般潜伏的本能和梦想。

我在年轻的时候也曾做过许多梦，现在大半忘却了。

但我并不以为可惜。

说到底，梦和欲望不过是身心曲折的表达。如果我们放任它，我们怎么能够获得新生呢？看着这些军士，这些至今

只出生过一次的人，我怎么能够指望在你们那里得到公正的对待，跟你们形成良性的互动呢？

这些本能的灵魂，让我忧伤。但如果我的道能够提前把你们领走，如同最终的黑暗给予你们临终之眼或死亡的美丽，你们会跟我走吗？

死亡，我如此频繁地想到了这人生的终点。我们终将摆脱一生的忧患，而去永久的故乡安息。那里才是我们跟大道合一之处，一个梦过去了，另一个梦来代替。我们在道上，在道中，在无中生有，生出无数的梦和万有。而我们血液里的纠缠、争夺，我们的本能宣泄将空幻虚无，唯大道实有，因为一个长久的生命就要拥有你——你的花、你的叶、你的幼虫。

我看着军士们的眼光，心里涌起了无限的哀怜和祝福。

我将要走了，而你们将要活下来，继续你们的本能。但愿你们能够因听闻我的道而不同以往，在枯燥的军旅生活或粗鄙的底层生活中获得转移提升的可能性。

生存是缺憾的艺术，我也不能说尽道破。仅仅用眼睛打量，是看不尽的；用耳朵倾听，是听不足的。已有的事，后必再有；已行的事，后必再行。太阳底下无新事，大道之行不可思议，周流六虚。虽然时代的精神是维新，但岂有一件事可供人指着说，这是新的？无知者不会知道，在我们以前的世代，早已有了。那些追求扬名立万为人纪念的人也不会知道，已过的世代无人纪念，将来的世代后来的人也不纪念。

哦，如果你们的新生必须以我的辞世为代价，那么我愿意在这关隘、楼台之间享受死亡的瞬间，示现临终的眼。是的，不用管秦佚是否还在世上，就是尹喜和这些军士，都可以是我隐遁辞世的见证。

想到死，老子像是更有了精神，讲起道来比跟文子研讨更随心所欲了。

尹喜当然最为受用，他表现得也是如获至宝，他苦于不能一心二用，既去刀刻记录，又去听讲，故只好忍住不记录，拼命用心记忆。在老子谈到修身时，尹喜更是恍然大悟，他跟老子说，怪不得自己觉得身体敏感，一会儿某个地方痒了，一会儿手足冰凉，一会儿某个部位突然发热，原来是没有抱元守一的缘故。他私下偷偷试着练习了一下，那种感觉确实好，比夏天午休还长精神。

但对军士们来说，就无所谓了。他们虽然明白眼前的老先生有两下子，但听着老子的高谈阔论却并不能理解多少。说到他们心坎子里的话不多嘛，一会儿忧民，一会儿谈道谈德，一会儿给王侯圣人设一个标准……跟他们的生活是两码事。

当老子谈起军事话题时，他们很感兴趣，没想到老先生还懂兵。盯着老子那孩子一样光洁的脸蛋儿，他们想到了一个词——吹弹可破。这样的老小子还对兵有兴趣，真是奇哉！但听到老子说什么"兵者，不祥之器"时，他们愣了。听老子说"师之所处，荆棘生焉；大军之后，必有凶年"，他们嘀咕，这有什么关系？有战争就有牺牲，很正常的嘛！当他们听到老子说"以正治国，以奇用兵"时，觉得老小子并不天真，但也很不屑一顾，打仗哪有搞阴谋诡计的，不就是战场上堂堂正正地对决，噼里咣当地一通乱砍乱杀来分胜负吗？当他们听老子说"勇于敢则杀，勇于不敢则活"时，有几个人不禁笑了：这叫什么话，不勇敢拼命活得下去吗？

尹喜对自己的部下无可奈何。人性如此，人性的卑劣让尹喜对世事悲观，军士们更习惯于命令、鞭子，而不习惯于思考、道理。

我给军士们讲道，也许是聊胜于无，但有一个尹喜这样的知音，也算是值得了。听到军士们的嘀咕和笑声，我决定上士闻道，勤而行之。
中士闻道，若存若亡。
下士闻道，大笑之！
不笑，不足以为道。
故建言有之：
明道若昧，进道若退，夷道若颣。
上德若谷，广德若不足，
建德若偷，质德若渝。
大白若辱，大方无隅，
大器晚成，
大音希声，大象无形，大道无名。
夫唯道，善始且善成。

也开开他们的玩笑。

我说，优秀的人听见了道，会努力去实行。一般人听了，听得似是而非，半懂不懂，像是记住了又像是耳边风。自以为是的人听了，会觉得大而无当而发笑。如果他不笑，道就不成其为道了。

我看见军士们呆了，暗觉好笑，就再假托古公的话来教育他们。我说，我们大周的建国纲领上有这样的话：光明的大路好像暗昧，前进的大路好像后退，平坦的大路好像崎岖不平。所以崇高的品德好像流俗，宽广的品德好像有所不足，刚健的品德好像怯懦，质实的品德好像空虚。最白的东西好像是黑的，最方的东西好像没有四角，大成就者的成功显得勉强，大音无声，大象无形，大道无名。只有道，才能善始善终。

老子看到尹喜会心一笑，又埋头记背。而军士们还在发愣，老子叹了一口气。老子想，赶紧讲完吧，讲完了我就走了。

老子想，他要像龙虎一样，不见首尾，不见踪迹。

老子结束时说得自负而伤感。人世多不是在壮烈中结束，多非在惊天动地中结束，而是一种悄然回归，是"嘘"的一声而非"嘭"的一声。

《道德经》第67章

天下皆谓我：道大，似不肖。夫唯大，故似不肖。若肖，久矣其细也夫！

天下人都说我的道大，不像那回事。正因为道大，所以不像是那回事。如果真像那回事了，那它早就成了渺小的了。

我的话非常容易懂，非常容易实行。但天下没有人懂得，没有人实行。虽然如此，我的话有其固定不变的宗旨，如同事物自有其不可更移的主见。

正因为人们无知，所以不了解我。懂得我的人少，正说明我的高贵。所以说，圣人穿着麻料的粗陋衣服，怀抱的却

《道德经》第70章

吾言甚易知，甚易行，天下莫能知，莫能行。言有宗，事有君。夫唯无知，是以不我知。知我者希，则我者贵。是以圣人被褐而怀玉。

是美玉。

就此道别。我在知道的时候告别,我在不知道的时候隐迹。你们还想着我的讲道、我的赠言。我能献你们什么呢?无已,则仍是黑暗和虚空而已,仍是道而已。但是,我愿意只是道,由你们踩踏;只是黑暗,会消失于你们的白天;只是虚空,决不占你们的心地。

我说再见。我的话语就此纷纷凋谢。

人名事典

扶风:地名,传说老子死于此地。
槐里:地名,传说老子葬于此地。

图书在版编目（CIP）数据

老子传 / 余世存著. -- 北京：中国友谊出版公司，2023.6
ISBN 978-7-5057-5462-1

Ⅰ.①老… Ⅱ.①余… Ⅲ.①老子－传记 Ⅳ.①B223.1

中国版本图书馆 CIP 数据核字 (2022) 第 062869 号

书名	老子传
作者	余世存
出版	中国友谊出版公司
发行	中国友谊出版公司
经销	新华书店
印刷	河北鹏润印刷有限公司
规格	700×980 毫米　16 开 22.25 印张　286 千字
版次	2023 年 6 月第 1 版
印次	2023 年 6 月第 1 次印刷
书号	ISBN 978-7-5057-5462-1
定价	78.00 元
地址	北京市朝阳区西坝河南里 17 号楼
邮编	100028
电话	(010) 64678009

如发现图书质量问题，可联系调换。质量投诉电话：010-82069336